소년 황족이 본 전쟁

SHONEN KOZOKU NO MITA SENSO

Copyright © 2015 by Kuniaki KUNI
All rights reserved.
First original Japanese edition published by PHP Institute, Inc., Japan.
Korean translation rights arranged with PHP Institute, Inc. through BC Agency.

이 책의 한국어 판 저작권은 BC에이전시를 통해
저작권자와 독점계약을 맺은 고요아침에 있습니다.

저작권법에 의해 한국 내에서 보호를 받는 저작물이므로
무단전재와 복제를 금합니다.

황족으로 태어나 한 시민으로 살았던
쿠니 쿠니아키久邇邦昭의 파란만장한 삶

소년 황족이 본 전쟁

쿠니 쿠니아키久邇邦昭 지음

박선술·세야마 미도리施山 緑 번역

이동건 엮음 · 정구종 감수

쇼와 19년 1944년, 해군 사관학교에서 준비 교육에 임하는 나
15살 무렵

아버지 쿠니노미야 아사아키라(久邇宮朝融) 왕과 누나들과 함께, 시부야(渋谷區) 미야시로쵸(宮代町)의 집 정원에서

어머니 토모코(知子) 여왕과 함께

증조부・구니노미야 아사히코(久邇宮朝彦)를 둘러싸고. 앞줄 왼쪽부터 가쵸노미야(華頂宮) 비(히로쓰네博経 親王妃?), 가쵸노와카미야(華頂若宮), 후시미노미야 비(伏見宮妃), 나시모토노미야 모리마사(梨本宮守正) 王, 구니노미야 아사히코(久邇宮朝彦) 親王, 야마시나노미야 키쿠마로(山階宮菊麿)王, 후시미노미야 쿠니이에(伏見宮邦家)親王妃, 스즈꼬(篤子) 女王, 코마츠노미야(小松宮)妃, 불명, 기타시라카와노미야(北白川宮) 비.
뒷줄 왼쪽부터 히가시후시미노미야 요리히토(東伏見宮依仁)親王, 후시미노미야 사다나루(伏見宮貞愛) 親王, 기타시라카와노미야 요시히사(北白川宮能久) 親王, 불명, 코마츠노미야 아키히토(小松宮彰仁) 親王, 긴인노미야 코토히토(閑院宮載仁)親王, (나미카와 야스유키(並河 靖之) 씨의 기억에 의한 이름의 사본)

할아버지・구니노미야 구니요시(久邇宮邦彦) 왕과 할머니・치카코(俔子). 유럽 시찰의 귀로에 들린 미국에서 당시의 미국 대통령 윌리엄 하워드 태프트(중앙)와 함께

쇼와(昭和) 천황과 함께

미야시로쵸(宮代町)의 집을 떠날 즈음 고준(香淳) 황후 방문 사진
(황후를 둘러싸고. 왼쪽에서 나, 셋째 여동생, 둘째 누나, 둘째 여동생, 할머니, 고준 황후, 아버지, 어머니와 위의 남동생, 위의 여동생)

쇼와 24년 1949년 12월 26일 밤에 중앙이 황태후 폐하 데이메이(貞明) 황후. 그 왼쪽에 아키히토(明仁) 상황 폐하(당시 황태자) 요시노미야(義宮, 常陸宮) 전하. 황태후 폐하의 오른쪽이 나. 그 오른쪽이 이구(李玖) 님(전 왕세자), 한국 李 왕가의 이은(李垠) 전하와 마사코(方子) 여왕 전하의 아들)

1941년 4월 10일 오사카 중앙 공회당에서 쇼토쿠 태자(聖德太子) 1320년 법회(御忌) 기념 강연을 하는 삼촌 히가시후시미 쿠니히데(東伏見 邦英) 백작 (전후 출가하여 법명 치고우慈洽라 함)

사회인이 되고 처음으로 런던 부임(쇼와 32년 1957년) 때 런던의 길드 홀에서 런던 시장과 함께

칠레 부임 당시(쇼와 41년 1966년)의 아내(왼쪽)와 아이들(오른쪽)

나는 헤이세이(平成) 2년(1990)부터 헤이세이 13년(2001년)까지 이세(伊勢)의 신궁(神宮)의 다이구지(大宮司)를 맡게 되었다. 헤이세이 7년(1965)에 바티칸에서 교황 요한 바오로 2세를 방문한 때의 한 장면(위)과 헤이세이 12년(2000)에 열린 '유엔 밀레니엄 평화 서미트' 때의 한 장면

헤이세이 5년 1993년 제61회 식년(式年) 천궁(遷宮) 봉사(奉仕)에서 이케다 아쓰코(池田厚子) 제주(祭主) (사진 중앙)와 함께(위). 천궁 때만 입는 의복 차림(아래)

머리말

나는 특별할 것도 없는 한 사람으로, 동경의 한구석에서 조용히 살고 있는 미수(88세)에 가까운 일개 노인에 불과하다. (이 책이 한국어로 출판될 2024년에는 95세) 우연히 나의 일대기 혹은 성장기라고 하는 것을 출판하게 되었다. 좀 색다른 경력이라 말할 수 있어서, 혹시 흥미를 가지고 계실 분이 있을지도 모르겠다. 그 경위를 적어 놓지 않으면 왠지 마음이 안정되지 않는다. 용서를 빈다.

나는 1987년(쇼와昭和 62년)에 **로타리클럽**에 가입했다. 동경 남부클럽이라고 하는데, 정기적인 모임으로 원탁 테이블에 7~8명씩 둘러앉아 식사시간 30분, 나머지 30분은 각계각층의 사람들을 초청해서 이야기를 듣는다. 재미있고 도움이 되는 이야기들이 많다. 식사시간 30분은 같은 테이블의 회원들과 이야기를 즐긴다. 테이블의 멤버는 때때로 바뀌기 때문에 여러 가지 이야기를 들을 수 있다.

나는 원체 말이 없는 편이고 말도 잘못한다. 그러나 이와 같이 여러 사람들과의 만남을 통해, 그리고 거버너(Governor, 로타리클럽 지구 총재)라는 직책을 맡게 되어 말을 제법 하게 되었다. 90여 개의 소속클럽 정기모임을 순회하는데, 각 지구의 거버너는 30분 동안 원탁에서 이야기하는 것으로 정해져 있다. 나는 거버너로서 조금씩 내용을 바꿔가면서 핵심은 있되 지루하지 않도록 재미있게 이야기를 하려는 사이에 어느 순간 이야기를 잘하게 되었다고 생각한다. 그리고 나의 이야기가 재미있다고 하는 사람들이 점점 나타나서, 그 이야기를 정리해 보면 어떨까 하는 제안도 있었다. 차라리 성장기 같은 것을 적어보면 어떨까 하는 사람도 있고, 출판사 관계자로부터 끊임없는 권유도 있었다.

처음에 나는 도저히 그런 재능이 없다고 거절했다. 그러나 내가 조금 이상한 인생을 살아 온 면이 없지는 않았기 때문에, 혹은 그런 면을 재미있게 생각해 주는 사람이 있을런지도 모른다는 생각 끝에 태어나서 처음으로 시도해 보았다.

나에게 잡동사니를 포함해서 많은 장서가 있지만, 그 중의 어떤 책은 아, 하는 생각에 머리를 젓게 된다. 버릴 수는 없지만, 이러한 잡동사니 한 권으로 이 책을 책장 한 구석에 놓아두는 사람도 없진 않겠지, 라고 몽상하고 있는 참이다. 자, 나의 이야기는 어떤 책이 될까?

2015年 5月(平成 27年)

쿠니 쿠니아키久邇邦昭

한국어 판에 붙여서
―

　이번에 나의 저서『소년 황족이 본 전쟁』이 한국어로 번역 출판되게 된 것은 로타리 활동을 통해 친교를 맺어온 李東建 전 국제 로타리 회장의 적극적인 독려에 힘입은바 크다. 대단히 놀라는 한편으로 기쁨을 금할 수 없다.

　그 험난했던 시대에 있어서의 나의 경험과 생각이 한국의 여러분들에게 알려지게 되면 어떻게 받아들여질지 매우 흥미롭고 궁금하기도 하다.

　이 책은 주위의 친구들이 "그대는 보통사람들과 다른 특수한 경험을 해 온 삶이니까 글로 남겨서 많은 사람들이 읽도록 하는 것은 일본의 문화를 위해서도 해야 하는 일이 아닐까"라고 권하기도 해서 "과연, 그런 면도 있겠군."하는 생각에 쓰기 시작한 것이다.

　한편 한국어 번역 출판에 임하여 내가 기뻐하는 바탕에는 나의 한국에 대한 생각, 나의 어린시절부터의 한국(조선)분들과의 교류의 기억이 있다. 나의 할아버지(祖父) 쿠니요시 친왕의 동생의 따님 李方子여왕이 李王家의 李垠전하와 결혼하셨다.

　당시 조선은 메이지 43년(1910년) 8월에 일본에 병합되었고 그런 관계로 李垠 전하는 일본에 유학 와서 일본군에 입대하였으며 일본 패전 당시에는 육군대장이었다. 일본에 왔을 때는 열살의 소년으로서 왕족이라는 칭호로 일본 황족의 대우를 받았다.

　메이지 천황 내외분에게 첫 인사를 할 때에 메이지 천황은 어린 이은 전하를 동정하며 껴안고 위로하였다고 한다. 시대의 파도에 번롱(翻弄)된 이은전하의 마음은 어떠했을까.

　李方子妃 전하는 나의 부친의 사촌(從姉妹)으로서 대단히 아름답고 총명한 분이었다. 李왕가의 여러분들과 우리 一家와는 매우 친하게 지냈고, 李垠 씨·方子 씨의 장남 李玖 왕세자는 카쿠슈인(学習院·당시는 황족 및 귀족 중심의 학교였다.)의 3급(3학년)이었다.

　나와는 음악이 공통의 취미로서 나는 첼로, 李玖 씨는 피아노로 카쿠슈인의 문화제에서 협연한 적도 있다.

　李王家분들은 전후 수년동안 일본에서 지낸 후에 귀국하였다.

　李玖씨에 대해서는 책에서도 간단히 쓴 바 있다. 또한 내가 근무했던 해운회사의 출장으로 서울에 갔을 때 회사 고객 방문의 틈을 타서 李方子妃를 오랜만에 창덕궁으로 찾아가 뵈온 일은 책에도 기록하여서 생략하지만 대단히 반갑게 만나뵈었고 발이 안 떨어지는 채로 헤어졌는데, 그때의 일을 지금도 선명하게 기억하고 있다.

　그후로 方子妃가 가끔 일본 방문 때에 치마 저고리를 입고 왔는데 그때 "저건…"하고 갸우뚱하는 사람들에게 方子여사는 "나는 한국인이니까"라고 하시는 것을 기억하고 있다.

　그후 나는 해운회사의 해외주재원으로 약 15년간 외국 생활을 하였는 바, 현지에서 만나는 한국분들과는 사이좋게 지내왔다. 또 지금은 로타리의 활동으로 내가 소속한 일본 지구의 자매 지구인 서울의 3650 지구소속 회원들과는 李東建 회장을 비롯하여 많은 분들과 친교하고 있다.

이번에 나의 저서가 한국어 번역 출판되어 한국 분들에게 읽히게 된데 대하여 기쁜 마음을 금할 길이 없다.

마지막으로 내가 이 책을 펴내게 된 이유의 하나로는 우선 나의 해군병 학교 시절의 첫번째 교장이던 이노우에(井上) 중장의 일을 많은 이들에게 알리고 싶다는 생각에서다. 그리고 야스쿠니 신사(神社)에 A급전범이 합사되어 있다는 일이다. 이 두 가지 모두 책에서는 간단히 기술한 아쉬움은 있지만 본문을 참고해 주시기를 바란다.

이 졸저의 한국어 출판에 크게 힘써주신 이동건 전 국제로타리 회장을 비롯하여 관계자 여러분께 감사드린다.

2024년 1월 15일
쿠니 쿠니아키

엮은이의 말
―

쿠니 쿠니아키 씨와의 첫 인연은 **로타리**로부터 시작되었다. 2008년 하반기 내가 국제로타리 회장으로 미국 시카고에 주재하면서 지역 연수회에 참석차 일본 동경을 방문했을 때였다. 그는 당시 일본 동경 남쪽을 관할하는 로타리 지구의 차기 총재였었다. 노신사로 일본 황족의 한 사람이라는 소개를 받고 그냥 정답게 인사를 나누고 헤어졌다.

그 다음해 미국 샌디아고에서 세계에 산재한 차기 총재들을 교육시키는 로타리 국제협의회에서 또 만났다. 국제로타리 산하에는 530명이나 되는 각국의 지구 총재가 있어서 서로 자주 만나는 일은 드문데 이 분이 속한 로타리 지구가 한국의 내가 속한 지구와 자매 지구란 걸 알고, 그때부터는 그분을 유심히 바라볼 수 있는 기회가 많아졌고 서로 가까운 사이로 발전했다.

그와 만나는 사이에 나는 그의 인품에 늘 내 스스로가 감탄함을 느꼈다. 조용하면서도 따스하고 그리고 격조 높은 그의 자세나 풍모에서는 최고 일본 귀족의 위세등등한 오만함은 어디에서도 찾아 볼 수 없었다.

그는 쇼와(昭和) 천황의 조카이다. 지금의 영국 찰스 국왕과 같은 처지로서 만고풍상을 다 겪은 前 일본의 황족이다.
　쿠니아키 씨는 격조 높은 영어를 쓰고 오랫동안 영국 등 유럽과 오스트레일리어, 남미에서 해운업관련의 직장생활도 했다. 늘 후배나 동료에게 사려깊고, 조용하면서도 단호한 기품은 언제 보아도 선비 같은 형님이다. 그는 전쟁을 반대하는 평화주의자요 나라간의 반목도 더 없이 안타까워하는 로타리안이고 세계인이다.
　『소년 황족이 본 전쟁』은 일본 황족으로 태어나 황실의 의전과 생활방식으로 살다가 전후(戰後)에 GHQ(연합국총사령부)의 황적박탈조치로 평민이 된 쿠니아키 씨의 약 90년간의 인생역정을 정리한 자서전적인 책으로서 대단히 희귀한 기록이라 할 수 있다.
　쿠니아키 씨는 일본패전 후 황족에서 신민(臣民)으로 격하될 때까지 황족의 일원이었고 황실의 전범(典範)에 따라 살아왔기 때문에 황실내부의 문화와 황족의 생활양식과 의전 등에 있어 일본의 일반시민과 다른 생활을 해 온 사실을 자세히 기술하고 있다. 이 같은 기록은 일본인들에게도 평소 잘 안 알려져 있을 것이다.

　그는 15세 때에 일본해군에 징집되었으나 2년후 일본의 패망으로 전쟁 참여는 피할 수 있었다. 본인은 전쟁을 싫어하였으며「왜 황족이 전쟁을 만류할 수 없었던 것일까」등 황족으로서 전쟁을 막지 못한 황실의 책임을 이 책에서 묻고 있다.
　쿠니아키 씨는 직장생활 퇴직 후에는 세계자연보호기금(WWC)과 종교와 환경보호동맹(ARC)에 적극참여하는 등 국제적 평화교류 활동을 펼쳐왔다.
　이 책이 일본에서 출판된 직후에 한국어 번역본을 발간하겠다는 제의를 내가 먼저 했고, 바로 그 자리에서 응락을 받았다. 서로 긴 말이 필요없었다. 우리는 〈**로타리**〉라는 힘으로 한층 더 엉켜있기 때문인지도 모른다.

끝으로 이 책을 내는데 감수를 맡고 또 큰 힘이 되어준 동서대 일본연구센터 정구종 고문의 노고에 깊은 감사를 드린다. 그리고 번역자와 김남규 편집장에게 감사드리고 책을 처음 시작할 때 도움을 주신 시인 유자효 형께도 감사의 인사를 드린다.

2024년 2월
이동건 국제로타리 전 회장

차례

머리말 · 12
한국어 판에 붙여서 · 14
엮은이의 말 · 17

제1장
쿠니노미야가(家)에 태어나서

유소년 시절

쿠니노미야의 조상, 나카가와노미야(中川宮) 아사히코 친왕(朝彦親王) · 28
에도(江戶) 말기의 동란과 코우메이 천황(孝明天皇)의 갑작스러운 승하(崩御) · 31
시마즈 가(島津家)에서 시집으로 오실 때는 정말 아무 것도 없었다 · 34
이마를 배 밑바닥에 문지르면서 용서를 빈 이와쿠라 토모미(岩倉具視) · 36
아사히코 친왕의 미우타(御歌, 和歌) · 39
옛 에도 시대를 연상시키는 정취 있는 지명(地名) · 43
시부야 구(渋谷區) 미야시로 쵸(宮代町) 1번지의 집 · 46
집 안의「바깥쪽」과「안쪽」· 48
가족 모두가 레코드를 들었던 즐거운 추억 · 51
화장실은「오토우바(お東場)」—쿠게(公家) 말에 관해서 · 54
고레이덴(御霊殿, 제단)의 제물을 훔치고 · 57
우리 집안의 정월 요리 · 59
영양에도 신경을 써 주셨던 어머니 · 62

그러고 보니 제방(堤防)에 너구리 굴이 있었으니 · 64
쇼와 8년(1933년) 카쿠슈인(学習院) 유치원, 쇼와 10년(1935년) 카쿠슈인 초등과 · 65
2·26 사건, 군인이 눈(雪)을 밟는 소리 · 67
자동차에 마음 설렘 · 69
해군사관(海軍士官)이었던 아버지와의 추억 · 71
내 집에 있던 개(犬)들 · 73
고우키(皇紀) 2600년 · 74
나의 손을 꼭 붙든 1학년인 황태자(皇太子) · 76
태평양전쟁 개전과 스파이 소동 · 77
「朝鮮과는 사이좋게 지내라」고 몇 번이나 말씀하신 데이메이(貞明) 황후 · 78
파랗게 물든 풀에서 · 79
5월부터 10월 말까지 수영 · 80
아버지와 둘이서 보낸 에도사키(江戸崎)의 여름 · 81
쇼와 18년(1943년) 집 반소(半燒) · 82
꿈에 보인 사쿠라 소우고로우(佐倉宗五郎)와 동급생 · 83

제2장
전쟁과 황족

나의 해군 시절

황족 남자는 군인이 되어야 했다 · 88
전쟁 반대에 노력한 황족들 · 90
할아버지 쿠니요시 왕(邦彦王)이 생존하고 계셨다면 · 92
하코네(箱根)의 별장 유황천(硫黄泉) · 95
궁중 모(某) 중대사건 · 96
나의 아버지 아사아키라 왕(朝融王)에 대한 비판과 진실 · 99

아버지가 태워준 연합함대 기함(旗艦) 나가토(長門) · 102

카쿠슈인(学習院) 기숙사는 낡아서 버팀목으로 지탱되고 있었다 · 105

준비(準備) 교육과 노블레스 오블리주(noblesse oblige) · 106

수병(水兵)이 젓는 커터(小艇)로 에다지마(江田島)에 · 107

이노우에 시게요시(井上成美) 교장의 훈화(訓話) · 109

상냥했던 할아버지 해군대장 후시미노미야 히로야스 왕(伏見宮博恭王) · 112

전하, 힘을 냅시다 · 113

은근한 두근거림 제1호 · 116

에다지마의 현악 사중주 · 117

「지휘관 선두(先頭)」의 정신을 함양하는 · 118

미센(彌山) 등산 경기 · 119

나는 특별하지 않다,「젠장 지지 않겠다」라는 생각이 강했다 · 120

일본식 겸손은 국제적으로 마이너스 평가가 많다 · 123

전함 야마토(大和)의 추억과 오키나와 특공(沖縄特攻) · 125

많은 장병의 목숨을 구한 이토우 세이이치(伊藤整一) 중장(中將) · 129

「사관에게 자유재량(自由裁量)이 가장 중요하다」이노우에 교장의 교육방침 · 131

해군사관학교 입교식의 소감 · 134

1호 학생의 설교(說敎)와 철권제재(鐵券制裁) · 136

방공호(防空壕) 만들기, 그리고 적기 내습(敵機來襲) · 140

해먹 넘버(해군 사관학교 졸업 석차)에 대하여 · 142

8월 6일의 섬광(閃光)과 폭발(爆發) · 143

흰 보라색 버섯 구름, 땅울림 · 144

「왜 이렇게 된 겁니까」아버지에게 터뜨린 분노 · 145

왜 황족이 전쟁을 만류할 수 없었던 것일까 · 148

「도죠 수상(東條首相)은 이제 죽은 자로 하지 않으면 안 된다」· 151

종전(終戰) 조기 성립을 위해 노력한 사람들 · 154

국민 대다수의 전쟁에 대한 열광 앞에 · 157

일본인이 반성해야 할 것 · 160

훌륭했던 일본인, 다이고 다다시게 해군 중장(醍醐忠重海軍中将)·164
구미(欧米)와 일본의 피해에 대한 반응의 차이·166
효율(效率)보다 정신(精神)만을 우선한 오류(誤謬)·168
특공(特攻) 돌격에서 살아남은 해군 장교의 일화(逸話)·173
시드니만 공격 후에 열린 해군장(海軍葬)·174

제3장
싸움이 끝나고

야스쿠니 신사와 황적이탈

구제(舊制) 고등학교에서 신제(新制) 카쿠슈인(學習院) 대학에·180
반감(反感)을 사게 된 충격·182
기부(寄附)에 대한 생각·183
개전(開戰)의 책임을 마땅히 묻게 되어야 함·185
야스쿠니 신사는 왜 A급 전범(戰犯)을 합사(合祀)해 버렸는가·188
도쿄(東京) 재판에서 논의되지 않았던 세 가지 포인트·190
중요한 것은 국민 전체가 진심으로 명복(冥福)을 기도하는 것·194
「적군(賊軍)」도 모셔야 되는 것은 아니었나?·196
많은 비전투원(非戰鬪員)의 죽음은 막을 수 없었는가?·200
어제까지 경례(敬禮)를 한 사람이⋯·202
나의 일부(一部)를 만들어 주신 분들·203
황적 이탈(皇籍離脫)에 대해서·207
귀족제도(貴族制度)에 대해 어떻게 생각해야 될까·210
맥아더의 피아노·213
어머니와의 사별, 그리고 학창 시절의 끝·215

제4장

나의 회사원생활

해외 주재의 추억

해운회사에 입사 · 220
주판을 튀기고 월급을 받는 즐거움 · 222
조선(造船) 스캔들에 연루(連累) · 223
젊은 날의 일과 골프 · 225
음악을 배우고 싶다 · 227
나의 결혼 · 228
주재원(駐在員)으로 런던에 · 232
고고학(考古學)을 공부하고 있는 노미망인(老未亡人) · 235
사투리는 중요한 역사 유산 · 236
윗사람의 시선(視線)으로 본 문화 사업 · 241
「Big Bang」과 「Big Bun」 · 243
국제 관계에서도 「일시동인(一視同仁)」을 · 245
영국에서 음악 수행(修行) · 247
주말 시간을 보내는 방법 중 골프가 가장 쌌다 · 249
영국 요리는 맛이 없어? · 252
장남의 탄생과 아버지의 죽음 · 255
가와사키 기선(川崎汽船) 이적(移籍)과 음대(音大) 다니기 · 257
칠레에서 스페인어 실패담 · 260
세계에서 가장 높은 곳에 있는 골프장 · 262
칠레의 희귀한 요리 · 265
카지노의 철칙(鐵則) · 266
시간대로 가는 사람은 「세련되지 않다」 · 268
음대를 마치고 · 270
덴마크 근무 점묘(點描) · 271

코펜하겐 시대에 음악을 통해 만난 사람들 · 279
모스크바에서 일본 항공기 추락사고 · 283
이 마사코(李方子) 씨를 방문하여 · 285
호주에서의 3년 반 · 287
임기응변(臨機應變)과 획일적(劃一的) 규칙 · 293
페어니스(Fairness)를 특히 소중히 하는 영국인 · 296
로타리클럽에서 「즐겁게 하자」· 300
「좋아, 1달러」· 302
친일(親日)의 남태평양 섬에서 · 303
산에는 녹음을, 유아에게는 예의범절을 · 304
평화 펠로를 키우다 · 307

제5장
이세伊勢의 신궁神宮

대궁사로서 접했던 신도의 마음

파란 하늘의 천둥번개에 놀랐지만 · 310
대제(大祭)에서 노리토(祝詞, 축사)를 올리고 · 312
하카마(袴, 일본의 전통의상)와 나막신 · 314
한 시간 가량 무릎 꿇고 정좌(正坐)를 한 후 · 315
천궁(遷宮) 봉사 · 318
시원하게 밝은 분위기 속에서 · 319
정암(淨闇)에 무겁게 울리는 경필(警蹕)의 목소리 · 322
바람을 타고 비곡(秘曲)이 희미하게 들린다 · 324
두 가지의 불가사의한 사건 · 325
세계의 진정한 종교는 신령(神靈)을 믿는다는 공통점 · 328

현재(現在)를 옳고 밝게 살아 도착할 황천에 간다 · 329

자연 속에 가미 사마(神樣)가 계신다 · 332

신도(神道)를 단순한 애니미즘이라고 깔보는 것은 짧은 생각 · 333

국가 신도의 자의적(恣意的)인 생각에 분노를 느낀다 · 337

공존하고 함께 일해야 하는 신도와 불교 · 339

종교가 어우러져 자연 보호에 노력 하자 · 340

밀레니엄 세계 평화 정상 회의에서의 연설 · 343

퇴임의 감상(感傷)과 축복 · 349

싫은 것은 모두가 나누는 마음을 · 351

또 하나의 생각 · 354

강물 망망(茫茫) · 355

제1장

쿠니노미야가家에 태어나서

유소년 시절

제1장

쿠니노미야가家에 태어나서

—

유소년 시절

**쿠니노미야의 조상,
나카가와노미야(中川宮) 아사히코 친왕(朝彦親王)**

나는 쇼와(昭和) 4년(1929년) 3월 25일에 도쿄에 있는 국립제일병원에서 태어났다. 누나 2명에 이어 장남으로 태어났다. 그 후에도 여동생 3명과 남동생 2명이 태어나 8남매가 되었다.

우리 가계는 전후에 신적강하(臣籍降下, 황족에서 신민臣民으로 격하)할 때까지 황족의 일원이었다. 에도(江戶)시대 말기부터 메이지(明治)시대 초기까지 황족이 4친왕가(4親王家)에 한정되었던 것을, 메이지유신 동란(動亂), 왕정복고 등으로 황실의 공무가 늘어, 더욱 그 태세를 확대해야 한다는 것으로, 출가한 법친왕(法親王, 출가 후에 친왕이 된 황자皇子)를 환속시키는 방법 등으로 미야가(宮家, 미야 호를 받은 황족의 일가)를 증가시켰다. 그 일환으로 후시미노미야 쿠니이에 친왕(伏見宮邦家親王)의 왕자인 송유(尊融) 법친왕(法親王)을 환속시켜, 아사히코 친왕(朝彦親王)으로 쿠니노미야(久邇宮)를 세웠다.

이 후시미노미야(伏見宮)라는 것은 남북조시대 때 북조 제3대 수코우 천황(崇光天皇, 재위 1351~1384년)의 제1황자 요시히토 친왕(栄仁親王)에서 시작된 가정이고, 에도 말기에 정착했던 4친왕가(4親王家) 중 가장 오래된 미야가(宮家)이다.

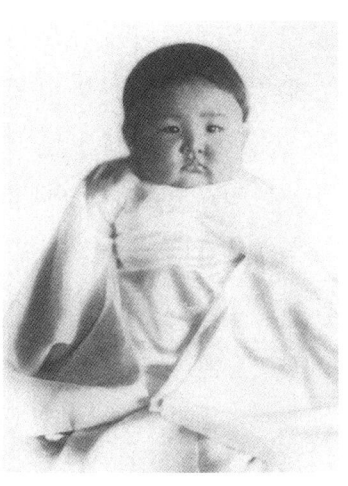

신생아인 나

세습 친왕가(親王家, 4親王家)의 역할은 천황가(天皇家)에 황자(皇子)가 태어나지 않아서 후계자가 없을 때 들어가 천황위(天皇位)를 이어 황통(皇統)이 끊어지지 않게 하는 것이다. 그러한 예는 몇 차례 있다. 가까운 예로 고카쿠(光格) 천황(메이지 천황의 3대 前)이 칸인노미야(閑院宮)에서 들어왔다(토모히토 친왕兼仁親王). 한편 친왕가(親王家)에 왕자를 얻을 수 없는 경우는 황자(皇子)를 넣어 대를 잇게 해서 친왕가의 대를 존속시켰다. 카츠라노미야(桂宮)의 창립기부터 에도 시대 말기까지 11대 중 8대가 황자이고, 아리스가와노미야(有栖川宮)의 경우도 8대 중 2대가 황자다.

나의 증조부인 아사히코친왕(朝彦親王)은 분세(文政) 7년(1824년)에 태어나, 텐포(天保) 2년 8살 때 혼노지(本能寺)에 들어가 니치지 죠닌(日慈上人) 아래에서 5년간 공부했다. 아사히코라는 이름은 후에 받은 것이다. 난폭한 소년이었던 것 같다. 13세 때 닌코우(仁孝) 천황의 칙령에 따라 코후쿠지(興福寺) 이치죠인(一乘院) 문적(門

跡, 몬세키, 황족이나 귀족이 출가하여 거주한 특정의 사찰 또는 그 주지)을 상속하고, 15세 때 득도(得度, 불가에 입문)하고 카에이(嘉永) 5년(1852년) 29세가 될 때까지 나라(奈良)에서 거주했다. 그 때 나라 부교(奉行, 主君의 명에 따라 일을 처리하는 사람)인 카와지 토시아키라(川路聖謨)는 그를 총명천품(聰明天稟, 이해 판단력이 선천적으로 뛰어난 성품)하다고 적고 있다.

카에이(嘉永) 5년(1852년)에 코우메이 천황(孝明天皇)의 칙령에 따라 텐다이슈(天台宗) 세이렌인(靑蓮院)의 문적(門跡, 주지)이 되고 숑유(尊融)라는 이름을 받아 그해 연말에 텐다이(天台) 좌주(座主)의 선명(宣命, 한문으로 쓴 詔勅)을 받아 황실(皇室)의 수호 승려가 되었다.

이듬해 카에이(嘉永) 6년(1853년)에 페리(미국)와, 프챠틴(러시아)의 내항(來航)이 있었고, 그리고 외국과의 교섭 및 개국양이(開國攘夷) 논쟁 와중에, 아사히코 친왕은 코우메이 천황의 두터운 신임을 얻고, 늘 천황의 생각을 잘 따라서 그 목적 달성을 위해 노력했다. 안세이(安政) 3, 4년(1856, 7년)에는 사흘에 한 번 궁전을 방문하고, 늘 밤이 되어서 퇴궁 했다고 전해져 왔다. 아사히코 친왕은 안세이 5년 하시모토 사나이(橋本左內)와 우메다 운빈(梅田雲浜) 등 존황양이파(尊皇攘夷派) 지사(志士)의 편에 서서 번(藩)을 벗어나 활약한 무사, 공무(公武) 등의 많은 인물과 교제가 있었다고 알려져 있다.

대로(大老, 에도 시대 장군을 보좌하는 최고의 벼슬) 이이 나오스케(井伊直弼)의 탄압책(彈壓策)에 의하여 이른바 안세이(安政)의 대옥(大獄)이 일어났을 때, 아사히코 친왕은 천황의 권력 회복을 도

모하는 조신(朝臣)의 중심 인물로 주목을 받았다. 막부(幕府)의 탄압에 의하여 텐다이(天台)의 좌주(座主)에서 물러나, 쇼우코쿠지(相國寺)의 키이호우켄(桂芳軒)이라는 황폐된 무주(無主)의 절에 유폐 칩거당했다.

2년 4개월의 칩거 후, 분큐(文久) 2년(1862년) 8월에 세이렌인(靑蓮院) 문적(門跡)으로 돌아가, 이어 국사상담부조(國事相談扶助)에 임명되고, 다음 해 3년 정월에 환속하여, 나카가와노미야(中川宮)의 칭호 및 아사히코(朝彦)의 이름을 받았다.

에도(江戸) 말기의 동란과
코우메이 천황(孝明天皇)의 갑작스러운 승하(崩御)

당시, 양이(攘夷)를 즉시 실행하자고 주장했던 조슈번(長州藩, 현 야마구치현(山口県))의 세력이 조정을 지배하고 있었다.

따라서 분큐 2년(1862년) 12월에 양이의 칙서(勅書)가 에도 막부 장군인 도쿠가와 이에모치(德川家茂)에게 내려지고, 이듬해 3월에 이에모치(家茂)는 교토에 상경해 그 해 5월 10일부터 양이를 결행하겠다고 약속하고 만다. 존황양이파가 조정에 강한 영향력을 미치고 있었던 것이다.

그 해(文久 3년) 8월에, 천황이 선조의 묘를 참배하는 야마토 교우코우(大和行幸)의 조칙이 나왔다. 그 뜻은 코우메이 천황이 양이 기원을 위해 진무 천황(神武天皇) 무덤에 참배하자고 하는 것이다. 또한 가짜 칙령을 전국에 보내 양이친정(攘夷親征, 천황이 스스로 군을 이끄는 것)의 군대를 모으기로 계획되어 있었다고 한다. 바로 조정과 막부는 일촉즉발의 사태가 되었다.

이때 아사히코 친왕(朝彦親王)은 한밤중 궁전에 들어가서 천황에게 직접 아뢰서, 조슈(長州)의 뜻에 따라 계획된 선조 묘의 참배를 그만두도록 말씀드렸더니 천황이 이를 받아들였다.

천황은 폭력으로 결정하는 것을 매우 싫어해서, 아사히코 친왕의 필사적인 진언에 의해 국면 전환이 이루어진 것이다(8월 18일의 정변政變).

나의 증조부 · 구니노미야 아사히코(久邇宮朝彦) 親王. 에도(江戶) 막부 말기에는 나카가와노미야(中川宮) 궁호(宮號)로 알려졌다.

이것이 코우메이 천황의 생각에 따른 것이었다는 근거로서, 이 정변을 지원했던 막부의 교토 수호직(守護職)인 아이즈(会津)의 마츠다이라 카타모리(松平容保)에게 내린 천황 친필 편지에서도 알 수 있다. 이 편지에는 다음과 같은 기술이 있다.

당상(堂上, 조정에서 근무한 쿠게公家, 조정의 관원) 이하, 폭론(暴論)을 올렸고, 부정의 처리가 더해감에 대하여 상심함을 견디기 어려워서, 내명(內命)을 내렸던 결과, 신속하게 동의하고 우환소양(憂患掃攘), 짐(朕, 나)의 존념 관철(存念貫徹)은 모두 그대의 충성을 깊이 기뻐한 나머지 오른쪽 한 상자(와카和歌를 적어 넣은 상자)를 보낼 것이다. 존황양이파의 쿠게가 폭론을 늘어놓으며 수많은 부정을 하면서 성장하고 있는 것에 상심을 견디기 힘들어서, 그들을 제거하도록 내명(內命)을 내렸더니, 즉시 근심의 원인을 소양(掃攘)하고 짐이 늘 생각했던 것을 관철해 주었다. 모두 마츠다이라 카타모리(松平容保)의 충절에 대해서 감사와 기쁜 나머지, 켜세이(御製, 천황이 만든 와카)를 담은 상자를 보낸다.

물론 고우메이 천황이 외국과의 관계를 걱정하는 마음이 있었다는 것은 의심할 여지가 없지만, 양이친정(攘夷親征)이라고 하는 것은 존황양이파 중 과격파가 짜낸 일이었다. 코우메이 천황 자신은 이 국난에 있어서는 어디까지나 공무합체(公武合體, 조정과 막부의 결합을 강하게 하려는 생각)를 추진하려고 했던 것이다.

그 결과 존황양이파인 쿠게 7명이 교토에서 추방되었고(7卿落ち), 이후 그것을 만회하기 위해 조슈번(長州藩)이 교토를 공격하러 올라왔지만 실패로 끝났다(蛤御門의 變). 이 싸움에서 황궁을 향해 대포를 쏜 조슈번(長州藩)은 「조적(朝敵)」이 되어 막부가 조슈번을 공격할 동기가 되었다(長州征伐). 당연히 이러한 시류(時流)의 발단이 된 아사히코 친왕은 존황양이파의 쿠게나 지사(번을 벗어나 활약한 무사)들의 원성을 사게 되었다.

사쓰마번(薩摩藩)의 시마즈 나리아키라(島津斉彬), 시마즈 히사미츠(島津久光)는 이러한 막부 말기의 정세 속에서 아사히코 신노를 지지해 왔다. 그러나 제2차 조슈 정벌 무렵에 삿초(薩長, 薩摩藩과 長州藩)가 동맹을 맺는다. 이어 게이오(慶応) 2년 12월에 코우메이 천황은 갑자기 승하하였다.

이 승하에 관해서는 독살이라고 하는 유력설이 있고, 존황양이파가 의심받기도 했다. 작가 나카무라 아키히코(中村彰彦) 씨의 「코우메이 천황은 병사했는가」(『막부 말기 유신 역사의 정설을 파헤치다』 코단시講談社 간행물에 수록)에서 이 문제에 대한 자세한 내용이 논고되어 있다. 코우메이 천황은 천연두로 승하한 것으로 되어 있지만, 질병의 경과를 추적해 보면 보통의 천연두의 증상으로는 설명할 수 없는 것도 여기저기에서 볼 수 있다는 사실. 나카무라 씨는 『아사히코 친왕의 일기』 중 게이오(慶応) 3년 1월 5일 무렵에 승하한 천황이 부적(符籍)의 신 같은 모습으로 원혼이 되어 나타났다고 하는 기술이 있다는 것을 소개하고, 「죽은 천황이 이런 모습의 원혼이 되어 나타났다는 것은, 사인(死因)이 단순한 병사가 아니었다고 하는 견해에서 만들어진 소문이었다는 것이 틀림없다」고 적혀져 있지만, 과연 그러할까…

시마즈 가(島津家)에서
시집으로 오실 때는 정말 아무 것도 없었다

어쨌든, 여기까지 천황이 폭행을 중지하려고 하는 뜻에 따라 추진해 온 아사히코 친왕의 정치 활동은 그 뜻에 반하는 사태가 되었다. 아사히코 친왕을 맹주와 같이 모시고 활동한 조신(朝臣, 조정의 신하)도 천하대세(天下大勢)에 편승해서 정치의 실권을 쥐려는 꿈을 부풀렸으나 곧 사면초가의 상태가 된다. 게이오(慶応) 3년 말에는 왕정이 복고된다. 아사히코 친왕을 비롯해 쿠게 21명은 근신(謹慎)을 명령 받아 대부분은 단시일에 해방되었지만, 아사히코 친왕만 메이지(明治) 5년까지 근신 상태로 이어졌다. 공무합체를 기반으로 하는 코우메이 천황의 뜻에 따랐기 때문에 반대파의 미움을 받아 게이오 4년 8월에, 허위 모반맹약서를 이유로 히로시마 케이슈번(芸州藩)에 맡겨지게 되었다.

그 모반맹약서에는 아사히코 친왕의 허위 손 도장이 찍혀 있었는데, 본인의 손보다는 상당히 큰 손 모양이었다고 한다.

당시의 정세는 대단히 불안정하였다. 아사히코 친왕이 황위(皇位)를 엿보고 있다고 하는 일파(친왕의 활동을 부정적으로 생각하는 존황양이파)도 있었다는 사람이 있지만, 코우메이 천황의 생각에 따라 노력한 모습과 미우타(御歌, 和歌)를 부르는 것을 봐도 정말 믿을 수 없었다. 이러한 상황에서 아사히코 친왕이 악인이라면 어떤 목적을 가지고 흘러나오는 전형적이고 악의적인 행태가 있어야 할 것이다.

아사히코 친왕은 막부 말기와 메이지 유신이라는 어려운 시대에 코우메이 천황의 신뢰를 얻어, 천황의 공무합체와 내전회피라는 생각에 공감하고 활동하였다. 그러나 주로 죠슈번에 의한 막부 토벌과 정권 탈취라는 야망 때문에 불우한 시기를 보낸 셈이며, 그 용기 있는 행동은 또 다른 어떤 사람과도 비견(比肩)할 수 없었다고 해야 할 것이다. 친왕의 행위에 대해서는 다양한 평가가 있지만, 나는 그렇게 확신하고 있다.

이 시기의 아사히코 친왕은 당연히 어려운 처지에 놓여 있었다. 나의 할머니(쿠니노미야 구니요시久邇宮邦彦와 결혼 한 치카꼬俔子)가 시마즈(島津)에서 온 것은 메이지 32년(1899년)이지만, 그 때도 여전히 그 여파는 많이 남아 있었다.

소녀 시절에 아사히코 친왕을 모시고, 또한 할머니가 결혼한 후에는 할머니를 모시고 있던 기무라 미키(木村みき)라는 사람이 있

었는데, 흔히 「시마즈에서 시집 오실 때는 정말 아무 것도 없었다」고 말하곤 했다. 신정에도 떡국에 넣는 꿩고기를 살 수 없어서 맛이 비슷하다는 구운 두부를 대신 넣을 정도로 궁색했던 것이다.

또한 막부 말기에 아사히코 친왕을 모셨던 사무라이 야마다가게유 토키아키(山田勘解由時章)의 손자라는 사람이 말한 적이 있는데,「할아버지가 자주 아사히코 친왕이 위험하기 때문에 매일 밤 아사히코 친왕의 옆방에서 새벽까지 칼을 안고 자고 있었다 라는 이야기를 들려주었다」라고도 했다. 교토 시대 시절의 일로 긴박감이 전해지는 이야기이다.

이마를 배 밑바닥에 문지르면서
용서를 빈 이와쿠라 토모미(岩倉具視)

나카가와노미야(中川宮)는 후에, 가야노미야(賀陽宮)라고 칭한 것을 메이지 8년(1875년)에 쿠니노미야(久邇宮)라고 바꿨고, 아사히코 친왕은 그 해 7월에 이세 신궁(伊勢の神宮)의 제주(祭主)에 임명되었다. 신궁 제주의 일은 고다이고 천황(後醍醐天皇)의 황녀 이후 오랫동안 끊겨있던 사이구(斎宮, 이세의 신궁에 봉사한 사이오우斎王의 집)의 전통을 이어 황족을 그 최고위에 두고 천황을 대신하여 오오미테시로(大御手代)로 제사에 봉사하고 넓은 시야에서 판단하는 것이다. 제주 직은 중세 이후로는 후지나미가(藤波家)가 세습해왔다. 메이지 이후는 제1대 코노에 다다후사(近衛忠房), 그 다음에 제2대 산죠니시 스에토모(三条西季知)였지만, 아사히코 친왕이 메이지 8년 7월에 황족으로 처음 제주가 되었다. 천황을 대신하여 봉사하는 이상, 사이오우(斎王)의 전통을 잇는 황족이 어울린다고 자주 건의했던 덕분이다. 메이지 22년 제57회 식년천궁(式年遷宮) 때 봉사했다.

아사히코 친왕은 메이지 24년 68세 때는 햇곡식으로 신에게 제사를 올리는 칸나메사이(神嘗祭) 봉사 중에 발병(發病)하여 교토 시 모타치우리(下立売)에 있는 저택으로 돌아가려고 가마를 타고 출발했다. 그러나 도중에 운명할 것을 깨닫고, 신궁의 땅에서 최후를 맞이하기 위해 가마를 돌려 이세(伊勢) 땅으로 돌아와 돌아가셨다.

아사히코 친왕의 제주 재직 중의 주요 업적으로는 메이지 22년 식년천궁 외에도 징구 코우각칸(神宮皇学館, 현재 皇学館大学)의 창립, 신궁의 지위(地位), 제식확정(祭式確定) 상주(上奏) 등이 있는 것으로 알려져 있다. 징구 우코우각칸이 설립된 것은 메이지 15년의 일이지만, 신궁 제주를 맡고 있어서 자신도 신직(神職)으로 더 공부를 하지 않으면 안 된다는 아사히코 친왕의 생각 때문이라고 들은 적이 있다. 문명개화의 세상에 일본 신도(神道)의 전통을 확고하게 해두는 것도 하나의 의무라고 생각했던 것은 아닐까. 메이지 천황은 메이지 23년 11월에 친왕에게 향연(饗宴)을 받을 때 사이바라(催馬楽)의 「이세의 바다(伊勢の海)」를 연주시켜 아사히코 친왕의 모든 활동을 칭찬했다고 한다.

아사히코 친왕은 막부 말기와 메이지 유신이라는 어려운 시기에 코우메이 천황의 신뢰를 얻고 활약했기 때문에 다양한 평가가 보이기도 하지만, 천황의 갑작스런 승하가 없었으면 역사의 흐름도 변하고 보신전쟁(戊辰戦争)도 피할 수 있었을지도 모르고, 아사히코 친왕도 더 힘을 발휘할 수 있었을지도 모른다. 그렇다고 간단하고 쉬운 일은 아니었겠지만.

메이지가 되고나서, 이와쿠라 도모미(岩倉具視)가 아사히코 친왕을 아라시야마(嵐山)의 강물놀이에 초청하여 미닫이 문을 닫은 야카타부네(屋形舟, 강물놀이를 할 때 타는 배) 안에서 이마를 배 바닥에 대고 용서를 빌었다는 이야기가 있다. 그가 존황양이파를 조종해서 아사히코 친왕과 코우메이 천황을 괴롭혔다라고 하는 것을 되새겨보면, 그것은 당연하다고 생각된다.

메이지 17년 이와쿠라 도모미 사후 1년 째의 제사(祭祀) 때였지만, 한 송이의 국화를 바치면서 불렀던 미우타(御歌)를 적어 둔다.

메이지 17년 甲申年
이와쿠라 타이죠 다이진(岩倉太政大臣, 조정의 최고 권력자)에게 국화를 바치고

옛 기억이라 하는 것

九重に　さきしむかしの　きくの花
いまの世までも　香そのこりぬる
かくはしき　匂ひのこれと　菊の花
むかしのいろを　みぬそかなしき

궁전에 피는 옛 국화
지금 세상까지도 향이 남는 흔적
향긋한 냄새가 남아도 국화 꽃
옛날의 색상을 보지 못한 슬픈

어떻든 아득한 옛일이요 각각 증손(曾孫)인 이와쿠라 토모타다(岩倉具忠) 군과 나는 오랫동안 친하게 교제를 하고 있다.

또한 신궁의 현재 규칙으로는 제주(祭主)는 황족 혹은 황족이었던 사람이 되는 것으로 되어 있어서, 아사히코 친왕 이후에는 세 분의 자제들인 카야노미야 쿠니노리 왕(賀陽宮邦憲王), 쿠니노미야 타카 왕(久邇宮多嘉王), 나시모토노미야 모리마사 왕(梨本宮守正王)이 제주가 되었다. 이후 종전(終戰)이 되어, 전후에는 키타시라카와 후사꼬(北白川房子)와 타카츠카사 카즈꼬(鷹司和子)와 이케다 아츠코(池田厚子)라는 세 분의 나이신노(内親王, 황녀)가 이어졌다.

참고로 내가 신궁의 대궁사(大宮司)를 맡은 것에 대해 말해보자. 나는 헤이세이(平成) 2년부터 13년까지 11년간 대궁사로 신궁에서 봉사했지만, 그렇게 된 것도 아사히코 친왕과의 인연이 있어서 받아들인 것이다. 대궁사의 일에 대하여 적어놓은 것은 많이 있지만, 뒤에서 언급할 헤이세이(平成) 시대에서 다시 하기로 하자. 운명이라고 해야 하나. 아사히코 친왕은 황족으로 메이지 이후 첫 제주(祭主)였지만, 나는 옛 황족으로 첫 대궁사였던 셈이다.

아사히코 친왕의 미우타(御歌, 和歌)

아사히코 친왕의 미우타를 몇 가지 적어 두겠다.

세상이 조용해지지 않는 것을 듣고
天地に神ましまさば払ひませ
てる日のもとにかかるうき雲

세상이 시끄러움을 듣고,

이 세상에 가미(神)가 계시다면, 조용하게 해 주소서.

조용한 거처의 나날

わが庵をおとなふ人もあらうずして

をりをりきくは松風の声

여가를 기회로 삼아 우리 집을 찾아주는 사람도 없이,

가끔 소나무 바람만 들리네.

〈이상 안세이安政 6년부터 분큐文久 2년까지 소우코쿠지相国寺 칩거 때〉

메이지 원년 8월 16일 히로시마(廣島) 츠쿠다(佃) 출발 때

あだしのの露ともきえむ身なれども

しばしはおかむあきの宮島

아다시노(あだしの, 화장터가 있었던 교토시京都市 우쿄구右京区 사가 嵯峨의 오구라야마小倉山)에서, 죽어버릴 것 같은 몸이지만

아케의 미야지마(安藝の宮島, 広島)를 가끔 두 손 모아 빌어보네.

요도강(淀川) 나루터에서 머물 때

夜もすがらねられざりけり故里の

子らのことのみおおひやられて

요도 강을 건너기 위하여 머물 때는,

밤새도록 고향의 아이들 걱정으로 잠을 청할 수 없고.

직녀석별(織女惜別)

もろ人もあはれとぞみよ天の河

きり立わたる今朝のわかれ路

누구나 다 깊은 감동에 싸일 은하수,

안개로 보이지 않을 정도 오늘 아침의 이별 길.

〈이상 메이지 원년부터 메이지 3년까지 히로시마広島 칩거 때〉

메이지 9년 코카이하지메(御会始) 우타카이 하지메(歌会始)　　　**신　년**

망산(新年望山)

打むかふかがみの山にいずる日の

ひかりぞ年のはじめなりける

정면의 거울(신사의 신체御神体인 거울)에 비치는

산에서 나온 햇빛이야말로 새해의 시작

요시노강(吉野川) **회고**(懷古)

ありし世をしるもしらぬも吉野川

清きながれを誰かくまざる

세상의 일을 알고 있는지 모르는지,

요시노 강의 맑게 흐르는 물을 아무도 길으려 하지않네.

아키다 가(秋田家)

朝な夕な露にぬれつつしづのめが

つくりしいねのみのるゆたけさ

아침저녁의 이슬에 젖는 것 같은 가난한 여인이 기른 벼가,

풍성하게 자라고 있네.

메이지 15년 코카이하지메(御会始) 우타카이 하지메(歌会始)

강물구등(河水久澄)
水清くいまもながれてかみのます
みもすそ川はにごる世ぞなき
지금도 매우 깨끗하게 흐르고 있는
가미(神)가 계신 미모소 강
(御裳濯川, 이세의 신궁 내를 흐르는 이스즈 강五十鈴川의 뜻)은 혼탁해
지지 않네.

천궁 경향 잔치 와카(遷宮竟饗宴和歌. 메이지 22년 10월 14일)
万代に流て絶ぬいすず河
さやかに神の影も身ゆらむ
언제나 끊임없이 흐르고 있는 이세(伊勢)의 강(五十鈴川)은
분명히 신의 모습을 볼 수 있는 것은 아닌가.

아사히코 친왕 이후에는 2대가 조부 쿠니요시 왕(邦彦王), 다음 3대가 선친 아사아키라 왕(朝融王) 다음 4대가 본인이다.
    여기에 시루시(印, 표시)라는 것에 대하여 적어 보자. 시루시란 황실, 황족, 쿠게(公家) 안에서 사용되어 온 것이지만, 본명(나라면 쿠니아키邦昭)으로 부르는 대신에 시루시 사마(印樣) 라고 부른 것이다. 지금은 정월(正月) 밥상 때 쓰는 젓가락 주머니와 속옷 등에

도 그렇게 쓰고 있다.

내가 알기로는 아사히코 친왕은 큰바위(巖印, 巖, 이와오)의 시루시. 쿠니요시 왕(邦彦王)의 시루시는 알 수 없지만 호는 켄도우(謙堂). 쿠니요시 왕비 치카꼬(倪子)는 쌀(米, 요네)의 시루시, 아버지 아사아키라(朝融)는 봄(春)의 시루시, 어머니 토모꼬(知子)는 복숭아(桃)의 시루시다.(고우준香淳 황후가 복숭아의 시루시였기 때문에 젊은 복숭아의 시루시로 하고 있었다.)

나의 형제자매 이름은 모두 아악(雅樂) 악기의 이름이다. 누나 둘은 쟁(箏, 거문고)과 츠즈미(鼓, 북의 한 종류)의 시루시. 츠즈미는 현재 아악에서는 사용되지 않는다. 아악의 타악기는 캇코(羯鼓), 타이코(太鼓), 쇼우코(鉦鼓) — 무대 뒤 오른쪽에서 출입하는 춤에서 세 가지의 츠즈미 — 뿐이지만 옛날에는 샤하치(尺八, 통소)라든지 다양하게 사용된 것 같다. 츠즈미(鼓)가 사용되었는지 어떠했는지는 모르겠지만, 여자 아이에게 타이코의 시루시라든지 캇코의 시루시라든가 하는 것은 조금 이상해서 츠즈미의 시루시로 했던 것 같다. 여동생 3명은 방울의 시루시, 피리의 시루시, 망아지의 시루시고, 남동생 2명은 징의 시루시, 활의 시루시. 나는 쇼(笙, 생황)의 시루시이다.

아내는 결혼 후 비파(琵琶)의 시루시. 두 아들은 학의 시루시, 거북이의 시루시, 딸은 쌀의 시루시, 맏며느리는 복숭아 꽃의 시루시로 했다.

**옛 에도 시대를 연상시키는
정취 있는 지명(地名)**

나의 부모님은 결혼 직후에는 가마쿠라(鎌倉)에 살았지만, 내가 태어났을 무렵에는 코마자와(駒沢)로 옮겨 왔다. 지금 전철 도큐 덴엔토시선(東急田園都市線)에 코마자와 대학이라는 역이 있지만, 태평양 전쟁 직후의 무렵에는 코마자와 골프장의 흔적이 남아 있었다. 부모님 집이 골프장 바로 옆에 있어서, 골프장에 들어가 공을 치기도 했었다. 그 당시에는 한적하고 조용한 곳이었다. 그 골프장은 몇 안 되는 골프장 중에서도 유명해서, 쇼와 천황도 방문했던 사진이 있다.

그 코마자와 골프장은 아마도 코마자와 공원 아니면 코마자와 대학 부근이 아니었을까 생각된다. 그 근처인 메구로(目黒)에서 타마 강(多摩川) 쪽으로 시골 풍경이 펼쳐져 있었던 것은 그다지 옛날의 일이 아니다. 지금 국도 246호선에는 타마가와 전철(玉川電鐵) 타마전(タマ電, 타마 강의 자갈을 운반하고 있었기 때문에 쟈리덴ジャリ電이라고도 불렀다)이 다니고 있었고, 전후에도 가끔 탔었다. 지금의 메구로(目黒) 거리에는 원래 경마장이 있었는데, 요츠츠지(四つ辻), 타카반(鷹番)이라는 지명도 남아 있다. 이 근처는 에도 시대에는 장군의 사냥터여서, 타카반이라고 하는 곳의 매 사냥꾼들이 살고 있었다.

그러한 오래된 지명에 대한 나의 추억을 이야기해 보기로 하자. 내가 오래 살았던 시부야(渋谷)부터 아자부(麻布) 지역의 근처를 예로 들면, 어느 날 오래된 지명이 모두 없어져 버리고 롯폰기(六本木)로 정리되는 새로운 이름이 만들어져 버렸다. 카스미 쵸(霞町), 코우가이 쵸(笄町), 자이목쿠 쵸(材木町), 미야무라 쵸(宮村町), 단스 마치(箪笥町) 등은 모두 사라져 버렸다. 지금의 긴자(銀座)도 모두 몇 쵸메(何丁目)로 되어 버렸지만, 욘쵸메(四丁目)는 오와리 쵸(尾張町)였다. 노면(路面) 전차의 차장이「오와리 쵸입니다」라는 소리가 귓전에 그립게 들릴 때가 있지만, 노인의 청력으로 잘 못들은 것일까 (종점이라는 의미로 들린 것일까). 가부키좌(歌舞伎座)가 있는 긴자는 코비키쵸(木挽町)였었다. 아사노 타쿠미노카미(浅野内匠守)가 할복(切腹, 셋부쿠)한 타무라 우쿄다유우(田村右京大夫)의 저택이 있던 타무라 쵸(田村町), 그 옆의 사쿠마 쵸(佐久間町)도 모두 사라져 버렸다. 나리히라 바시(業平橋) 역이 지금은 스카이 트리(スカイツリー) 역이 되었다. 마츠미 자카(松見坂), 시오미 자카(潮見坂) 등등, 옛 에도 시대를 연상시키는 정취가 있는 이름이 사라져 마음의 풍요로움 같은 것도 없어진 것 같아 외로운 생각이 든다.

또한 일본의 몇 쵸메(何丁目) 몇 번지 몇 번이라는 지번의 결정 방법은 여러 가지 역사적이고 다양한 생각이 있겠지만, 일단 외국의 경우를 살펴보자. 예를 들어 내가 오랫동안 살았던 영국의 도로에서는 크고 작음에 상관이 없이 모두 이름이 붙어 있고(○○○ road, ○○○ street ○○○ lane ○○○ alley ○○○ avenue 등), 한편으로는 이 외에도「~길」의「길」이 붙지 않는 이름도 많이 있다. 이런 길에는 순서대로 번호가 붙어 있고, 도로의 방향에 따라 홀수 하나, 셋, 다섯, 일곱…, 짝수 둘, 넷, 여섯, 여덟…로 되어 있다. 또한 런던의 경우, 도쿄의 '쿠(区)' 같은 WE(West End), SW(South West)와 같은 지역 이름이 붙어 있고, 39퀸즈 SW7 같은 형식으로 지명이 표기되어 있다. 그리고『A to Z』라는 소책자(이와나미 신서岩波新書보다 조금 큰 정도의 크기)에는 지도와 색인이 있고, 버스 지도와 지하철

(Under Ground) 맵이 있는가 하면, 런던의 어느 곳 어디서나 누구나 헤매지 않고 찾아갈 수 있다.

그리고 일정한 형태를 띤 검은 택시가 달리고 있는데, 그 택시를 타고 도로 이름과 번호를 말하면 확실하고 정확하게 목적지에 도착한다. 택시 드라이버 시험은 꽤 엄격하여 응시자는 런던 시내를 자전거를 타고 돌아다니면서 길을 암기해야한다고 한다. 시험에 합격하는데 몇 년이 걸린 사람도 있다고 들었다. 만약 잘못된 것이 발각되면 해고가 된다고 한다.

일본에서는 쵸메와 번지와 번호가 순서대로 되어 있지 않기 때문에 지도를 잘 보고 가지 않으면 좀처럼 목적지에 도착할 수 없는 경우가 있지만, 서구의 여러 나라 경우에서는 간단하게 목적지를 찾을 수 있어서 매우 편리하다고 한다.

좀 더 옛 자취를 더듬어 조사하고 싶은데 롯폰기 등으로 합쳐지기도 해서 찾기 어려울 것 같다. 뭔가 좋은 방법은 없는 것일까.

시부야 구(渋谷區) 미야시로 쵸(宮代町)
1번지의 집

그런데 코마자와 집의 기억은 별로 없지만, 내가 2~3살 쯤에 조부모가 살았던 시부야 구 미야시로 쵸 1번지에 있는 집으로 이사간 것 같다. 내가 쇼와 4년(1929년) 3월에 태어났지만 같은 해 1월에 할아버지인 쿠니요시 왕(邦彦王)이 돌아가셨기 때문에 2~3년 후에 이사간 것 같다.

미야시로 쵸는 에비스(恵比寿)로부터의 평지가 한 단계 제일 높은 언덕으로 되어 있다. 그곳을 정면으로 오른쪽이 히로오(広尾) 골짜기이고, 그 안쪽은 카스미쵸(霞町)에서 아오야마(青山) 쪽으로 향하고 있다. 그 골짜기 오른쪽 고지에 아리스가와노미야온시 공원(有栖川宮恩賜公園)이 있고, 이 절벽의 왼쪽은 언덕길이고, 히로오(広尾) 초등학교 등이 있는 언덕의 길로 구분되어 주택지였다. 그 안쪽에 일본 적십자 병원이 있어서, 두 가지의 형태로 나뉘어 있었다. 공원과 병원이라는 2개의 지역이 1번지였고, 미야시로 쵸는 그것 밖에 없는 좀처럼 보기 드문 마을이다. 에도 시대는 홋타(堀田)씨의 집 이외에 3채의 저택이 있었다는 곳이다.

딸의 친구인 Y군이 찾아서 보내준 건축자료 연구회의「최신 건축설계 총서 쿠니노미야 오츠네고텐(久邇宮御常御殿) 쇼와 2년 5월호」라고 하는 아주 귀중하고 재미있는 인쇄물에는 자세한 설계도와 각 객실의 사진이 실려 있다. 가끔 그 때가 그리워서 찾아보기도 하지만, 소재지는 도쿄 부(東京府) 토요타마 군(豊多摩郡) 시부야 마치(澁谷町) 시모시부야(下澁谷) 토요시마(豊島) 코료지(御料地, 황실의 소유지)이고, 기공은 다이쇼(大正) 11년(1922년) 3월이며, 준공은 다이쇼 13년(1924년) 12월로 되어 있다. 미야시로 쵸의 지명은 그 이후에 생긴 것이다. 그 인쇄물에는 여러 가지가 적혀 있지만, 격자모양의 천장(格天井, 고우텐죠) 및 맹장지(襖, 후스마)에는 요코야마 다이칸(横山大観), 시모무라 칸산(下村観山) 기무라 푸산(木村武山), 카와이 쿄쿠도우(河合玉堂), 타케우치 세이호우(竹内栖鳳), 야마모토 슌쿄(山元春挙) 등의 휘호(揮毫)가 들어가 있다.

이 집에 대한 나의 희미한 기억으로는, 소(小)식당이라고 이름 붙여진 방에 연이어 앞으로 튀어나온 곳에 네 칸 정도 일각에, 작은 모형 자동차를 놓아둔 형태를 띤 공간이 있었던 장면이 연상된다. 나의 생애 첫 번째 좋은 기억이라고 해도 좋을지 모른다. 그 공간은 곧 부서져서 화단으로 바뀌었다. 한때는 딸기 밭이 되어 형제자매가 와글와글 소란을 피우면서 딸기를 딴 적도 있었다.

집 안의「바깥쪽」과「안쪽」

그 밖의 미야 가(宮家), 또한 쿠게(公家)나 다이묘(大名, 에도 시대의 영주)들도 비슷할 수도 있지만, 거주 공간에는「바깥쪽」과「안쪽」이 있었다.

그 시기에 황족의 남자로서도 정신 차리지 않으면 안 된다는 것도 기본적으로 있었던 것이다(집안의 구조가 넓고 복잡하기 때문에). 쇼와 10년(1935년)에 초등학교(카쿠슈인(学習院) 초등과)에 입학하고 나서 집을 떠나게 되어, 자신의 거실이나 침실을 나왔기 때문에「안쪽」과의 인연은 일단 끊기게 되었다. 안쪽은 여성이 생활하는 공간이며, 남자는 바깥쪽에서 생활하는데 저녁식사 때만은 안쪽에 가서 다 같이 먹고 함께 지냈다. 아버지는 해군 근무지의 관계로 도쿄에서 계실 때가 적었지만, 누나 2명과 나와 셋이서 밥을 먹고, 그리고 잠시 안쪽에 있다가, 잘 때가 되면「그럼, 주무세요」하고 바깥쪽으로 돌아가는 것이었다. 안쪽과 바깥쪽은 길고 긴 복도로 연결되어 있고, 전등이 하나 붙어 있다. 조금 무서웠기 때문에 나는 항상 달려서 방으로 돌아갔다. 그러면 나의 방 옆에 모퉁이에 나의 담당 수행원(御付き)이 기다리고 있었다. 그리고 목욕하고 잠을 청했다.

수행원은 둘이 있었다. 그 당시에는 교원을 양성하는 학교로 도쿄 아오야마(青山) 사범(도쿄 제1사범 학교)과 토요시마(豊島) 사범(도쿄 제2사범 학교)가 있었지만, 두 사람 다 그 학교를 우수한 성적으로 졸업한 분들이었다. 둘 다 남자 선생님이었는데, 여러 가지로 나를 돌봐주었다. 절반은 선생님이고 절반은 수행원이라는 느낌이라고 하면 좋을듯하다. 아오야마(青山) 사범 분은 종전(終戰) 무렵까지 같이 있었던 것 같다. 토요시마(豊島) 사범 분은 내가 초등과를 졸업할 무렵 그만두고, 전쟁에서 돌아가신 것인지 전후 무소식이 되어 버렸다.

어머니를 매일 만날 수 있는 것은 아니었다. 어머니는 아버지 근무지 쪽에 계셨기 때문에 언제나 함께 있을 수가 없었다. 그러므로 안쪽에 갈 때도 누나 둘과 셋이서 생활할 때가 많았다. 우리 집은 아버지가 해군이었기 때문에 비교적 자유로운 분위기였다고 생각한다. 이를테면 아이들도 모두 자유롭게 뛰어 놀며 지냈던 것 같다.

그러나 내가 황족의 남자인 관계로 이른바 제왕학(帝王学)을 배울 수 있도록 배려되어 있었다. 어머니 말씀으로도 「타인에게 신경을 쓰지 않으면 안 됩니다」 「정신 차리지 않으면 안 됩니다」 「친구에게 지면 안 됩니다. 그러나 역시 사람은 정을 붙이지 않으면 안 됩니다」 등을 자주 들었던 것 같다.

초등학교에 입학하기 전이나, 초등학교에 입학하고 나서도 가끔 정원에 있는 그네나 미끄럼틀에서 어머니와 함께 이야기를 나누기도 하고, 같이 놀거나 한 적도 있었다. 어머니가 집에 있을 때, 학교에서 돌아오면 안쪽 어머니 방에 가서 「돌아 왔습니다」라고 인사하면, 학교에서 어떻게 지냈는지 등의 이야기도 하였다. 공부하는 틈틈이 앞에서 소개한 화단에서 놀 때도 자주 있었다. 즐거운 가정이었다.

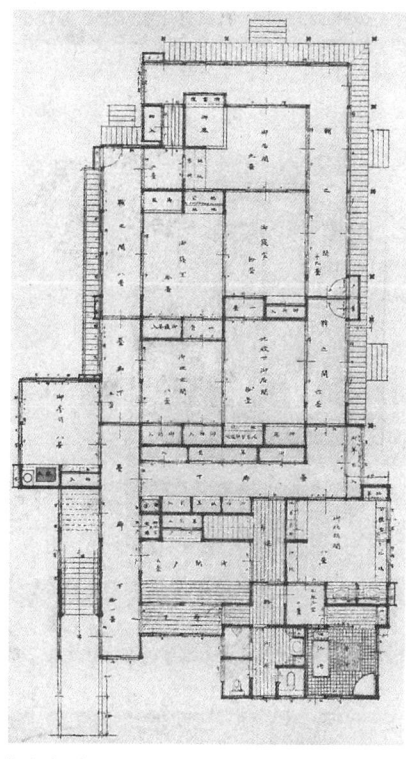

"최신 건축 설계 총서(叢書) - 쿠니노미야(久邇宮) 오쓰네(御常) 御殿"(건축 자료 연구회 발행)에 의한 아래층 평면도 (설계 : 모리야마 마쓰노스케(森山松之助))와 나의 기억에 근거로 한 방의 호칭

툇마루

첫째 방(一の間)

셋째 방(三の間) 둘째 방(二の間)

다음 방(次の間) 넷째 방(四の間)

다이스(台司, 茶室)
복도(오동나무 방(桐の間))

가미다나(神棚) 난도(納戶, 실내 창고)
오시마이 도코(おしまい所)
욕실(風呂)

구라(倉, 밖의 창고)

가족 모두가 레코드를
들었던 즐거운 추억

우리 집 구조에 대해서 다시 설명하기로 하자. 우리 집의 바깥쪽과 안쪽의 크기는 대략 반반 정도였다. 그 경계에 삼목나무로 만든 문(스기도, 杉戸)이 있었고, 그 문의 뒤쪽에 코우쇼(侯所)라고 하는 방이 있어서, 거기서부터는 옆으로 죠츄(女中, 집안 돌봄이) 방이 줄지어 있었다. 오츠보네(お局, 왕언니) 방이라고 부르는 사람도 있었다. 그 당시는 죠츄 상(女中さん)이라고 통칭했지만, 집에서는 찌져(侍女, 시녀)와 찌지져(次侍女, 시녀 아래)와 께져(下女, 하녀, 제일 아래)라고 하는 구별이 있었다. 지금이라면 께져라고 하면 차별어 같지만, 그 당시는 별로 그렇지 않았고, 께져로 익숙해지면 찌지져가 되거나 찌지져 다음에 찌져가 되기도 했었다.

코우쇼(侯所)와 죠츄(女中) 방의 줄 중간을 지나서 큰 부엌이 있었고, 이곳을 오키요 도코(お清所)라고 했다. 언젠가 가부키를 보았더니 '오키요 도코로가….'라는 대사가 있던 것을 보면, 다이묘 가에서도 그렇게 불리고 있었던 것 같다.

이 방으로부터 앞은 바깥쪽이 되지만, 사무소(약쇼役所라고 불렀다)와 응접실 몇 개가 국화 방, 단풍 방, 서원, 아주 넓은 방(大広間), 대식당 등이 줄지어 있었다. 안쪽에는 사적인 손님을 위한 응접실과 소(小)식당과 거실 등이 있었다.

가장 안쪽은 우리 가족이 거주하는 곳이 있었지만, 첫째 방(一の間), 둘째 방(二の間), 셋째 방(三の間)이 나와 누나 두명이 거주한 곳이었다. 첫째 방은 누나 둘의 책상이 놓여져 있고, 밤에 듣기도 했

던 작은 라디오와 수동식 축음기, 그리고 「노래를 잊은 카나리아」나 「동요」 등의 레코드가 있었다. 앞서 언급한 바와 같이 초등학교 입학 후에는 따로따로 되었지만, 아직 내가 어렸을 때는 둘째 방에서 셋이 나란히 자고 식사는 첫째 방의 작은 식탁에서 정좌하고 먹었다.

형제자매 중 위 셋은 나이가 가까웠지만, 여동생들은 나이가 많이 떨어져 있어 나보다 4살과 8살 아래였다. 그 여동생 둘은 넷째 방(四の間)과 그 다음 방에서 주로 살았다. 그 다음 남동생과 여동생은 역시 나이가 많이 떨어져 있었기 때문에, 전후에는 다른 집에서 거주했다.

2층은 부모님의 거주 지역이었다. 내가 초등학교 입학 전의 일이지만 아버지가 해군 일로 집에 없었고 어머니가 혼자 계실 때는 누나와 남동생이 교대로 아버지의 침대에서 자기도 했다.

책장에는 할아버지가 남긴 책을 포함하여 문학 전집 등 많은 책들이 늘어서 있었다. 피아노는 슈타인웨이(Steinway)제의 큰 그랜드 피아노이고, 어머니가 리스트(Liszt)의 곡 「항가리안 랩소디 6번」을 자주 연주했던 것을 기억한다. 그 피아노에는 안삐코(Ampico)라는 유명한 연주가의 연주가 녹음된 테이프를 사용한 자동 피아노의 기능이 있었고, 자주 들려 주셨다. 또한 당시에는 귀한 전기 축음기가 있었고, SP 레코드를 여러 장 삽입해 놓고 한 장이 5분 정도로 끝나면 자동으로 위에서 뚝 떨어져 이어서 시작하게 되어 있었다.

2층 복도에는 수많은 레코드가 나란히 있었다. 아버지가 돌아오신 밤에는 가족 모두가 함께 레코드를 듣는 것도 하나의 즐거움

(위) 미야시로쵸(宮代町)에 있던 집의 외관. 현재도 세이신(聖心) 여자 대학 구내에 있다.
(아래) 가족 모두가 레코드를 들은 2층 아버지의 서재(書齋) (사진 제공 : 세이신 여자 대학)

이었다. 어느 날에 베토벤의 후기 중주였다고 기억하는데, 어렸던 내가 심심해서 개 흉내를 내면서 아버지에게 다가갔더니 불쾌한 얼굴을 하셨던 기억이 난다.

아버지는 레코드를 많이 가지고 있었지만, 국악이나 재즈 등은 거의 없고, 베토벤과 모차르트를 비롯한 클래식 중심이었다. 드뷔시(Debussy)도 좋아해서 자주「목신의 오후 전주곡」등을 듣고 있었지만, 생각해 보니 아버지는 1901년생이시니까 이 곡은 아버지가 태어나기 조금 전에 작곡된 것이다.

화장실은「오토우바(お東場)」
— 쿠게(公家) 말에 관해서

2층에 미즈야(水屋)라는 방이 있고, 거기에는 구리로 두른 큰 사각형 물받이가 있어 수도꼭지에서 물이 나와 그릇 등을 씻는 장소였다. 1층 다다미 복도를 이상하게도 오동나무 방(桐の間)이라고 불렀다. 또한 오시마이 도코(お化粧所, 오시마이는 '끝'이라는 뜻)이 한자는 내가 지은 것이지만, 부모님이 아침 윗층에서 내려와 세면을 하고 어머니가 화장을 하는 방을 오시마이 도코라고 불렀다.

오다이스(お台司)라는 방이 있는데, 그 이름은 음식을 올려 놓는 받침대(다이, 台)를 둔 데서 나온 것이다. 아이들이 차를 마실 때 가끔 사용하기도 하고, 기모노 옷을 정리하기도 하고 펼치기도 했다고 생각한다.

화장실은 고후죠(御不浄, ごふじょう)라고 또는 오토우바(お東場)라고도 했다. 오토우바라는 것은 쿠게(公家)의 통칭이었던 것 같지

만, 어원은 모르겠다. 화장실을 집안 동쪽에 만든 것 때문일까. 첫째 누나가 태어났을 때 일본 적십자사 병원에서 도우러 온 간호사가 있었고, 그 후 시녀가 되어 전후 죽기 직전까지 있었다. 나의 아이들에게도 친숙한 기무라(木村) 이치요라는 분이 내가 감기에 걸려서 자고 있었을 때「오늘은 매우 좋은 오토우가 나왔습니다」라고 어머니에게 보고하는 것을 들은 적이 있다. 대변을 오토우라고도 하는 것 같다.

오토우에 관한 이야기가 나온 김에, 쿠게(公家) 말에 대해 소개해 보자.

아버지를 「오모우 사마(おもうさま)」, 어머니를 「오타아 사마(おたあさま)」라고 부른 것을 들은 적이 있다고 생각할 사람이 있을지도 모른다.

산죠니시 가(三条西家)에서는 아버지를 「오데이 사마(おでいさま)」라고 부르고 있었다. 어머니를 「오타타 사마(おたたさま)」라고 하는 사람도 있다.

그러나 이제 세상이 점점 변해서, 사용하지 않고 있다.「오모우 사마, 오타아 사마」를 사용하고 있던 많은 집에서「파파, 마마」나「오토우 사마, 오카아 사마」를 사용하게 되었다. 우리 집에서도 지금은「오모우 사마, 오타아 사마」는 사용하지 않는다. 그래도 나의 아버지를 생각할 때는「오모우 사마는 이랬다」라고 자연스럽게 입에 나온다.

그런 말은 그 밖에도 여러 가지 있다. 예를 들어, 구운 떡을「오카진(おかちん)」이라고 했다. 치라시즈시(식초밥에 여러 종류의 재료를 섞어 만드는 초밥의 일종)는「오스모지(おすもじ)」이다. 반찬

앞줄 왼쪽부터 산죠니시 킨오사(三条西 公正) 님, 산죠니시 부인·노부코(信子, 아버지의 여동생) 님, 나(초등학생), 어머니.
뒷줄 왼쪽부터 누나 2명과 여동생, 할머니, 히가시후시미노미야 비 카네코(東伏見宮妃 周子)님, (할머니의 은거소隱居所였던 도키와마츠常磐松 집에서).

은「오마와리(おまわり)」라고도 말했다. 밥 주위에 있는 것이기 때문일까. 내리는 것은「오스베시(おすべし)」이다. 밥상을 갖고 나갈 때도「오스베시(おすべし)」이다. 주인에게서 뭔가를 받을 때에는「오스베리오 이타다키마스(おすべりをいただきます)」가 된다.

이런 말들은 대부분 사라져 버렸지만, 간혹「아 이렇게 말했구나」라고 생각이 날 때가 있다. 쿠게(公家) 말 같은 것도 점점 사라져 버리기 때문에 기록하고 남겨 두려는 움직임이 카스미 회관(霞會館, 화족 會館의 後身)에서 있었기 때문에 나중에 책으로 나올지도 모르겠다.

고레이덴(御霊殿, 제단)의 제물을 훔치고

오키요 도코(お清所)에 대해서는 앞에 적어 놓았다. 서원(書院)은 따로 설명할 필요는 없을 것 같다. 삼월 삼짇날(桃の節句)에는 일본 전통의 인형을 진열하고 감주(白酒)를 마셨다. 5월의 단오절 때는 무사 인형인 갑옷과 투구와 말 등이 장식된다. 이처럼 서원은 다목적으로 사용되는 장소였다.

오칸바(お燗場)라는 장소는 글자 그대로 정월에 많은 손님이 오셔서 매우 바쁘게 술을 데우는 곳이다. 이 오칸바 밖에는 산더미 같은 대합 껍데기가 쌓여있던 것을 기억한다. 고레이덴(御霊殿)은 정기적으로 제물이 오르지만, 찹쌀로 만든 경단 등을 내려오면 일시적으로 오칸바에 놓는다. 때로는 무례한 어린이가 훔칠 경우도 있다. 제물에 관한 책임자는 카쵸(家丁)라는 분(둘 있었다)이지만, 그 분들은 웃으면서 못 본 척 해주었다. 그리고 술을 데우는 작은 냄비가 있었다. 그 냄비로 닭장에서 달걀을 몰래 훔쳐서 반숙으로 만들어 먹은 적이 있었다. 신선한 계란의 맛은 정말로 잊을 수 없다. 내가 봐도 나는 좋은 아이는 아니었다고 생각한다.

음식에 대한 이야기를 조금 더 덧붙인다. 부지 내에는 터널이 뒷문으로 통해 있어서(지금은 묻혀버렸다), 그 터널 위의 언덕에서 에비스(恵比寿) 방향을 바라볼 수 있는데, 뒷문을 나온 곳의 모서리에 시치세이샤(七星社)라는 우유 가게가 있었고, 소 4~5마리가 '움뭬에에에 움뭬에에에에' 울고 있었다. 다음 모서리에는 야시장이 있었다.

정원에는 밤나무 숲과 매화나무 숲이 있었고, 각각 10그루 정도씩 되었는데 계절마다 열매가 잘 맺혔다. 모두 시끌벅적하면서 열매를 따는데, 딴 밤을 삶아먹는 것을 좋아했었다. 지금도 아주 좋아한다.

감나무도 5~6그루 있고 감도 많이 열렸다. 그러나 감을 까마귀가 쪼아 떨어뜨려 그 뭉크러진 모양이 싫어서, 당시에는 그다지 먹고 싶지 않았다. 요즘은 아주 좋아하고 잘 먹지만.

또한 정원에는 야시로(社, 신을 모시는 건물)가 있었다. 방금 전 소개한 고레이덴(御霊殿)이 그렇지만, 조상이 모셔져있는 야시로다. 지금의 거주지에는 작은 궁(宮)에 레이지(霊璽)를 정리해 모시고 있으나, 미야시로 쵸(宮代町) 시절에는 토리이(鳥居)와 참배하기 위한 길(参道)이 붙은 10조(10畳, 타타미 10장) 정도의 타카유가식(高床式, 지면에 세운 기둥 위에 높게 깐 마루를 가진 건축) 궁(宮) 건물(작은 신사)이었다. 일반 가정에서는 불단에 해당한다.

조금 떨어진 곳에는 이나리(稲荷) 신사(神社)도 있었다. 이쪽은 3조(타타미 3장 크기) 정도였고, 토리이(鳥居)와 자갈길이 붙어 있었다. 할아버지와 할머니는 매일 어떠한 일이 있어도 비가 내리면 우산을 쓰면서도 쌀과 소금과 물을 올리고 참배를 했었다고 들었다. 아버지와 어머니는 매일 참배하지는 않은 것 같지만, 대신에 집 안에 커다란 신단(神壇)이 하나 있어, 어머니가 자주 참배하라고 말씀하셔서 함께 참배했던 기억이 있다. 그때가 과연 어떤 때였는지. 우리 시대에는 샐리리맨 생활을 하였기 때문에 매일매일 참배를 못 했지만, 일요일에는 아이들도 함께 제물을 바치고 참배를 할 수 있었다. 지금은 아내와 둘이 되었지만.

우리 집안의
정월 요리

우리 집 정월 요리에 대해서 적어 보기로 하자. 로우져(老女, 시녀의 리더)로 돌아가시기 직전까지 우리를 돌봐주신 기무라(木村) 이치요로부터 집사람이 듣고 메모한 것이 있다.

쿠니노미야 가(久邇宮家) 새해 메뉴표(쇼와 12년)

12월 31일

백설조 국, 푸른 미나리, 물까치 국, 소금 정어리, 소바, 그 외 2가지(적당히 고름)

설날(1월 1일)부터 사흘(3일)까지

(1) 대복차(大福茶)

(2) 오토소(御屠蘇, 도소주, 흰색의 감주)

(3) 첫 번째 상

　　오키지(御喜寿, 꿩주), 오하나비라(御花びら, 떡)

(4) 두 번째 상

　　대합국, 데운 술, 조림, 멸치 볶음, 검은 콩 조림, 청어 알, 우엉 무침

(5) 세 번째 상

　　흰색 된장 떡국, 토란의 어미, 무, 다시마, 구운 두부, 얇은 가다랑어 포, 나마스(膾, 식초요리), 구운 도미(睨鯛), 토키(土

器) 접시 요리, 단무지, 청어 알

1월 4일

오리 떡국 (카가미모치(정월 장식용 떡)를 사용), 구운 도미, 토키(土器) 접시 요리

1월 7일

봄의 7가지 야채의 죽(七草粥), 토키(土器) 접시 요리, 구운 도미

1월 15일

팥죽, 구운 도미, 토키(土器) 접시 요리

1월 20일

구운 도미, 토키(土器) 접시 요리

이중에서 1월 1일(元旦)의 오키지(御喜寿)는 전통적인 꿩고기 조각을 넣은 공기 그릇 술이지만, 앞에서 소개한 바와 같이 아사히코 친왕이 막부 말기와 명치유신의 불우한 시대 때 구운 두부로 대체한 것을 잊지 않으려고 구운 두부를 사용했다. 아이들에게는 곁에 붙어 앉아 있어도, 손은 대지 말고 냄새만 맡으라고 하였다.

또한 오하나비라(御花びら)는 둥글게 편 흰 떡에 작은 붉은 떡을 위에 놓고, 삶은 우엉 조각에 흰 된장을 말아서 끼워 넣은 것이다. 구운 도미(眼鯛)는 1월 1일부터 1월 20일까지 각자의 상에 한 마리씩 놓여 있었다. 구워져 있었던 것 같다. 보존하기 위해 많은 소금이 뿌려져 있었다.

이러한 경사스러운 상은, 어린 시절 기억으로는 새벽에 하오리하카마(羽織袴, 남자용 키모노)를 입고 축하를 하고, 그 후에 부모님은 황궁에서 축하하기 위하여 참내(參內)하는 것이었다. 그러나 전시 중에는, 아침은 오후쿠차(お福茶, 작은 매실과 다시마가 들어간 차)와 오토소(御屠蘇, 도소주)에 떡국 정도를 먹고, 밤에는 간단한 것으로 축하를 하게 하였다.

또한 학령기가 되면 미성년자만 1월 3일에 황궁과 황태후 저택에 축하하러 가는 습관이 있었다. 설날에는 연 날리기, 나무채 놀이, 주사위 놀이, 후쿠와라이(福笑い, 눈을 가린 후에 얼굴 윤곽만 그린 종이 위에 눈썹·눈·코·귀·입을 오린 종이 쪽지를 얹어 놓고 완성된 형태의 익살스러움을 즐김) 등으로 놀았지만, 그 이외에 가르타(歌留多)도 했다. 가르타는 이른바 명소 가루타의 일종으로 우리 집만의 특유의 것이 있었다.

그리고 보니 후시미노미야 가(伏見宮家)에서는 1월 1일 새벽 5시 경에 일어나 소바를 먹고「오히노데 상(해돋이)」이라고 하는 관습이 있다고 들었다. 예전에는 우리 집에서도 했을지도 모르지만, 적어도 내가 철이 들 무렵에는 하지 않았다. 섣달그믐에 먹는 소바는 섣달그믐 저녁에 정어리와 함께 먹는다.

설날에 대하여 적는 김에 세츠분(節分, 입춘 전날) 에 관해서도 적어 보자.

세츠분(節分)에는 볶은 콩을 되(升, 마스)에 넣어 제물을 바친 후, 반지(半紙, 일본의 붓글씨용 종이) 같은 종이에 나이에 하나 더 한 숫자의 콩을 싸서 그것을 몸에 문지른다. 아무래도「귀신은 밖(鬼は外)」이라는 근거로 몸에 나쁜 것을 퇴치하는 주술 같다. 문지

른 후 그 콩이 들어있는 종이 봉지를 뒤로 던진다. 이때 던지는 사람은 뒤를 돌아보면 안 된다. 그러면 뒤에 사람이 그것을 받아서 그 콩을 처리하는 것이다.

콩을 먹었던 것은 기억하지만, 조금 먹었기 때문에 그것을 종이로 싼 것인지는 그 후에 하지 않았기 때문에 지금은 기억이 잘 나지 않는다. 콩 뿌리기는 집에 있던 속관(屬官, 미야 가에 배속된 궁내성 사무관)이 각 방을 돌며 하고 있었던 기억이 있다. 보통은「귀신은 밖으로, 복은 안으로」라고 하지만, 반대로「복은 안으로, 귀신은 밖으로」라고 했던 기억도 있다. 잘 기억나지 않지만.

영양에도 신경을 써 주셨던 어머니

아직도 음식 이야기를 시계열(時系列, 계절별) 차례로 머릿속에 떠올리니 뱃속에서는 꼬르륵 소리가 난다. 다음에 다시 기회가 있을 때마다 쓰기로 하자.

그렇지만 이것만은 여기에 적어 두는 것으로 하자. 어머니는 아이들 교육에 대해 나름대로 열심히 했지만, 영양에도 신경을 써주셨다. 고기나 생선 따위를 먹을 때는 그것의 두 배의 야채를 먹어야 했기에, 생선 한 접시면 야채가 반드시 두 접시 나왔다. 고기는 거의 눈에 띄지 않을 정도였다. 가끔 어머니를 중심으로 닭고기 전골을 먹는 것 이외에, 겨울이 되면 고료(御料)라고 하는 오리 판매장에서 오리를 보내왔는데, 그 오리고기를 철제 벼루 모양의 철판 위에 구워서(오스즈리라고 했다) 요리를 했는데, 그것은 지금 생각해도 정말로 맛있었다.

　전후(戰後)에 있었던 오리 사냥 이야기를 해보자. 호숫가에서 수로를 만들고 양쪽에 충분한 양의 흙을 쌓아 올려서 끝 부분에 덧문짝을 세우고, 구멍을 뚫어 집오리를 따라서 오리가 들어오면, 곁에 있는 매 사냥꾼이 신호를 보내서 그물을 가진 10여 명이 양쪽으로 이동해서 일제히 그물을 치면 놀란 오리가 날아간다. 그때 그물로 오리를 잡는 것이다. 에도 시대 장군도 했던 것 같다. 오리 사냥에 대공사(大公使)를 초대했는데, 잡은 오리를 뒤에 있던 매 사냥꾼이 목을 조이는 것을 보고 너무나 불쌍하다고 해서 놓아 주게 되어, 오스즈리도 끝나게 되었다. 분명 불쌍하기도 하였다. 푸아그라나 유럽의 가든파티에서 자주 돼지를 철봉에 꽂아 장작 위에서 빙빙 돌려서 굽는 요리가 있다. 우리 농경민족에게는 조금 자극이 강한 음식이기도 하다. 그러나 뭐 살아가는데 어쩔 수 없지 않은가.

　머릿속에 떠오르는 것으로, 대만에서 온 다방면에서 일을 하고 있던 사람의 미망인으로「다마」(나중에 사미라고 이름을 개명)라는 시녀가 있었고, 그 시녀는 가끔 맛있는 야채의 일품요리를 만들어서 식사 후 추가로 가져왔는데, 어느 날 후라이팬과 고기를 가져와서 구워준 적이 있었다. 지금도 잊을 수 없는 맛이었다. 아마 누나가 말한 것 같은데, 그 후 어머니가 다마를 불러 매우 꾸짖었다. 옆에 나도 있었지만 불쌍하기도 하고 매우 유감스럽게 생각된다.

　나의 어머니인 토모코 여왕(知子女王)은 후시미노미야 야스히로 왕(伏見宮博恭王) 의 셋째 공주였다. 야스히로 왕비 츠네코(経子)는 도쿠가와 요시노부(德川慶喜)의 아홉 번째 딸이었다. 츠네코 할머니는 쇼와 14년(1939년)에 돌아가셨으나, 나를 귀여워 해주셨던 기억은 아직도 생생하다. 할머니가 어머니에게 보낸 종이 두루마리에 쓴 매우 달필의 편지가 아직도 남아 있다.

**그러고 보니 제방(堤防)에
너구리 굴이 있었네**

음식 이야기를 하다 보니, 이제 배도 더부룩하니까 원래 내용으로 돌아가자.

나는 유치원 시절까지 첫째 방에서 셋째 방 사이에서 주로 생활했고, 밤에는 둘째 방에서 누나 둘과 함께 내 천(川) 자 모양으로 되어 잤다. 밤에는 멀리서 딱따구리 소리가 들렸지만 그래도 고요한 편이었다(적막했다). 아침에 눈을 뜨면 「땡땡」이라는 전차 소리, 멀리 희미한 기적소리, 2층에서 내려다보면 멀리 기범선(機帆船)의 흰 돛이 보였다. 그 당시에는 자동차가 거의 없었기 때문에 조용했었다.

첫째 누나(正子, 마사코)는 잘 돌봐주었지만, 성격이 꽤 강해서 자주 싸우기도 했다. 둘째 누나(朝子, 아사코)는 치이 누나라고 불렀지만, 상냥하며 계속 1등, 2등을 다투는 우등생으로, 또한 그림이나 음악(바이올린을 연주)도 잘했다. 결혼 후에 고생을 해서 젊은 나이에 돌아가셨지만, 그 누나와는 사이좋게 잘 놀았다.

정원의 넓은 잔디에는 잠자리라든지 여러 종류의 곤충들이 있었다. 앉아 있는 내 주위를 많이 날아다니고 있었고, 해가 질 무렵 넓은 툇마루에서 숲 쪽을 바라보면 올빼미가 부우우엉 하고 울었다. 치이 누나와 함께 자주 조용히 듣고 있었다.

그리고 지금 생각하면 이상한 것은 「코쥬케이」(자고새)라는 메추라기과 종류의 새로, 「피토코이」라고 우는 그 새들이 정원에 살고 있는 것이다. 새끼를 10마리 정도 데리고 일렬로 걷기도 했다. 좇아가 보기도 했지만, 이 새는 메추라기처럼 높게 날지 못하는 것이다. 최근에 멀리서 날아온 새가 아니라 에도 시대부터 정착했던 새의 후손이라는 것을 알게 되었다.

그리고 보니 우리 집과 일본 적십자사의 경계의 제방에 너구리 굴이 있었다. 러시아 대사관 주변에는 마미아나(狸穴, 너구리 굴)라는 지명으로 거기서 그다지 멀지 않았으니까 별로 이상할 것도 없었다. 지금으로서는 상상할 수 없는 일이지만 두루미(丹頂鶴이라고 나는 생각하지만?)가 우리 정원을 걷고 있었던 적도 있었다. 빌딩도 자동차도 거의 없고 맑은 공기와 넓고 푸른 하늘에서 춤추는 솔개와, 내려와 앉는 다양한 새들의 무리가 그리운 옛날이다.

쇼와 8년(1933년) 카쿠슈인(学習院) 유치원, 쇼와 10년(1935년) 카쿠슈인 초등과

쇼와 8년(1933년) 4월에 카쿠슈인 유치원에 입원(入園)했다. 그때 카쿠슈인 유치원에는 황족(皇族)과 화족(華族)의 자제 밖에 들어갈 수가 없었다. 메이지 신궁(神宮) 외원(外苑)의 아오야마(靑山) 거리에서 좌회전하여 직진하면 회화관(繪畵館)이라는 곳이 있다. 거기에서 좌회전하면 현재 테니스 클럽이 있는 근처에 있었다. 그 앞쪽의 지치부노미야(秩父宮) 럭비장 부근에 여자 카쿠슈인이 있었고 그 앞쪽에 인접해 있었다. 전쟁이 패전으로 되어갈 무렵에 폐원이 되었고, 전후에 조금 지나서 다른 형태로 부활되었다. 유치원 현관을 들어서면 왼쪽에 쇼세이(書生, 남의 집에서 일하면서 공부하는 사람)와 하녀, 그리고 원아를 따라온 사람들을 위한 대기실이 있고, 회랑(回廊)으로 되어 있어서 연차 별(年次別) 2년의 원아가 2반 씩으로 나누어져 있었다고 기억한다. 각자 놀거나 나무 집짓기, 장난감 블록 등을 하는 방과, 또 한 구획에는 큰 유희실(遊戱室)이 있고, 안뜰에는 모래장이나 미끄럼틀 등등이 있었다고 기억한다. 선생님은 여자 선생님만 5~6분이 계셨던 것 같다.

같은 나이의 원아는 남녀 각각 15~6명이었을까. 이미 오래전부터 매년 반창회를 하고 있다. 많이 줄어들었지만 그래도 남녀 각각 5~6명씩은 항상 모여 즐겁게 지내고 있다.

그런데 쇼와 10년(1935년) 4월에 초등학교(학습원学習院 초등과)에 입학하는데, 그동안 어린이로서 정확하게 알지는 못했지만, 쇼와 6년(1931년) 9월 18일에 만주사변(滿州事變)이 일어났고, 쇼와 7년에 5·15사건, 쇼와 11년 2·26 사건, 쇼와 12년 7월 7일에 로코우쿄(廬溝橋) 사건, 그리고 일중(日中) 전쟁(일지사변日支事変이라고 했다)에 돌입했다. 쇼와 16년 12월 8일에 미국을 비롯한 다른 연합군과 전쟁을 시작했고, 쇼와 20년(1945년) 8월 15일에 패전이 되었지만, 이 15년간은 아무것도 모르고 나의 소년 시절에 푹 빠져 있었던 셈이다. 어떤 뜻일까.

그동안 일본이 이길 것이라고 믿어 의심치 않고, 전쟁이 심각해질 때까지 아무런 생각을 하지 않고 활달하게 놀고 있었다. 지금 생각하면 이상하게 느껴지지만, 이것도 어쩔 수 없는 것이다. 다양한 추억들을 조금씩 모아보자.

2·26 사건,
군인이 눈(雪)을 밟는 소리

카쿠슈인 초등과(초등학교)는 요츠야(四谷) 역 근처에 있고 상당히 오래된 건물이었다. 황태자가 들어가기 때문에 신축한다는 이유로 1학년만 요츠야 구 교사에서 보내고 2학년에서 5학년까지는 메지로(目白)에 있는 중등과 고등과의 교실을 빌려서 보냈다.

오래된 건물에서 지낸 1학년 때의 추억. 겨울에 눈싸움할 때는 지금보다 춥고 자주 눈이 내린 것 같다. 지금은 상상할 수 없지만, 나의 집 대(大)식당 옆의 연못이 겨울마다 얼어서 자주 스케이트를 탔다. 우리 집안 공무원 분들끼리 스케이트 대회를 하거나, 빵 먹기 경쟁 등을 했었다.

초등과는 화족(華族) 이외의 학생이, 화족 2명의 소개로 들어왔다. 화족 1대 2 정도의 비율이었을까. 한 반이 60명 정도고 2반이었다.

1학년 때 들어온 친구 중 이누카이 야스히코(犬養康彦) 군이 있었다. 내가 유치원에 들어가기 1년 전에 쇼와 7년(1932년) 5월 15일에 일어난 5·15 사건으로 살해된 이누카이(犬養) 총리의 손자였다. (1학년인 나는 이야기를 듣고도 생각이 미치지 못했지만) 야스히코 군은 수재였고 훗날에 교도 통신(共同通信)의 대표 이사가 되었는데 변함없는 나의 친구다. 야스히코 군의 아버님 타케루(健) 씨는 정치가로 유명한 분이었고, 어머님과 누님도 가끔 학교에 오셨고 시나노 마치(信濃町)의 집에 놀러간 적도 있었다.

치바(千葉) 산리 즈카(三里塚)의 목장에서. 앞줄 왼쪽이 나, 오른쪽이 히가시쿠니노미야 나루히코(東久邇宮 俊彦) 왕. 뒷줄 왼쪽부터 카쿠슈인(學習院) 초등과의 이시이(石井) 선생, 초등 과장(이라고 생각된다), 타케자와(竹沢) 선생.

초등과 2학년 5월에 도코로자와(所沢) 육군 비행장에서. 가운데가 나. 배경에 있는 비행기는 육군 93식 중폭격기.

우리들의 1학년 국어 교과서는「사이타, 사이타, 사쿠라가 사이타(피었다, 피었다, 벚꽃이 피었다)」로 시작하는데 어떤 동급생(이름은 밝히지 않겠다)이「타이타, 타이타, 타쿠라가 타이타」라고 읽었기 때문에 깜짝 놀랐다. 1학년 때는 여러 가지 일이 생기는 법이다. 선생님께 어떤 말을 듣고(꾸중을 듣고) 오줌을 싸버리기도 했다.

과학 교실을 들여다 보았더니 해골 모형이 서 있어서 도망쳤고, 그래서 그날 밤은 도저히 잠을 잘 수 없었던 일도 있었다.

쇼와 11년(1936년) 2월 26일에 메지로로 옮기기 전에, 아직 1학년 때였는데, 2·26 사건[1]이 일어났다. 기억은 명확하지 않지만, 휴교가 되었던 것 같다. 그 날은 장화 위쪽까지 눈에 파묻힐 정도의 폭설로 육군의 군인이 10명 정도 대오(隊伍)를 서서 나의 집을 호위하러 왔다. 아직도 귓전에 생생하게 기억난다. 군인들이 긴 군화로 쌓인 눈을 밟으며「잣잣잣」하면서 행진해온 그 소리가 지금도 확실하게 들리는 듯하다. 군인이 중요한 장소마다 서서 총을 메고 보초 서 있는 모습도 기억하고 있다.

자동차에 마음 설렘

이 시기의 아이들은 대부분 자동차를 좋아하지 않았겠는가. 단 지금과 달리 차량이 적은 시대여서 일제차라고하면 트럭과 탱크는

---

[1] 2·26사건 : 쇼와 11년(1936년) 2월 26일부터 29일까지 나흘동안 일어났던 일본의 쿠데타 미수사건. 황족파의 영향을 받은 육군청년장교 등이 1,483명의 하사관과 병사를 이끌고 봉기하여 국회와 정부청사가 있는 관청가 일대를 점거했으나 미수에 그쳤다. (wikipedia)

있어도 승용차는 닛산(日産)의 닷슨(DATSUN) 정도 밖에 없었던 것 같다. 집에 닷슨 외에 오오타 호(號)라고 하는 비슷한 소형차가 있어서 좋아했지만, 바로 제조 중지가 된 것 같았다. 이 외에 닛산의 시작차(試作車)라고 하는 것이 있었고, 라디에이터가 상하로 길쭉해서 엔진 소리가 좋다고 생각했는데 후속차(後續車)는 없었다.

택시는 내가 초등과 2~3학년 때쯤 나왔지만, 엔탁(円タク)이라고 불렸다. 길에 서서 택시가 오면 손가락을 하나 내밀었다. 이것이 1엔의 표시다. 택시를 타고 나서 행선지를 말하고 요금을 협상한 것 같았다. 한번 우리 집 공무원을 졸라 택시를 타본 적이 있었다. 그 때 나온 택시는 1935년형이나 6년형의 포드 또는 시보레 뿐이었다. 「저것은 5년형 포드다, 저것은 6년형 시보레다」고, 어린 나는 등하교시에 차 안에서 가리키며 말했다. 5년형도 6년형도 차 모양은 상자(箱)형으로 발판을 이용해서 타게 되어 있었지만, 라디에이터 모양이 5년형은 사각형이고, 6년형은 세로로 길었다.

우리 집에는 닷슨과 오오타 호가 있었고 그 외에 미국 자동차가 있었다. 운전자와 사이에 칸막이가 있는 캐딜락이 있었지만, 36년형의 패커드(Packard)와 닷지(Dodge), 그리고 데소토(DeSoto)라는 것을 기억하고 있다. 그 무렵의 자동차는 운전석과 조수석의 등받이 뒤에 보조석이 탁 넘어뜨리도록 붙어 있어서 주인 측을 향해 앉는 경우가 많았던 것 같다. 앞 방향의 보조석도 있었다고 생각하지만, 내가 아주 어렸을 때는 덮개가 부착되었고 차체가 낮고 빨강 사각형의 차였다. 경적이 고무 나팔로 외부에 붙어 있어서 운전기사가 손으로 고무를 짤 때 「우우」라는 이상한 소리가 났다.

쇼와 천황의 자동차(御料車)는 암갈색의 메르세데스 벤츠였지만, 궁내성의 자동차는 대부분 35년형 패커드였다.

    2학년이 되어 메지로의 교사로 등하교하는 길은 미야시로 초(宮代町)의 집으로부터 나와서 여학관(女学館)의 모서리를 좌회전하고 비탈을 내려가 우회전해서, 농대(지금은 아오야마 학원青山学院) 옆에서 아오야마 거리로 나가서 (지금과 정町 이름이 달라서 시부야澁谷에서 미야마스사카宮益坂를 조금 올라가면 왼쪽에 전차 차고가 있고, 그 약간 앞쪽은 6쵸메였다) 오모테산도表参道에서 좌회전 후 우회전해서 메이지 거리로 나갔다. 학교에 도착할 때까지 대개 4~5대의 마차나 우차(牛車, 소달구지)가 다니고 있어서 여기저기에 말과 소의 배설물이 눈에 띄었다.

해군사관(海軍士官)이었던 아버지와의 추억

    메지로(目白) 카쿠슈인의 오래된 문을 통과하면 오른쪽에 문지기의 오두막이 있고, 그 뒤에 지금은 없어졌지만 2층 목조건물이 연이어 있었다. 맨 앞 쪽에 음악 교실이 있고, 그 옆방에 음악부의 부실이 있고, 그 안에 팀파니와 튜바(큰 나팔)가 놓여 있었다. 저학년 시절의 음악 교사는 코마츠 코우스케(小松耕輔) 선생님이었는데, 어느 날 수업 때 선생님이 피아노를 연주하면서 나에게 3박자 또는 4박자 등 지휘 흉내를 시킨 적이 있어서 지금도 기억에 남아 있다.

    2층 교실에서 맑은 날이면 후지산이 아주 잘 보였다. 눈 덮인 모습은 무척 아름다웠다. 지금은 사라진 풍경이지만.

해군기에 타고 있는 어린 시절의 나. 기체는 13식 함상 공격기일까(본문 중의 비행정은 아니다).

나의 아버지는 해군 사관(海軍士官)이었고, 내가 유치원 시절 즉 쇼와 8~9년에 소령으로 군함 키소(木曾)에서 야쿠모(八雲)의 포술장(砲術長)이었고, 초등과 1~2학년 무렵에는 군령부원(軍令部員)이었다. 자주 작은 수병(水兵) 모자를 쓰고 군함에 데려가 주셨다. 요코스카(橫須賀) 군항에는 빽빽하게 크고 작은 군함이 줄지어 있어서 장관(壯觀)이었다. 조금 목소리를 낮추어야 되는 이야기지만, 군함 내부를 구경 시켜주셨을 때 식당 옆에 가자미 조림이 놓여 있었고, 그 먹음직스러운 냄새를 지금도 잊을 수가 없다. 그래서인지 지금도 이상하게 가자미 조림을 좋아한다. 이야기하는 김에 말하지만, 모리나가 제과(森永製菓)를 견학할 때 초콜릿의 액즙을 큰 용기에 끓이면서 젖고 있는 것을 보고 나서 초콜릿을 좋아하게 된 것도 이와 비슷한 건가.

쇼와 12년에 일지사변(日支事變)[2]이 시작되는데, 아버지는 대본영(大本營, 사령부) 참모(參謀)를 비롯해서 전함(戰艦) 나가토(長門)의 포술장(砲術長)을, 쇼와 13년(1938년) 12월 1일부터 1년 남짓 정도 요코하마(橫濱) 해군 항공대의 부장을 지냈다. 이 항공대는 타이테이(大艇)라고 일컬어지는 큰 비행정의 항공대였다. 이상한 모양의 비행기를 한번 태워주셨다. 아버지가 나에게 「조종간(操縱桿)을 잡아보라」고 하시므로 잡아보니 비행기가 기우뚱하고 흔들려서 황급히 비행장(飛行長)이 수정해 주었던 것을 기억한다. 아버지는 원래 포술 전문가였지만, 도중에 항공기로 옮기셨다.

내 집에 있던 개(犬)들

그 동안 토미오카(富岡)라는 곳(요코하마 근처 논밭 속에 작은 언덕들이 늘어선 곳)에 집을 빌려 관사로 쓰고 있었다. 나는 방학 때마다 이 집에서 보냈는데, 논밭을 내려다보는 전망이 꽤 괜찮은 곳이었다. 거기서 아버지가 기르던 '유타'라는 셰퍼드와 함께 잘 뛰어 놀았다. 그 논밭 사이를 흐르는 좁은 개울에는 잠자리의 유충이나 가재나 송사리 같은 다양한 수중 생물들이 서식하고 있었다.

나의 아버지는 개를 좋아해서 셰퍼드를 여러 마리나 기르고 있었다. 셰퍼드는 독일의 개이기 때문에 주로 독일어 이름이 붙어 있었는데 이 '유타'라는 이름도 아마 어떤 단어의 생략어인 것 같다. 유타는 토종에 가까워 즉 늑대에 가까운 뜻이라고 해서 아버지는 매우 자랑했다. 다른 셰퍼드들을 모두 하인처럼 거느리는 개로서,

---

[2] 일지사변 : 중일전쟁에 대한 당시 일본측의 호칭.

우리에게도 매우 충실했었다. 때때로 아버지의 방에도 있었지만, 처음으로 보는 사람이 들어오면「우~~」라고 짖어댔다. 당연히 그 사람은 무서워서 벌벌 떨었다. 하지만, 괜찮다고 알고 나면 조용히 하고 있었다. 두 번째 볼 때는 아무런 소리도 내지 않았다.

당시 군용 개 협회라는 것이 있었고, 아버지는 그 협회의 총재를 맡고 있었다. 우리는 '유타' 이외에 벳티나(벳트라고 부르고 있었다)라는 암컷 개도 있었다. 좋은 개로 유명했던 것 같고, 강아지가 태어나면 소중하게 여겼다.

군용 개는 셰퍼드 외에 에아데루테리아(영국산 군용견)도 사용된 경우도 있었다. 우리 집에는 군견은 아니지만 일시적 보르조이와 세인트 버나드도 있었다. 보르조이는 러시아에서는 늑대를 구축(驅逐)하는데 길러지고 있었다고 들었는데, 잔디밭에 뒹굴고 뛰어다니면서 아주 보기 좋은 개였다. 세인트 버나드는 크기가 매우 큰 개로서 스위스에서는 눈에 묻힌 사람을 구출한다고 들었다.

나는 작은 테리어를 받아 공부방의 앞마당에 방목해서 기르고 있었다. 무척 귀여운 것은 좋은데 털 속에 벼룩이 기어 돌아다니는 것은 매우 난처했다.

고우키(皇紀) 2600년

다시 토미오카(富岡) 생활에 대해서 이야기하기로 하자. 관사 옆집은 우연히 동급생 고토신이치(後藤新一) 군의 별장이었다. 신이치 군은 고토 신페이(後藤新平)의 손자이고 매일 같이 놀았다. 그는 공기총을 가지고 새를 쏘기도 하고 논과 개울의 수중 생물을 잡는 것을 좋아해서, 송장 개구리를 잡아서는 껍질을 벗겨 먹기도 했다. 맛있다며 나에게 권유하였지만, 나는 사양했다. 생각하건데 인간은 원시인 시절부터 필요에 직면하면 동물이나 다양한 생물을 잡아먹었던 것은 전혀 이상하지 않는 자연적인 것이 아닐까. 그러나 투쟁 본능으로까지 이어져 괴로움과 구박 등의 끝에 전쟁 상태에까지 이르는 것이어서 잘 컨트롤하지 않으면 안 될 것이다.

쇼와 15년(1940년)에 아버지는 구레(吳) 군항(軍港)에 속하는 순양전함(巡洋戰艦) 야쿠모(八雲, 오래된 군함으로 해군 사관학교의 연습선으로도 사용되었다)의 함장이 되었다. 계급은 대령이였다.

그때는 구레(吳)의 산 중턱에 있는 카나야(金谷) 비누 가게의 주인인 카나야 씨 집을 빌렸다. 여름 방학을 그 집에서 보냈지만, 눈 아래로 펼쳐지는 단선(單線)인 구레 선(吳線)의 증기 기관차가 터널을 빠져나와서는 「보오오」라고 울리는 기적소리를 지금도 기억하고 있다. 밤은 바람 한 점 없는 더위 때문에 정말로 자기가 어려웠다. 전함 야마토(大和)의 이야기가 있지만, 그것은 해병(해군사관학교) 생활을 이야기 할 때 다시 쓰기로 하자.

이 해는 또한 황국기원(皇國紀元) 2600년으로 11월 10일에 황거(皇居, 천황의 거주지) 앞에서 성대한 봉축행사가 거행되었다. 다카마츠노미야(高松宮)가 천황께 드리는 봉축사 말미에 「신 노부히토(臣宣仁)」라고 말씀하셨다는 평판이 났던 것 같았다.

이 황국기원이라는 것은 음양도(陰陽道)에서 개국하기가 가장 좋은 해를 결정한 것이다. 그러나 진무(神武) 천황 즉위의 해 같은 것은 정확하게 알 수가 없기 때문에 어쩔 수 없는 것이다. 황통보(皇統譜)에서 2대부터 9대까지의 천황은 사실이 아니라는 설도 있다. 개국한 해를 정하고 나서 천황을 끼워 넣은 것이니까 어쩌면 당연한 것일 것이다. 아직 어린 마음에 초기의 천황은 상당히 장수하였다고 생각한 기억이 있다.

나의 손을 꼭 붙든
1학년인 황태자(皇太子)

쇼와 15년(1940년)에는 카쿠슈인 초등과의 건물이 완성되고 4월부터 황태자(皇太子)가 입학하므로 요츠야(四谷)로 돌아왔다. 3층 건물로 3층에 식당이 있었다. 신교사(新校舍)라는 것은 과연 좋다고 생각했다.

초등과에서는 매일 아침 조례가 이루어지고 있었다. 초등과 교장선생님이 단상에 서서 모든 학생의 경례를 받았다. 그 무렵의 초등과에는 7~8명의 황족이 있었다. 황족은 맨 앞에 일렬로 늘어서게 되어 있었다.

나는 6학년이었기 때문에 가장 오른쪽이었고, 그 오른쪽에 1학년인 황태자가 서 있었다. 황태자는 불안함을 느끼는지 가끔 왼손으로 나의 오른손을 움켜 쥐어서 경례를 할 수가 없어서 곤란했었다. 살짝 손을 풀었지만.

그 당시의 황태자는 너무 귀여웠고, 지금 영빈관(迎賓館), 당시 아카사카(赤坂) 별궁에서 초등과에 가까운 모서리에 있는 작은 문으로 나와서 길을 건너왔다.

이 쇼와 15년(1940년) 11월 1일부터 아버지는 키사라즈(木更津) 항공대 사령관이 되어서 아오호리(靑堀)라는 곳에 관사를 받았다.

전원 속의 고요한 곳으로 단선의 기차로 다녔지만 매일 아침 닭의 높은 울음소리로 일어나게 되었다.

**태평양전쟁 개전과
스파이 소동**

쇼와 16년(1941년) 4월부터는 중등과에 올라가서 메지로(目白) 교사(校舍)로 돌아왔다. 이번에는 임시 교사가 아니고 교정 중심부에 있는 석조 교사였고, 또 열쇠 형태로의 과학 교실이 있고 양쪽 다 3층 건물이었다.

그 두 건물에 둘러싸인 운동장에서는 야구나 럭비나 육상이나 하키 등의 여러 클럽들이 방과 후에 활동을 하고 있었다. 과학 교실과 더 나아가 ㄷ자 형의 한편에 유도, 검도 도장이 있었다. 승마장은 과학 교실의 뒤쪽에, 궁도장은 중등과 교실 뒤쪽에 있었다. 다른 주요 건물로는 훌륭한 도서관, 정당(正堂) 정도다.

건물은 아니지만 치아라이노이케(血洗いの池, 피 씻는 연못)와 가모이케(鴨池, 오리 연못)라는 두 개의 연못이 숲속에 있고, 겨울에는 스케이트를 탈 수 있었다. 치아라이노이케는 타카다노 바바(高田の馬場)의 결투 후에 호리베 야스베이(堀部安兵衛, 츄신쿠라忠臣蔵, 주군의 원한을 풀기 위해 목숨을 걸고 키라吉良 저택으로 쳐들어간 아코 로시赤穗浪士 47명의 이야기에 나오는 실제 인물)가 피 묻은 칼을 씻었다는 전설이 있었다. 가모이케는 지금은 팔아 버린 것 같지만 누군가가 오리를 잡아먹었다는 이야기가 있었다.

겨울에는 어두운 새벽에 일어나서 추위를 무릅쓰고 훈련하러 갔다. 1학년 때는 검도, 2학년 때는 유도를 했다.

야구는 매우 인기 있었고, 전통적으로 고등사범부속 중학교와 대항시합(정기시합, 정기전)이 일 년에 한번 있었다. 카쿠슈인에서는 부속전(付属戦)이라고 했고, 부속 중학교에서는 인전(院戦)이라고 해서 응원이 대단했었다. 모두 하나로 뭉쳐서 인가(院歌, 카쿠슈인의 응원 노래, 몇 곡이나 있었다)를 큰소리로 불렀다. 유도, 검도나 테니스 등도 부속전이 있었는지는 모르겠다.

무엇보다 큰 사건은 태평양 전쟁의 발발이다. 내가 중등과 1학년이었던 12월 8일 학교에서 뉴스를 들은 것이 있다. 무슨 일인지 처음에는 잘 몰랐지만 대단한 일이 생겼다고 생각한 기억이 있다. 그리고 진주만(真珠湾)의 대승리, 프린스 오브 웨일즈와 리펄스 침몰 등의 뉴스가 이어졌다.

그 시절을 잠시 회고하면, 중등과에 올라가 영어 회화 시간의 일이다. 비교적 이른 늦봄 무렵이었다고 생각하는데, 어느 나쁜 녀석이 선생님(영국인 웨이크 필드 선생님)에게 간첩이라고 하니까, 선생님이 새빨간 얼굴로 화가 나서 교실을 나가 버렸던 것을 기억하고 있다. 나는 불미스러운 일이 일어난 것에 대해, 걱정이 되어 교사의 방을 살피러 가보았더니, 영어 과목 총책임자인 나가사와(長沢) 선생님과 심각한 얼굴로 대화를 하고 계셨던 일을 잊을 수 없다.

「朝鮮과는 사이좋게 지내라」고
몇 번이나 말씀하신 데이메이(貞明) 황후

몇 년이었는지 분명한 기억은 없다. 그 시대 탓인가 잘 모르겠는데, 황족의 학생들만 선종(禪宗)의 절에 3~4일 동안 머문 적이 있다. 내가 제일 나이가 많았고 세 명이 있었다고 생각되지만, 선생님의 인솔로 오키츠(興津)의 세이켄지(清見寺)에 갔었다.

스님의 이야기를 듣고 좌선(坐禪)을 여러 번했다. 경책(警策, 좌선을 할 때 졸음을 쫓기 위해 어깨를 때리는 길고 납작한 직사각형의 막대기)으로 등을 한 방 맞았다. 이런 세계도 있었네라고 생각했다. 꽤 좋은 방법이구나라고 생각해서 때때로 집에서 앉아서 시도해 보기도 했다.

그 좌선 때에 함께 했던 학생을 나중에 알았는데, 조선의 왕세자인 리큐 씨(李玖さん, 한국의 남북 분단 이전의 왕세자이기 때문에 한국이 아니라 조선이 옳다고 생각한다)가 있었다. 그는 그의 어머님이 나시모토노미야(梨本宮) 출신이어서 나와는 육촌관계였다. 나와 리큐(李玖さん) 씨, 그리고 황태자 폐하와 요시노미야(義宮, 히타치노미야常陸宮) 폐하께서도 함께 황태후(皇太后) 폐하(데이메이 황후貞明皇后)가 부르셔서 궁에 오른 적이 있었다.

저녁을 먹으면서 여러 가지의 말씀을 들었지만, 조선과는 사이 좋게 지내야 된다고 여러 번 말씀하셨다. 나는 리큐 씨와는 사이가 좋았고, 그때는 좀 감이 오지 않았지만, 그 말씀은 머릿속 어딘가에 남아 있었다. 그 이후의 인생에서 한국 분들과 어울려 지낼 때마다 자주 떠올리기도 했다. 이러한 교제에 대해서는 그때그때 적어 보기로 하자.

파랗게 물든 풀에서

5월부터 10월 말까지 수영

중등과 때 선생님에게 많은 장난을 했었지만 지금 생각하면 매우 순진한 일이었고, 그 시절에는 동급생끼리의 왕따는 없었다고 생각한다. 물론 항상 모두가 원만했다라고 할 수는 없지만, 때로는 사소한 말다툼 정도는 있었지만, 곧 원위치로 돌아갔다고 생각한다. 선배 중에 야규(柳生) 씨(아마)라고 하는 무서운 사람이 있어서 불안해하고 있었다.

2·3학년 학생들은 기숙사 생활을 했다. 모든 2학년생은 쇼넨료(少年寮, 소년 기숙사)에서 생활했고, 3학년생은 희망자만 세이넨료(青年寮, 청년 기숙사)에서 생활했다. 내가 3학년 무렵에는 전쟁도 슬슬 패전의 늪에 빠져 들어가서 점점 식사의 질도 많이 떨어졌다.

나는 2학년부터 수영부에 들어갔다. 카쿠슈인 초등과 4학년부터 매년 여름에 누마즈(沼津)의 야외수영장에 가서 훈련받는 관습이 있었다. 나는 중등과 2학년 시절에는 상당한 수준의 수영실력을 유지하고 있었지만, 전쟁 때문에 2학년과 3학년 때 누마즈에서의 훈련이 중지되어서 학교 수영장에서 수영했다.

카쿠슈인에서는 큐슈 쪽의 방식인 고보리 류(小堀流)라는 일본 고유의 영법(泳法)을 배웠다. 일본의 영법은「스이후 류水府流」또는「간가이 류観海流」라고 하는 방식이 있었고, 다른 중학교에서도 이들을 받아들인 곳도 있었다고 생각한다.「노시のし」나「누키테抜手」 등 다양한 종류가 있었다. 조용하게 수영을 즐기면서 물 속에서 글을 쓰기도 했다.

고보리 류의 사범역(師範役)을 하고 있던 장인(義父)은 중등과 시절에 누마즈에서 노기(乃木) 씨[3]의 갑옷과 투구를 입고 다이쇼(大正) 천황 앞에서 수영(코젠 수영, 御前泳ぎ)을 했다고 들었다. 옛날 같으면 영주 앞에서 수영하기도 하고 성 둘레에 있는 해자(垓字, 일본식 성 둘레에 외침을 방지하기 위하여 만들어 놓은 물 연못)를 헤엄쳐 건너 쳐들어가거나 했을지도 모른다. 그런데 풀에서 수영부의 연습은 경영(競泳)과 수구(水球)였다. 나는 배영을 하고 있었다. 그 시절에는 카쿠슈인도 경비 절감이라는 어려운 환경으로 좀처럼 물을 바꾸지 않고, 파랗게 흐려져서 바닥이 보이지 않는 상황 속에서 5월부터 10월 말까지 수영했다. 10월 말이 되면 풀 옆에 목욕(데운 물)물을 가지고 와서 몸을 담그면서 풀에 들어가기도 했다. 그런 훈련 덕분에 해군사관학교에서의 수영은 문제가 되지 않았다.

아버지와 둘이서 보낸
에도사키(江戸崎)의 여름

쇼와 17년(1942년) 3월 20일자로 아버지는 高雄(Kaohsiung : 타이완 남쪽에 있는 항구 도시) 해군 항공대 사령이 되었고, 같은 해 10월 5일자로 남서 방면 함대 사령부에 소속되어 있었지만, 남방 전선에 출정했다. 전쟁의 상황이 반드시 좋다고는 말할 수 없는 무렵이라고 할 수 있을까. 귀국해서 소장이 되어 쇼와 18년(1943년) 4월에는 제19연합 항공대 사령관이 되었다. 이어 9월에 연습 연합 항공대 사령부 소속을 겸해, 츠치우라(土浦), 가노야(鹿屋) 등 여러

---
3 러일전쟁때 여순포위전을 지휘했던 육군대장.

항공대의 대장과 함께 가스미가우라(霞ヶ浦) 항공대에서 교육을 담당했다.

관사는 에도사키(江戸崎)라는 곳이고 우에키(植木) 씨라는 사람의 집을 빌렸다. 역에서 관사로 가는 도중에 여우나 너구리가 나올 것 같은 아주 한적하고 조용한 곳이었다.

나는 쇼와 19년(1944년) 3월부터 에다지마(江田島) 해군사관학교에 입학했다. 8월에는 여름휴가를 받아 일주일 정도 에도사키에서 보냈다. 어떻게 된 일인지 그때 어머니는 도쿄에 있었고 아버지와 나와 둘이서 보냈다. 툇마루의 달빛 아래에서 여러 가지 잡담을 하면서 즐겁게 보냈다.

같은 해 10월 1일에 아버지는 제20연대 항공대 사령관이 되어, 후지사와(藤沢) 항공대 본부로, 구게누마(鵠沼)에서 집을 빌렸다. 가마쿠라(鎌倉)의 목구자이자(木材座) 해안까지 몇 분 걸으면 갈 수 있는 곳으로, 개울 옆에 있는 2층 집이었다. 패전 후에 돌아갔던 곳이 바로 이 집이었다.

쇼와 18년(1943년)
집 반소(半焼)

에도사키(江戸崎) 이야기에서 다시 쇼와 18년으로 되돌아가겠다. 나는 중등과 2학년이었던 그해 여름에 방학으로 하코네(箱根) 별장에 있을 때, 도쿄의 집이 반소(半焼, 불에 반쯤 탐)했다는 갑작스러운 연락이 와서 어머니와 함께 집으로 급히 돌아왔다.

더운 여름이었는데 전날 밤의 누전 때문인지는 잘 모르겠지만 서원에서 현관까지, 집의 바깥쪽 대부분이 타 버렸고 큰 현관과 그 옆의 도서관 일부가 겨우 남아있는 정도였다. 도서관 책은 대부분 물을 뒤집어 써서 폐기할 수밖에 없었다. 단풍 방을 비롯한 국화 방과 아주 넓은 방(大広間) 등 내빈을 맞이하기 위한 외향(外向)용 방에는 할아버지가 모은 명화, (※문짝에 붙이는) 맹장지 그림 등이 있었는데 모두 타 버렸다. 대형 현관과 도서관 사이의 맹장지 그림, 하시모토 칸세츠(橋本関雪)의 그림, 독수리가 바위 옆의 큰 나무에 앉아 있는 내가 좋아하는 그림이 흠뻑 젖은 채 유일하게 남아 있는 그림이다.

이 화재는 물론 큰 타격이었다. 급히 가건물(판잣집 같은, 군의 막사 같은)의 응접실 등이 세워져, 나의 공부방과 침실도 다시 생겼다. 나는 공부는 공부방에서 했지만, 침실은 어쩐지 기분이 으스스해서 안쪽의 겉에 타다 남은 가장 끝 쪽의 코우쇼(侯所)에서 잤다. 나중에는 2층 부모님의 침실 옆의 응접실에서 잤던 것 같다.

전후에 한동안 전재(戦災) 이야기가 자주 나왔다. 나도 질문을 받았을 때에 집의 절반이 탔다고 하면 당연히 전재로 연상하게 되겠지만, 그게 아니고 실화(失火)로 탔다고 말하는데 뭔가 입지가 좁아진 것 같은 묘한 기분이었다.

꿈에 보인
사쿠라 소우고로우(佐倉宗五郎)와 동급생

코우쇼(侯所)에서 자고 있던 어느 날 밤이었다. 정원에 5~6 미터 정도 높이의 흙이 쌓여있고, 거기에 큰 메밀잣 밤나무가 심어져 있는데, 이 흙무더기 경사면에 성인 머리 백골 둘과 어린이 백골 하나가 얹혀 있는 꿈을 꾸었다. 무서워서 깨어 일어나 아침까지 잠을 한숨도 자지 못했다. 어머니에게 이야기하니까 어머니는 깜짝 놀라서 혹시 사쿠라 소우고로우(佐倉宗五郎)인지도 모른다고 하셨다. 이 장소는 사쿠라(佐倉) 영주 홋타(堀田) 가문의 별저(下屋敷)였다니 전혀 황당무계한 이야기는 아니다. 이 흙무더기는 코우쇼 근처에 있고 홋타 집 시절은 마장(馬場)이 있던 곳이라고 들었다. 때때로 하인이 제물을 바치기도 했었다. 뭔가 그런 이유가 있었을지도 모른다. 나는 겁이 나서 2층으로 침소를 옮겼던 것이 아닌가 싶다.

바보스럽게 생각하는 사람이 있을지도 모른다. 그러나 아무것도 모르는 내가 갑자기 꿈을 꾼 것은 현실의 일이다. 사쿠라 소우고로우 가족은 사쿠라(佐倉) 땅에서 책형(옛날에 죄인을 창으로 찔러 죽이는 형벌)이 되었다고 읽었으니까, 사쿠라 소우고로우와는 다른 사람일 것이다. 홋타 가문의 별저였던 것은 상당히 긴 시간이었을 테니까, 뭔가 있었다 해도 이상하지 않을지도 모른다. 사쿠라 번주(藩主) 홋타 가문의 형제는 나의 상하(上下) 학년에 있었지만 2학년 아래의 마사하루(正治) 군에게 이 이야기를 하니까 깜짝 놀라면서 잘 모른다고 말했다.

이처럼 꿈에 누군가 나온다거나 신탁(神託, 神의 계시)이라든가, 누구가의 예언이나 텔레파시 등 이른바 4차원의 이야기는 잘 몰라서, 나는 믿는 편은 아니었지만, 이러한 꿈을 꾸면 관심을 갖지 않을 수 없었다.

또 다른 경험인데, 3학년이 끝날 즈음에 준비 교육을 위해 해병(海兵)에 가서 1년 가까이 지난 어느 날 밤에, 매우 친하게 지내고 있던 와타나베 카즈츠나(渡辺和綱) 군이 꿈에 나타나 「안녕」이라고 말하는 것이 아닌가. 도쿄를 떠나기 직전 학교 운동장에서, 어찌 된 일인지 기억나지 않지만, 맞은편에서 그가 뛰어와 「몸조심하고 다녀오세요」라고 말했다. 그렇게 건강한 그가 왜 그런 말을 하였는지 이해가 안 가고 영문도 모른 채 그 뒤로 헤어졌지만 휴가차 돌아왔을 때였던가 그는 이미 결핵으로 죽었다고 들었다.

라쇼몽(羅生門, 아쿠타가와 류우노스케 소설)에서 귀신을 퇴치한 와타나베노 츠나(渡辺綱, 헤이안平安 시대 중기의 무사)의 자손이라고 했던 그가 나의 60명의 초등과 동급생 중 가장 먼저 죽은 사람이 되었다. 매우 유감이다. 그 시절은 폐결핵이 많아서 나의 동급생 중에서도 전후 얼마 지나지 않아서 몇 사람이나 세상을 떠났다.

이 정도로 중등과의 이야기를 마치고, 다음 해군생활의 이야기를 진행하기로 하자.

제2장

전쟁과 황족

나의 해군 시절

제2장

전쟁과 황족
―
나의 해군 시절

**황족 남자는
군인이 되어야 했다**

처음에 언급했듯이 메이지 시대가 되고 나서 법친왕(法親王)을 환속시키거나 해서 황족 가정을 늘렸지만, 그렇게 황족이 된 사람이 정치에 간섭하면 곤란하다는 이유로, 황족 남자는 원칙적으로 육군 또는 해군의 군인이 되지 않으면 안 되었다. 무난한 방식이라고 생각된다.

이것은 규칙으로 제정한 것이 아니라, 왠지 그런 것이 좋을 것 같다고 해서 그렇게 된 것이다. 별도로 조사한 것은 아니지만, 여기서 원칙적으로라고 적었지만, 장남은 의무로 되어 있고, 군인이 되기를 거부하면 폐적(廢嫡)이 된다고 듣고 있었다.

실제적으로 거부한 장남은 없었기 때문에 정말 거부하면 어떻게 됐는지는 잘 모르겠지만, 차남 이하에서는 내가 알고 있는 한,

쇼와 17년(1942년) 건국 10주년 축하를 위해 만주국을 방문해 신경역(新京驛)에서 만주국 황제 부의(溥儀)와 악수하는 다카마쓰노미야 노부히토(高松宮宣仁) (사진 제공 : 아사히 신문사)

두 사람이 실제로 존재했다. 야마시나노미야(山階宮)의 둘째 남자인 야마시나 후작은 조류 학자로, 또 제 숙부인 히가시후시미 지고우(東伏見 慈洽) 셋째 남자는 히가시후시미노미야(東伏見宮)의 제사를 이어받아서 히가시후시미 백작(東伏見伯爵)이 되고, 교토대학 사학부 강사를 하다가, 승려직으로 세이렌인(青蓮院)의 문적(門跡, 주지)이 된다.

전쟁 반대에
노력한 황족들

황족이 정치에 간섭하는 것을 방지하기 위해 군인이 되어야 한다는 것이지만, 실제로는 특히 육군이 정치에 개입해서 만주 사변(満州事變)을 일으킨 후, 일본을 일시적으로 멸망의 갈림길 직전까지 가져간 것을 생각하면 뭐라고 할 말이 없다. 즉 황족이 군인이 되든지, 정치에 간섭하려고 생각하면 할 수 있는 것으로, 오히려 군인이 된 황족이 영향력을 발휘해서 군의 폭주를 방지하고, 쇼와 천황에게 협력하여 역사를 평화 공존의 방향으로 바꿀 노력을 했었다면 얼마나 좋았을까. 전쟁 반대에 노력하신 분도 계셨다. 다카마츠노미야(高松宮) 등. 나의 아버지도 전쟁의 앞날에 비관적이었던 것 같지만. 그런데 왜 그 상황에서는 힘을 쓰지 못했을까.

예를 들어 다카마츠노미야(高松宮)는 쇼와 9년(1934년) 1월 17일에 해군 장교인 스에쓰구 노부마사(末次信正) 중장의 시국론(時局論)이 해외에서 논란거리가 된 것을 보고, 일기에 다음과 같은 말을 담고 있다.

나는 전쟁을, 어떠한 일이 있어도, 일본을 위해서도, 도덕상으로도 일으켜야 할 것이라고는 생각하지 않는다. 사력(死力)을 다해서 피해야 한다고 믿는다. 군비(軍備, 군사력)는 군비이고, 함부로 승산도 분명하지 않은 전쟁을 일으키기 위한 것으로는 생각하지 않는다. (중략) 금력(金力)을 경쟁하는 것이 해군의 목적이 아니다. 인심을 잘못된 방향으로 유도하는 것이 해군의 목적이 아니다. 해군 군부 내의 통제를 목적으로, 국가에게 개전(開戰)의 구실을 주는 일이 있어서는 안 된다.

또 같은 쇼와 19년(1944년) 9월 16일에는 다카기 소우키치(高木惣吉) 해군 소장에게 다음과 같이 말했다고 한다.

1030 다카기(高木) 전 교육 국장 내담(來談). 이시카와 신고(石川信吾) 소장(少將)은 내가 화평의 생각을 이야기하니까, 오이카와(及川) 총장의 주변이 그것 때문에 곤란하게 되었다, 지금은 1억 옥쇄(玉碎, 명예와 충절등을 지켜 결백하게 죽는일)로 전일(專一, 전념)적으로 해야 될 때라는 이야기다. 나는 그런 옥쇄 따위, 할 수없는 것을 말하면 안 되고, 칠생보국(七生報國, 일곱 번 환생하여 나라를 위해 충성을 다함)의 책임을 다하는 마음이 국민에게 없어서는 안 된다, 개인의 죽음 따위 문제를 판단하는 단계를 넘어 버렸다, 유구한 일본을 지키기 위해 화평을 생각해도 좋아 라고 생각하지 않으면 안 된다, 그리고 결전의 연속을 해야 한다고 말했다.

할아버지 쿠니요시 왕(邦彦王)이 생존하고 계셨다면

역사에 '만약'이라는 말은 의미가 없을지도 모르지만, 나의 할아버지인 쿠니요시 왕(邦彦王)은 쇼와 4년(1929년)에 56세의 나이로 요절(당시로서는 요절이라고는 말할 수 없지만)한, 원수 육군 대장이었다. 그 쿠니요시 왕은 일러(日露)전쟁 종군과 미국·유럽의 장기 시찰 등을 통해 세계정세에 대해 정찰(精察)을 했다. 대단한 독서가로서 큰 도서실에는 양서를 포함해 그야말로 만여 권의 책들이 정렬되어 있었고 그 중에는 라쿠고(落語, 만담) 전집이라고 하는 것도 있었다. 그것은 어린 나의 애독서였다. 또 한편으로는 넓은 교제를 통해 견문을 넓혔다. 나의 존경심과 애착을 갖게 하신 할아버지였지만, 그 상식 있는 정세 판단으로 할아버지가 살아 계셨다면 육군을 억제할 수 있었던 것이 아니었겠는가 하는 이야기를 몇 명의 육군 군인 출신들로부터 들은 적이 있다.

쿠니요시 왕은, 출발 예정 시간 5분전에는 반드시 현관에 놓은 의자에 앉아 독서를 했고, 옳다고 생각하는 것은 솔직하게 발언했다. 공사(公私)의 구별이 엄격해서, 군대에서 자신이 사유하고 있는 엽총을 총기창고에서 수리한 사관을 즉시 해고한 반면에, 당번병을 애지중지했다고 들었다. 우리 집에 오랫동안 근무했던 사람들이 이구동성으로 훌륭한 분이었다는 이야기를 전해주었다. 하코네(箱根)에 있던 별장에 여름 휴가 때 체류하는 동안, 매일 아침 짐마차로 얼음을 배달하러 오는 얼음가게의 아저씨도, 자신이 사단장 각하의 당번병을 한 적도 있었는데, 매우 상냥한 분으로 결코 무리한 것을 이야기하지 않고, 매우 귀여워 해주셨다고 반복해서 말해 주었다.

또한 관동대지진 때도 갈팡질팡 대피해 오는 사람들을 「넣어 줘라, 넣어 줘라」고 하며 정원에 들어가게 해서 위험한 상황을 벗어나게 했다는 이야기를 들었다.

쿠니요시 왕은 미술에 조예가 깊어서, 유럽에 체류하는 동안 미술관을 둘러보기도 하였다. 또한 아직 이름이 없는 인상파의 젊은 화가의 그림을 사기도 하면서, 미술원 총재로서 예술 진흥에 노력을 다했다. 젊은 날에 요코야마 다이칸(横山大観)이나 카와이 교쿠도(河合玉堂)나 토미오카 텟사이(富岡鉄斎) 등등의 화가들과도 교제하고, 이러한 화가들이 자주 집에 와서 그림을 그렸다고 한다. 조용해서 그리기 좋은 환경이었을까.

또한, 메이지 초기의 배불훼석(排仏毀釈, 신불神佛 분리로 일어났던 불교 배척 운동)에 의해서, 위기에 빠진 호류지(法隆寺)가 많은 불상을 황실에 헌상하고 받은 하사금(下賜金)을 움켜쥐며 한숨 쉬고 있는 것을 보고, 쇼토쿠 태자 봉찬회(聖徳太子奉讚會)를 만들었다. 재계나 학계 등의 많은 사람들로부터 도움을 받아 지원하거나, 불교 학도(仏教學徒)들에게 장학금을 내놓거나, 불교학 기타 강좌를 열기도 했다. 호류지는 안정을 되찾아 전후에는 참배자도 많이 늘어 융성하게 되었다. 봉찬회는 그러한 역할을 마쳤지만, 호류지가 더욱 융성하기를 기원하고 있었다.

이 두 가지는 쿠니요시 왕의 큰 업적이라고 생각한다.

할아버지 구니노미야 쿠니요시(久邇宮邦彦) 왕. 유럽 시찰 중에 스페인 톨레도(Toledo) 사관학교에서

하코네(箱根)의 별장
유황천(硫黃泉)

여담이지만, 우리 별장이 있던 하코네(箱根)의 길은, 당시는 흙길이었고 별장 주변의 길은 울퉁불퉁한 돌길이었다. 베란다 건너편에 다이몬지야키(大文字燒, 산등성이에 '大'자 모양으로 화톳불〈장작불〉을 켜는 행사) 행사의 산(山)인 묘죠가다케(明星ヶ岳)을 바라보고 있으면, 아래쪽에서 덜컹덜컹거리는 소리가 들리고 짐마차가 보이기 시작한다. 앞에서 이야기한 얼음 가게 아저씨의 마차인데, 산속의 얼음 방에서 겨울 내내 저장되어 있던 크고 네모 난 얼음을 톱으로 썰어 준다. 물론 전기냉장고 따위 같은 것은 없었다.

그 시절의 하코네는 자동차 따위는 특별한 경우 이외에는 거의 지나가지 않았다. 동식물도 풍부해서, 지금은 사라진 풋포우소(仏法僧, 파랑새)도 있었다. 그 새는 고노하즈크(木の葉菟)라는 부엉이의 일종으로 '붓뽀, 붓뽀, 붓뽀소'하고 운다. 그 소리를 들은 적이 있는 사람이 아니면 실감이 나지 않으리라 생각한다. 실로 미묘한 '붓뽀, 붓뽀'로 운 다음에 '붓뽀소'의 '소'가 올라가는 소리를 한 번 들으면, 정말로 잊을 수 없는 울음소리이다. 참으로 지금도 귓전에 아른거린다. 둥지에서 떨어진 새끼를 주워서 기른 적도 있었다. 키워서 숲으로 돌려보냈는데 눈이 둥글둥글한 귀여운 녀석이었다.

냇가에서는 산천어와 피라미가 잘 잡히고, 돌을 옮기면 도롱뇽도 나왔다. 지금은 뻐꾸기 소리를 들을 수 없게 돼 버렸다. 이후 종전이 가까워지면서, 장작을 피워서 움직이는 버스가 천천히 올라갈 때는 쎅쎅 소리가 계곡까지 들렸다. 그러한 것들을 계속 생각나

하코네(箱根)의 별장에서 할머니와 함께.

게 하는 그리운 옛날이었다. 이 별장은 오오와쿠(大湧) 골짜기 아래의 울창한 숲속에 있었고, 간포로우(冠峰樓)과 판칵로우(萬岳樓)라고 하는 여관이 위아래에 있었다. 새 소리로 가득 차 있었다. 그 판칵로우는 지금은 많은 관광객들이 묵는 숙소가 되었다. 옛날의 건축을 개축하기 전에는, 이불을 짊어진 농민들이 농한기에 치유를 위해 머물렀던 곳으로, 분명한 억새 지붕의 집이었다. 그 당시 오오와쿠(大湧) 골에서 끌어들인 유황천도 풍부하였고, 별장이나 여관도 많지 않았기 때문에, 우리 집 별장에는 각각의 침실에 온천 목욕탕이 있었다. 지금 생각하면 사치스러운 이야기지만 상당히 즐거웠다. 그래서 나는 지금도 유황천을 좋아한다.

궁중 모(某) 중대사건

다이쇼(大正) 9년(1920년)에 쿠니요시 왕의 첫째 공주 (내 아버지의 동생이니까 내 입장에서는 고모에 해당)인 고우준(香淳) 황후가 결혼할 때에, 고우준 황후의 어머니 쪽인 시마즈 가(島津家)에 색맹 유전자가 있으므로 성혼을 취하하여야 한다는 논의가 주로 궁내성 고관과 조슈 출신의 정치인(長州閥) 사이에서 일어났다. 소위 궁중 모 중대 사건이라고 해서, 나는 내 자신이 알아본 적도 없고, 또한 그럴 생각도 없었지만, 실제로 그것은 어떤 사건이었을까 매우 궁금했다.

궁내성 고관의 기록이 상당히 있는데, 그 기록 중에는 데이메이(貞明) 황후도 매우 비판적이었다는 기록도 있다. 쿠니요시 왕이 데이메이 황후에게 서신을 올린 것이 괘씸한 일이라고 기술되어 있다고 하지만, 황족이 자신의 생각을 황후에게 올린 것이 괘씸한 일인가.

나도 아키히토(明仁) 천황 폐하가 젊은 황태자였을 때, 쇼와 30년대(1955~1964년)에 주재했던 런던에서 편지를 쓴 적이 있었다. 계절 인사와 현지의 모습 등을 쓴 것이었지만, 황족이 황후에게 편지를 쓰는 것은 이상한 일이 아니라고 생각한다.

궁내성 고관이 걱정하는 것은 당연한 일이며, 내용이 문제라고 할지도 모른다. 그러나 무엇을 쓰든 상관없지 않는가. 메이지 이후 정치에 간섭하지 못하도록 황족을 군인으로 보낸 것과 상통하는 것처럼, 결국에는 천황과 황족 전체가 함께 일을 처리할 때에는 상식을 가지고 올바른 판단을 하는 것이 중요하다는 것이다. 그것을 일부러 금지한다면 그 이유는 무엇일까.

할아버지가 거절하지 않았다는 것은 그 나름대로의 생각이 있었던 것이고, 우리 쪽의 기록이 거의 없기 때문에 어떻게 생각하는 것이 좋은지는 판단이 어렵다. 종합적으로 엄정하고 공정하게 판단할 수밖에 없다. 사실 아키히토(明仁) 천황 폐하 이후 황족에게 색맹은 나타나지 않았다고 알고 있다.

쿠니요시 왕은 유능한 분이기 때문에 사회와 조직, 그리고 국가 권력기구의 뒷면에 있는 문제들을 깊게 통찰하는 능력을 가지고 있었다. 그리고 경우에 따라서는 문제를 해결하기 위해 즉각 실천할 수 있는 담력을 가지고 있었다. 그를 의도적으로 폄하하며 천연덕스럽게 비판하는 사람들이 그 당시부터 지금까지 끊임없이 이어지고 있으며, 여전히 기록물에 언급되는 것이 참으로 놀랍다.

이러한 비판 중에는 후시미노미야 사다나루 친왕(伏見宮貞愛親王)의 사치꼬 여왕(禎子女王)이 다이쇼 천황과 성혼을 정했던 것을 그녀의 가슴(폐)이 나쁘다는 이유(속에는 어떤 사정이 있었는지 모르겠지만)로 거절당했다는 기술이 있다. 사치꼬 여왕(禎子女王)은 야마우치(山内) 후작 가(侯爵家)에 시집을 갔고, 나도 뵙고 그 분 장자와는 같은 로타리클럽 등에서 친하게 지냈다. (후시미노미야 사다나루伏見宮山内貞愛). 친왕의 사치꼬 여왕(禎子女王)은 후작 야마우치 토요카게(豊景) 씨에게 시집갔지만, 자녀가 없어서 토요아키(豊秋) 씨를 양자로 입양했다. 또한 그 상속할 아들과는 역시 같은 로타리클럽에서 매주 만났지만, 매우 건장한 사람이었다. 왜 사치꼬 여왕이 안 되었는지 지금도 궁금하다.

돌이켜보면, 쿠니요시 왕이 사퇴 요구(압력)를 준수하지 않는다고 해서 제3자가 쿠니요시 왕을 비난하지 않으면 안 될 정도의 일이었는지도 의문스럽다. 그 정도로 누군가의 생각으로 (혹은 누군가의 권력으로) 사퇴시키는 것이 도덕적으로 아름다운 일인가?

오히려 무엇 하나 정당한 이유 없이 끌어내리는 것을, 존엄을 파괴하는 것을, 사람의 도리로서 거절한 인물을 제3자가 여러 가지 수단으로 비판하고 폄하하는 배경에는 도대체 어떠한 심리나 이해가 숨겨져 있는 것일까. 그들을 의심할 수밖에 없다. 즐거운 것일까?

사실, 데이메이 황후와 고우준 황후는 대단히 사이가 좋았던 것 같다. 둘이서 하야마(葉山) 황실의 별저에서 지낼 때의 고우준 황후의 일기가 우리 집에 있는데, 일기에서 그러한 것을 엿볼 수 있다. 데이메이 황후는 영명(英明)한 분일 뿐 아니라 꽤 엄숙한 편이었다고 한다. 내 생각에 고우준 황후는 데이메이 황후로부터 교시를 잘 받아서 그 어려운 쇼와 시대를 현명하게 극복하고 내조의 공을 잘 쌓았다고 생각한다.

나의 아버지 아사아키라 왕(朝融王)에 대한 비판과 진실

이어서, 나의 아버지인 아사아키라 왕(朝融王)에 대해서도 비판적으로 쓰여진 것이 있었으므로 잠시 그것에 대하여 사견을 써보기로 한다. 할아버지와 아버지의 일은 사정의 본질과 배경의 심각성이 전혀 다르고 차원이 다르기 때문에, 동렬하게 취급하는 것은 조금 어색하지 않을까 생각되지만, 잠시 이야기의 흐름으로 들어주었으면 한다. 아버지는 여자관계가 야무지지 못했던 것 같다.

사실은 나는 아버지에게 물어본 것은 아니기 때문에 잘 모르겠지만, 아버지는 남과 비길 데 없이 좋은 사람이었고, 미남이었기 때문에 여성에게 인기가 있었던 것 같다. 아버지는 인기가 있는 것을 기뻐하면서 그것을 참지 못하고 곧 다른 사람에게 말해 버렸다. 보통 사람이라면 이런 일이 있어도 입을 다물고 묵묵히 있지 않을까. 남에게 말을 해버리니 소문이 나버리게 되는 것은 아닐까. 어쨌든 나에게 있어서 아버지는 미워할 수 없는 사람이다.

또한, 사카이 백작(酒井伯爵)의 따님을 좋아하게 되어 약혼까지 해놓고 거절했다는 것에 대한 비판을 받았지만, 내가 아버지에게서 들은 바로는 그 시절의 사무관이 「이러이러한 이야기를 들었으니까 반드시 약혼을 중단하지 않으면 안 됩니다」하고 물러나지 않았기 때문에 아버지는 많이 망설였지만, 결국 포기했다고 한다.

훗날에 그 따님이 마에다 후작(前田侯爵)한테 시집가서 태어난 아들(차남인 도시히로利弘)은 나의 유치원 시절부터 친한 친구였다. 사무관이 왜 「그만 두지 않으면 안 된다」고 주장했는지 그 이유 등은 지금 생각해도 도저히 이해할 수 없는 일이다.

도시히로 군은 어머님이 돌아가셔서 짐정리를 하다 보니, 우리 아버지의 연애편지 뭉치가 발견되었다고 나에게 웃으며 말해줬는데, 아버지가 최후까지 옛날을 그리워 하셨구나라고 생각하면서, 한편으로는 미안하면서 또 한편으로는 긴장이 풀려 안심이 되었다. 아버지도 조금 더 자세히 살펴 보았으면 좋았을 것이라는 생각이 들었지만 그 당시에 사무직의 장(長)이 파혼을 강하게 주장하고 있었는데, 탐정(探偵)이라든지 변호사라든지 섭외할 수 있었을 텐데 뭔가 뒤에 음모가 있었던 것은 아닌지. 이제 와서 파고 들어가도 별 소용이 없을 것이다.

나의 부모님은 사이가 좋았다.

태평양 전쟁 개전 전후(前後)의 시기, 미야시로쵸(宮代町)의 집 앞에서 가족과의 기념사진. 할머니, 부모님, 나의 자매(누나와 여동생), 그리고 아버지의 여동생인 산죠니시 노부꼬(三条西信子)님 (왼쪽에서 2번째)도 함께.

결혼 전에는 아버지와 어머니가 자주 테니스를 치셨다고 들은 적이 있다. 8명의 아이들을 차례로 낳으시고, 아버지가 임지(任地)에서 돌아오시면, 지금의 성심여자대학(聖心女子大学)의 부지가 되어버린 쿠니(久邇) 하우스라고 하는 건물 2층에서 부모와 자녀 모두가 레코드를 듣기도 하고 잡담을 하기도 하면서 즐거운 시간을 보냈다. 앞에서 이야기했지만 아버지는 많은 레코드판을 가지고 있어서, 자주 레코드를 틀기도 하면서 저녁 식사 후에는 모두가 거기에 모여 단란한 시간을 보내는 경우가 많았다.

어머니는 아홉 번째 아이를 임신하고 질병 때문에 요절하셨는데, 그날 밤에 어머니가 꿈에 나타나서「그 동안 많은 신세를 졌습니다. 안녕히 계세요」라고 하시면서 울고 계셨다고 아버지가 이야기를 해주셨다. 그때 아버지의 아무 말도 할 수 없는 듯한 얼굴과 모습이 나에게 강한 인상을 남겼다.

아버지도 비판을 받아야 할 부분이 있었을지도 모른다. 그러나 자식에게 다정했던 아버지도 출정(出征)을 시작으로 해체까지 해군에서 빈틈없이 근무를 했다. 그것을 불량이라고 추론하는 것은 좋지 않은 일이다. 성인군자(聖人君子, 세상에 그렇게 있는 것도 아니다)가 말한다면 몰라도.

요컨대, 사람은 남에게 욕하는 것을 좋아하고, 편향된 의도로 편리한 문헌의 편리한 부분을 모아서, 장대한 참고문헌 목록 등을 올려놓으면 그럴듯하게 보인다. 타인을 평가하고, 좋게 말하기 위해서 망설이게 된다면, 조심해야 할 것 같다.

아버지가 태워준
연합함대 기함(旗艦) 나가토(長門)

상당히 서론이 길어졌지만, 그것은 그렇다 치고, 이제부터 나와 해군과의 관계에 대해 회고해 보자. 나의 아버지는 해군(종전시 중장)이었고, 할아버지(쿠니요시 왕)는 육군이었지만, 육군이 해군보다 인원수가 훨씬 많고, 황족도 육군 쪽이 원래 훨씬 많았다. 하지만 황족의 후계자가 없다는 등의 이유로, 해군은 점점 줄어들었기 때문에 나는 어렸을 때부터 해군에 가도록 권유를 받았다.

나로서도 어렸을 때부터 수병(水兵) 모자를 쓰고, 아버지가 근무지 요코스카(橫須賀)에서 군함에 태워 주기도 하고, 한 번은 요코스카에서 다테야마(館山)까지 전함 나가토(長門)의 훈련 항해에 편승하고 「갑판에 가만히 있어」라고 말씀 하셔서, 커다란 항적(航跡)을 바라보기도 한 경험이 있다. 갈매기 무리에 정신이 팔리기도 하면서 즐거운 시간을 보냈던 추억도 있다. 아버지는 나가토의 포술장(砲術長)이었지만, 나는 그 41센티의 큰 주포를 아버지가 어떻게 움직이는지 궁금해 했다. 이 항해가 연합 함대의 기함으로 함대훈련 항해였지만, 요코스카, 다테야마는 그 일부였는지, 어렸을 때의 나의 기억에는 없다.

태평양 전쟁에서 전사한 오토와 후작(音羽侯爵, 아사카노미야 야스히코 왕朝香宮鳩彦王의 차남으로 아버지의 사촌, 당시는 소위 아니면 중위였을까?)이 승선원으로서 여러 가지를 가르쳐 주셨다. 오토와 다다히코(音羽正彦) 씨는 건강하고 밝고 장난기가 있는 친절한 분이었다. 쇼와 19년(1944년) 2월 5일에 마샬 군도 쿠에제린 섬 옥쇄(玉碎)때 수비대 대장 차석으로 해군 대위로 전사했다. 정말 아까운 분이었다.

또한 오토와 후작과 동기이고 62기인, 나의 외삼촌(후시미노미야 히로야스 왕伏見宮博恭王의 넷째 아들)인 후시미 히로히데 백작(伏見博英伯爵)은 쇼와 18년(1943년) 8월 21일에 셀레베스 섬(네덜란드어의 이름, 현 술라웨시 섬. 인도네시아어) 상공에서 정찰 비행 중 격추되어 전사했다. 신체가 큰 삼촌이 무릎 위에 나를 안고 이야기를 들려주었던 추억이 있다. 두 따님과는 가끔 만난다.

아버지는 그 때쯤에 포술(砲術)에서 항공 쪽으로 이동해서 키사라즈(木更津) 항공대, 그리고 요코하마 항공대, 후에 츠치우라(土浦) 항공대 사령관, 가스미가우라(霞ヶ浦) 항공대에서 교육에 종사했다. 태평양 전쟁에도 출정했다.

전함 나가토(長門)의 주포(主砲) 옆에서 아버지와 함께. 아버지가 나가토의 포술장(砲術長)이었던 쇼와 12년~13년쯤의 사진일 것이다.

카쿠슈인(学習院) 기숙사는
낡아서 버팀목으로 지탱되고 있었다

그러한 이유로, 나는 해군에 가는 것이 당연하다고 생각하고 있었다. 카쿠슈인 중등과 2학년 때는 소년 기숙사, 3학년 때는 청년 기숙사라는 곳으로, 노기(乃木) 원장 시절부터 계속해서 기숙사 생활을 하고 주말에만 집으로 돌아갔다. 쇼와17년(1942년)인 2학년 때 기숙사 방에서 자습 책상에 앉아 있을 때 창밖으로 익숙하지 않은 비행기가 날아가고 있었다. 나중에 미군 두리틀의 폭격(4월 18일, Doolittle Raid)이라는 것을 알았다.

이 기숙사는 옛날에는 로쿠료(六寮)라고 해서 여섯 개의 기숙사가 있었다. 황족 전용인 기숙사도 있었고, 전원(全員)이 들어가는 전원 기숙사 제도가 있었다. 내가 다닐 무렵에는 2기숙사(소년 기숙사)와 3기숙사(청년 기숙사)만 남았고, 그마저도 낡아서 버팀목으로 지탱되고 있었다. 소년 기숙사는 전원제이고, 청년 기숙사는 희망자만 들어갔다. 나는 양쪽 다 거쳤다.

카쿠슈인에는 오사카키단(お榊壇, 비쭈기나무의 단)이라는 것이 있고, 또한 작은 공원처럼 되어 있었다. 거기에는 노기 대장(乃木大將)이 일러(日露) 전쟁 승리로, 적장 스테셀과 회견했을 때 받았다는 늙은 백마(그 백마의 새끼였는지도 모른다)가 마구간에 있었다. 노기 대장이 적장을 위로했다고 하는 것은 매우 유명한 이야기다.

전황이 바람직하지 않게 되었기 때문일까? 해군성으로부터 가능한 빨리 에다지마(江田島)에 있는 해군사관학교로 가기를 바란다고 해서 선배 황족들보다 1년 정도 빨리 중등과 3학년이 끝날 무렵에 에다지마로 준비 교육을 받으러 가게 되었다.

준비(準備) 교육과
노블레스 오블리주(noblesse oblige)

준비 교육이라는 것은 황족에게만 행해진 교육으로, 일반 동기생보다 반년 정도 빨리 에다지마(江田島)에 가서(보통 중학교 4학년 졸업하고 나서), 혼자만 보통학(일반교양)과 훈육을 받았다. 황족을 입학시킨 후에, 성격이나 학업이나 체력 어느 면에서도 우수한 동기생들과 함께 충분히 어깨를 겨루고, 더 나아가 모범이 되도록 미리 교육하는 것을 그 목적으로 한 것 같다. 동기에게 따라갈 수 없는 사람은 미리 교육해 둘 필요가 있다고 생각되었지만, 이런 점에 있어서는 나에게는 준비 교육이 매우 의미가 있어서, 강사 분에게 감사했다. 한편으로는 오히려 15세의 소년에게 친구가 중요하다는 의미에서는 마이너스라고 하는 면도 무시할 수 없다고 생각한다.

다시금 상상해보니, 일본 해군은 영국 귀족의 전통인 노블레스 오블리주 사상에서 영향을 받은 것이 아닐까. 이 사상은 귀족이 가장 먼저 전쟁에 나아가라고 하는 당연한 생각으로, 해군에서는 황족 출신(전술했던 오토와 후작과 내 외삼촌인 후시미 백작)을 포함한 소위 귀족들이 상당수 전사했다. 황족의 준비교육을 중시한 이유 중 하나였을지도 모른다. 어쨌든 나는 제일 먼저 죽을 생각을 하고 있었다.

해군사관학교 제76기생은 쇼와 19년(1944년) 10월에, 제 77기생은 쇼와 20년(1945년) 4월에 입학이 예정되어 있었다. 내가 나이보다 약간 빠른 76기생으로 들어가는 것을 해군성은 생각했던 것 같았다.

나는 카쿠슈인 중등과 3학년의 교과가 끝나자마자 쇼와 19년(1944년) 2월 7일에 에다지마(江田島)에 도착해서 준비 교육에 임했다. 도쿄역을 2월 6일에 출발하고 시즈오카(静岡)까지 전기기관차로, 나머지는 증기기관차로 갔다고 생각한다. 침대에서 하룻밤을 자고 히로시마(広島)에 도착했다. 몇 시간 걸렸는지 지금의 사람은 상상도 할 수 없을 것이다.

**수병(水兵)이 젓는
커터(小艇)로 에다지마(江田島)에**

우지나 항구(宇品港)까지 차로 가서, 거기에서 수병이 젓는 커터로 에다지마 해군사관학교의 앞쪽 부두(表桟橋)로 향했다. 2시간 쯤 걸렸을까? 이 경우에 해군의 습관이었던 것일까. 조용한 세토우치(瀬戸内)의 바다와 섬을 유유히 바라보고 앞으로의 생활을 고민하였다.

동행자는 수행 무관(나중에 이노우에 시게요시井上成美 교장의 의향意向으로 지도 무관指導武官으로 호칭 변경, 황족에게는 반드시 수행원이 있었다)이고, 아버지와 동기인 49기 나가하시 타메시게(永橋 爲茂) 대령과, 쿠니노미야케 벳토우(別当, 당시 황족 미야 가

에다(江田) 섬으로 가기 전에 신세를 진 카쿠슈인(學習院)의 선생님들이 참가한 장행회(壯行會)에서. 앞줄 왼쪽부터 나가사와(長沢) 선생(중등과·영어), 세키네(関根) 선생(초등과) 야마나시 카츠노신(山梨勝之進) 원장, 어머니, 아버지, 중등 과장(?), 카와모토 타메지로우(川本為二郎) 선생(초등 과장), 우카와 와타루(宇川済) 벳토우(別当).

중간 줄 왼쪽에서 토미나가(富永) 씨 (어머니의 용무用務 담당), 유치원 교사(4명), 이와타(岩田) 선생(중등과·국어), 무라마츠(村松) 선생(중등과·국사)?.

뒷줄 왼쪽부터 사카기다(榊田) 사무관, 사르기(猿木) 선생(중등과·수학, 고보리(小堀)流 종가), 이시이 사토시(石井 恵) 선생(초등과·부 주관), 배속 장교, 타케자와(竹沢) 선생(초등과·주관), 쓰치야마(土山) 중령(아버지 용무무관), 와타나베(渡辺) 선생(중등과·국어).

[※ 기억을 바탕으로 썼습니다. 기억 차이, 기억 누출 등 용서 해주세요]

에 주어진 최고위, 다음이 사무관)인 예비역 해군 중장 우카와 와타루(宇川済) 씨였다.

츠쿠모 만(津久茂灣)의 입구에서 에다우치(江田内)에 들어가자 오른쪽에는 노우미(能美) 섬의 신도우(真道) 산이, 왼쪽에는 에다지마의 후루타카야마(古鷹山, 이 두 개의 섬은 히토노세飛渡瀬로 연결되어 있다)가 보였다. 그리고 「도리카지(取舵), 요소로(좌회전)」. 또한, 우회전은 「오모카지(面舵)」라고 해서 바깥쪽 부두(바깥 부두는 황족의 학교 도착과 고별, 교장의 취임과 이임, 학생들의 졸업 후 출발할 때 등에 사용된 추억의 부두)로 갔다.

상륙(上陸) 후 즉시 이노우에 시게요시(井上成美) 교장에게 학교 도착 보고를 하고, 선배 황족 분들이 준비교육을 받을 때 생활했던 갑(甲) 3호 관사로 갔다. 이 관사는 전후 영국과 호주의 군사령관 관사가 되었지만, 화재로 타버려서 지금은 건물을 다시 지어 해상자위대 간부후보생 학교 교장 관사가 되었다.

관사에서는 쿠레(呉)의 고등초등학교 우등생이었던 타카하시 요시키(高橋芳樹) 군이라는 심부름꾼이 배정되서, 반년 예정의 준비교육이 시작되었다. 전후에도 히로시마에 갈 때마다 만날 것을 기대했지만 안타깝게도 암으로 사망했다.

이노우에 시게요시(井上成美) 교장의 훈화(訓話)

아침에는 생도관(生徒館) 쪽에서 들려오는 기상나팔(서도도도 도미도~ 소드도미도~ 미미미미소미소미도미소소드~, 일어나라 일어나~ 모두 일어나~ 일어나지 않으면 대장님에게 꾸중~) 소리와

해군사관학교의 이노우에 시게요시(井上成美) 교장. 이노우에 교장은 메이지 22년(1889)에 태어나 해병 37기. 삼국동맹 체결 저지와 조기 강화(講和) 등에 최선을 다한 것으로 유명하다.

함께 여름에는 5시 반 겨울에는 6시에 일어나, 곧바로 정원에서 체조 교원인 후지타 병조(藤田兵曹, 교원이라고 하지만 하사관으로서 체조나 수영을 전문적으로 가르치는 사람)와 체조를 했다. 아침 식사를 마치고, 오전 중에는 교실로 향해서 수업(물리·화학·수학의 수업이 가장 많았고, 역사·국어(와가和歌 지음도 포함)·수신(修身, 현재의 도덕)이 있고, 영어는 영영사전을 사용하여 일주일에 2시간이었든가?). 오후에는 유도와 검도·체조·승마·사격·(군사)교련·수영(여름만) 등의 훈육을 받고 저녁에 돌아와서 저녁 식사 후에는 자습하는 일과였다.

이 과업의 첫째 날의 첫 시간에는, 이노우에 교장(이노우에 시게요시 중장)의 훈화(訓話)였다. 이노우에 교장(해군에서는 '교장'이라는 경칭을 생략하고 육군에서는 '각하'가 붙는다)에 대해서는 나중에 다시 기술하겠지만, 이 훈화의 요지는 대략 다음과 같은 것이었다.

> 장래에는 장교가 되겠지만, 장교라는 자는 부하를 훌륭하게 통솔해야 하며, 그러하기 위해서는 장교다운 기품과 인격이 없으면 안 된다. 그리고

그 지위 신분에 대한 책임이 있지만, 충분한 실력이 없으면 그 책임을 다 할 수 없다.

황족의 장교로서는, 한층 그 위에 무거운 책임과 더욱 실력이 없으면 안 된다.

「사람 위에 서는 것은 매우 어렵고 위로 올라가면 갈수록 참고 견딤을 억제하지 않으면 안 된다.」 그것 뿐만이 아니라 더 나아가 「스스로 고통을 인내해서 아랫사람의 입장을 이해하고, 아랫사람이 곤경에 빠지지 않도록 한다」는 마음이 필요하다는 것이다.

실례로 후시미노미야 히로야스 왕(伏見宮博恭王, 나의 외할아버지이고 그 당시 해군 대장군령부총장(大將軍令部總長))이 제2함대 사령장관 시절 토사 만(土佐灣, 현재의 高知)에 입항할 때 토사(高知) 지방의 명가(名家)가 히로야스(博恭) 전하가 오시는 것을 예측해서 욕조를 새로 장만하여 기다리고 있었다. 공교롭게도 상당한 악천후였지만, 무리해서 상륙하고 목욕탕으로 안내를 받았다. 물은 손을 넣을 수도 없을 만큼 뜨겁고, 수도꼭지와 욕조차 없고 인기척도 없었다. 사람을 부르면 그것을 준비한 집 사람의 잘못이 되니까, 목욕을 한 것처럼 보이기 위해서 물을 뿌리고 잠시 후에 목욕탕에서 나왔다. 또한, 옛 영주(에도 시대의 다이묘)는 예의로, 만약 밥상의 음식에 파리가 들어가 있어도 신하가 눈치채지 않도록 음식을 조용히 먹을 수밖에 없다는 가르침이 있었다고 한다.

이상의 이야기는 황족으로서의 수양 중의 한 부분이다. 평민적인 것을 칭찬하는 분위기가 있다. 평민적인 것은 반드시 나쁜 것도 아니지만, 좋은지 나쁜지의 구별이 어렵고, 의미를 제대로 해석을 못하면, 하는 일이 「황족답지 않은」 것이 된다. 평민이 되기 위해 각별한 수업은 필요 없지만, 「황족다운」 수양 쪽이 매우 어렵다. 평생을 통해서 수양 반성이 필요하다. 향후 본교의 교육은 상당히 준엄한 산길 같지만, 이 길을 정복하지 않는 자는 한 명도 해군 장교가 될 수가 없다. 게다가 황족은 일반 학생들보다 더욱 높은 곳을 목표로 수행해야하기 때문에 일반 학생들 이상 수업을 요하니, 충분한 각오와 결심을 가지고 학업훈련에 참여하도록 특히 말씀 드린다.

상냥했던 할아버지
해군대장 후시미노미야 히로야스 왕(伏見宮博恭王)

후시미노미야 히로야스 왕은 메이지 8년(1875년)에 태어났고, 해군사관학교, 독일 해군사관학교, 독일 해군대학교에서 공부하고, 일러(日露) 전쟁에 종군하여 실전에 참가했다. 또한 다양한 함의 함장도 맡는 등 해군에 대하여 누구보다 정통해서 그 경험을 토대로 해군 대장군령 부총장을 맡고 있었다. 자신의 경험도 풍부하였기 때문에 이른바「좋도록 처리하게(적당히 처리하게)」와 같은 일처리가 아니라, 책임성을 가지고 일을 처리하도록 노력하고 있었다.

전전(戰前)에 해군에서도「함대파(艦隊派)」와「조약파(条約派)」라고 해서 군축조약(軍縮條約)을 지키고 평화를 지키려고 하는 파(조약파)와 그 반대파(함대파)로 나뉘어 두 파가 존재했지만, 후시미노미야는 도우고우(東郷) 원수 등과 함께 영미에 맞서 군함을 건조하는 것을 주장하는 함대 파여서, 이노우에 교장은 날카롭게 비판하고 있었다. 그러나 후시미노미야 히로야스 왕은 우리에게 매우 상냥한 사람이었다.

지금 생각하면, 당연히 조약파가 옳은 것은 분명하지만, 그러나 역시 여차하면 싸워 나라를 지키지 않으면 안 되는 일을 하는 사람이 군인이다. 도우고우 헤이하치로우(東鄕平八郞) 원수가 함대 파에 가담한 것도 일러 전쟁에서 군함 한 척 침몰될 때마다 고통을 참을 수 없었던 경험이 있어서 일 것이다. 히로야스 왕도 그 시대를 살아온 분이기 때문에 굳이 단순하게 괘씸하다고도 할 수 없고, 어느 정도 이해할 수 있는 부분도 있다. 이러한 점이 매우 판단하기 힘든 것이다.

전하, 힘을 냅시다

과업(課業)과 훈육(訓育), 모두 일대일(一對一)이어서 도저히 정신을 똑바로 차리지 않으면 안 될 날의 연속이었다. 특히 영어 과목은 이노우에 교장이 전력을 다하는 과목의 하나로 영영사전(英英辭典)을 사용해서 수업 중에는 일본어 없이 영어로만 했다.

나는 유도나 검도는 모두 자신이 있었지만, 나에게만 교관 한 명과 교사 두 명이 교대하면서 상대를 해서, 잠시라도 움직임이 둔해지면「전하 힘을 냅시다.(殿下 元気を出されます)」라는 말을 듣게 되었다. 이 3인칭의 말투가 재미있지 아니한가. 정말 에쿠조스토(Exhaust, 기진맥진)했지만,「요까짓 것은 아무것도 아니다」라는 생각으로 했다. 하지만 수영시간은 중학교 시절 수영부에서 단련된 수영 실력이 있었기 때문에 비교적 편했다. 다이빙도 좋아했지만, 평영으로는 나를 따라 잡을 수 없는 교관과 교원들은, 크롤로 바꿔서 나를 따라 잡기 위해서 헐떡거릴 때 내심 미소를 지은 적도 있었다.

나는 갑자기 6미터의 가설 발판에서 뛰어내리게 되었는데, 수영경기의 뛰어들기처럼 일단 깨끗이 뛰어들었지만 오르기가 너무 빠른 바람에, 허리가 삐끗해서 그날 밤에는 심하게 고열(高熱)이 났다. 다음날부터는 여름휴가가 시작되어 상경(上京)하기로 되어 있었다. 어떻게 해서든지 열을 낮추기 위해 담요를 뒤집어쓰고 땀을 흠뻑 흘렸더니 여하튼 아침이 다가오니 열이 많이 내렸고, 이노우에 시게요시 교장에게 「휴가 다녀오겠습니다」라고 인사하고 상경했다. 15세의 소년이어서 할 수 있었던 것이었을까? 군의관인 대위 쿠로다(黒田) 씨가 열심히 치료해 주셨다.

우리 학교의 다이빙 훈련은 바깥쪽의 부두에 계류되어 있는 군함 아사마(浅間)의 갑판에서, 10미터 높이에 2미터를 추가한 특설대(特設臺)도 상급자용으로 설치되어 있었으며, 「뛰어라」라는 호령에 거침없이 힘차게 뛰어들었다. 초보자는 보기흉한 모습으로 떨어져서 배가 새빨갛게 되기도 했다.

사격 훈련의 횟수는 많지 않았지만, 대부분 기관총과 소총과 권총을 쏘게 했다. 기관총과 소총은 보통 실력으로, 특히 잘한다거나 못한다고 하는 말은 듣지 않았지만, 권총은 이상하게 잘 쏘아서, 상당히 먼 거리에서도 과녁의 중심 부근을 주로 맞혔고, 이 정도라면 충분히 상장을 받을 수 있다고 들었다.

토요일 오후는 주로 승마 연습이었다. 전쟁 중인 그 시절에는 할 여유가 없었던 것처럼 추측되지만, 옛날부터 해군 장교들은 열병식 때는 말을 타고서 천황 폐하를 수행할 때가 있었다. 또한 육전대(陸戰隊)에서 필요했던 것인지 히로시마 육군 기병연대에 가서

승마훈련을 하는 것이 학생에게 부여된 것 같다. 나는 기병 연대장이 오래 탔던 늙은 말을 받아 조그마한 마장에서 주로 탔다. 그러나 가끔은 에다지마 내에서 멀리 가기 승마(遠乘り)를 한 적도 있었다. 이 늙은 말은 귀여운 놈으로, 나를 보면 기쁜 얼굴과 눈으로 대하는 것처럼 보였다. 예를 들면 교관이「마키노우리(卷乘うり)」라고 호령했을 때, 내가 작은 목소리로「마키노리」라고 말하고 아무런 짓을 하지 않아도 (보통은 고삐와 등자를 사용하지만) 보기 좋게 돌았다. 장애(障礙)나 중(中)장애 정도이면 조금만 조작하면 완벽하게 뛰었다.

그러나 어느 날, 연병장에서 말을 타고 있었을 때 바깥쪽 부두 근처에 있는 대포가(훈련이니 물론 공포탄이지만) 갑자기 발포되었다. 그 큰소리로 인하여 말이 순간 당황해서 펄쩍 뛰는 바람에 나는 견디지 못해 그만 낙마해버렸다. 나는 능숙하게 유도 낙법의 자세를 취했다라고 으쓱댔지만, 결과도 아무렇지 않았다. 말은 힘차게 날아 마구간으로 돌아가 버렸다. 낙마는 이번이 처음이자 마지막이었다.

교련 훈련도 있었다. 어느 날 호령 연습으로(학생이 되면 아침에 연병장에서 제각각 호령을 치면서 고함을 지른다) 대포에 지지 않도록 고함을 질러라 라고 해서 힘차게 질러댔다. 하지만 말이 힘차게 날아간 대포를 따라잡지는 못했다.

이 교관은 65기 오구라 대위(小倉大尉)로 힘차고 민첩한 교원이었지만, 그 후에 구축함 시모츠키(霜月)의 포술장(砲術長)으로 전사하였다.

은근한 두근거림 제1호

갑(甲) 3호 관사에서 언덕을 내려가면 장교 집회소가 있었다. 붉은 벽돌의 영국풍 건물로 장교들이 차를 마시거나 가벼운 식사를 하는 곳이었다. 또한 탁구대와 당구 테이블이 있었고, 정원에는 테니스 코트가 있었다.

일요일이 되면, 이노우에 교장 후임으로 온 코마츠(小松) 교장(이노우에 교장과 동기인 37기생, 중장 후작)은 테니스를 좋아해서, 때때로 이와쿠니(岩国) 항공대의 야마기시 주계장(山岸主計長, 회계 담당의 장, 원래 데이비스 컵 선수)이 와서 함께 테니스를 즐겁게 치고 나에게도 가르쳐 주었다. 끝나고 나서 모두 차를 마시고 브리지(카드 게임)를 즐기기도 했다.

어느 날 차를 마시려고 할 즈음에 아리따운 급사 여성(웨이트리스)이 쟁반에 시원한 홍차를 가지고 들어왔다. 그리고 내 얼굴을 본 순간 휙 발길을 돌려 나가 버렸다. 글~쎄 라고 생각했는데, 잠시 후 그 여성이 다시 들어왔다. 왜 그랬는지 잘 모른 채, 아무런 생각 없이 홍차를 마셨는데 그 후에 무관의 이야기에 의하면, 내 얼굴을 보고 언뜻 뭔가를 느끼고 밖으로 나와 버린 것이라고 한다.

나는 태어나서 처음이라고 생각했지만, 참으로 귀여운 사람이구나라는 생각이 들었고 그 뒤로 아무런 일도 없이 지나가 버렸다. 종전 후 2~3년이 지나고 나서 그곳에 무관이 아직 살고 있어서 다시 에다지마를 방문했을 무렵에, 구레(呉)에서 페리를 타고 고요우(小用)라는 선착장에 도착해서 전 해군 학교를 향해 비탈길을 오르고 있었을 때, 왼쪽 벼랑 위의 담 너머로 그 여성이 아기를 안고 이

쪽을 보고 있는 것이 아닌가. 헉, 하고 되돌아보니 갑자기 사라져 버렸다.

그 무렵은「남녀칠세부동석」이라는 시대의 흐름 때문에, 젊은 여성이라고 하면 사촌 정도 밖에 교제가 없었던 시기였으므로, 은근한 두근거림 제1호(첫 번째)로 기억에 남는다. 나와 큰 차이가 없는 나이였기에 지금쯤은 손주들에게 둘러싸여 즐겁게 살고 있겠지 라고생각한다.

에다지마의 현악 사중주

나는 어렸을 때부터 음악을 좋아했고, 그래서 정원의 대나무를 잘라 피리를 만들어 불기도 하고, 하모니카를 불기도 했다. 중학교 때는 첼로를 사달라고 부모님을 졸라서 궁내성(宮內省) 악부(樂部)의 오오노(多) 씨에게 사사(師事)를 받았다. 아버지는 레코드 대 수집가여서 노무라 아라에비스(野村あらえびす, 레코드 수집으로 유명함. 작가) 씨와 때때로 서로 가진 레코드를 자랑하면서 다투기도 했다. 첼로도 조금 연주하시고, 어머니는 피아노가 상당한 수준이었다. 궁내성 악부의 악인(樂人)은 아악(雅樂)과 서양악 양쪽을 다 하는 걸로 되어 있었다. 오오노 씨는 당시 일본 최고의 첼리스트였고, 역시 악부의 시바(芝) 씨 이외의 바이올린「출항」의 작곡자이고 해군 군악대장인 스기야마 하세오(杉山長谷男) 씨의 비올라와 함께 일본 첫 콰르텟(현악 4중주단)을 조직하여 '하이든 콰르텟(하이든 현악 4중주단)'이라고 하는 이름으로 활동하고 있었다. 나는 내심

으로 음악 학교에 가고 싶은 생각도 있었지만, 그렇게는 되지 않았다. 갑3호 관사에 몰래 첼로를 반입하여 주말의 여가시간에는 창문을 닫고 연주를 즐기기도 했었다.

어느 날 카쿠슈인의 선배인 하야시 토모하루(林友春) 문관교관이 바이올린을 반입해 갖고 있다고 들었고, 또 다른 2명의 단기현역장교 (한 사람은 전후에 많이 활약한 피아니스트인 타무라 히로시田村宏 씨의 사촌인 타무라 대위가 피아노와 바이올린을, 시노다 대위篠田大尉가 비올라를 연주했다)가 연주할 수 있다는 것을 알고, 넷이서 주말에 중주를 하게 되었다. 창문을 꼭 닫고 하이든과 모차르트 등의 현악 4중주를 연주하면서 함께 즐겼다.

어느 여름 일요일, 날씨가 더워서 창문을 조금 열고 연주했더니, 소리를 들은 강경파 교관이「이 비상시에 음악이라니 무슨 일이야」라고 돌아다니면서 이야기를 해서 큰 어려움을 겪었다. 그만 둘까라고 생각했는데, 이노우에 교장이「비상시야말로 마음에 여유를 갖지 않으면 안 된다. 좋은 일이니까 많이 하시오」라고 하여서 안심이 되었다.

이노우에 교장 자신도 피아노 연주를 해서, 때때로 장교 집회소에서 피아노를 연주하고 있었다. 또한 가끔 무도장에서 구레(吳) 해군군악대의 오케스트라(군악대는 취주악뿐만 아니라 관현악도 했다)의 콘서트를 학생들을 대상으로 기획하기도 했다. 로시니의「윌리엄 텔 서곡」의 시작 부분에 첼로 4중주가 있는데, 그 예쁜 멜로디가 아직도 귓전에 남아있다.

「지휘관 선두(先頭)」의 정신을 함양하는

미센(彌山) 등산 경기

지도 무관인 나가하시 대령(永橋大佐)은, 정말 하나부터 열까지 세심하게 배려해 주었다. 매일매일 식사, 과업, 훈육의 왕복 등을 항상 함께 했다. 그의 관사가 갑3호 및 4~5 처마 끝에 있어서, 주말에는 자주 댁에서 맛있는 음식을 얻어먹었다. 부인 수제(手製)의 감성돔(黒鯛)의 우시오 조림(물에 끓여 소금으로 간을 한 것) 등등 대령의 가족과 함께 먹는 저녁식사는 혼자 생활의 외로움을 치유해주어서 정말 즐거웠다. 전후에는 그와 가족이 고생했지만, 내가 외지 근무 중에 부부 두 분이 다 작고하여 마음에 걸린다.

또한 이노우에 교장이 「매우 좋은 사람이니까 고용해 보라」고 해서 키노시타 슈조 종병장(木下周蔵従兵長, 해군에서는 하사관의 종병에는 '장'이 붙는다)을 보내주어서 관사에서 그에게 신세를 졌다. 다카야마(高山)에서 철공소를 경영하는 중소기업 오너로 소박하고 입이 무겁고 성실한 사람이어서 나를 잘 돌봐주었다. 담뱃대에 담배를 채워 피우고, 홀홀 불타고 남는 찌꺼기를 털어 버리는 그 모습이 매우 진귀한 광경이어서 지금도 많이 그립다. 전후 얼마 지나지 않아서, 다카야마 축제 때 불러서 집에 묵게 해주고, 아침식사에 호우바(朴葉, 팽나무) 된장국까지 만들어 줘서 매우 맛있게 먹었다.

매년 10월 중·하순경에 히로시마현(廣島縣) 가모군(加茂郡) 하라무라(原村)와 아키군(安藝郡) 야노쵸(矢野町) 야노군(矢野郡) 사카무라(坂村) 부근에서 육전(陸戰) 교련 야외훈련이 진행되었다. 비탈 경사가 심해서인지 증기 기관차 2대가 객차를 끌고 가는 것이 인상적이었다. 약 1주일 진행되어 하루 종일 관전했다. 이 근처는 송이버섯이 풍부하게 수확되어서, 저녁식사에 송이버섯이 가득한 전골이 나온 적도 있었다.

마찬가지로 매년 실시되는 훈련 중의 하나로 미센(彌山) 등산 경기가 있다. 미센은 529.8미터의 산으로 미야지마(宮島)의 최고봉이었다. 미센 등산 경기는「지휘관 선두」인 해군의 전통정신을 함양하는 군사학교의 맹훈련 중 하나이고, 우승 분대에는「선두첫째(先頭第一)」라고 쓴 우승 깃발이 수여되었다.

메이지 39년(1906년) 일러(日露) 전쟁의 승리를 기념해서 시작되었다고 알려져 있지만, 쇼와 19년(1944년)에는 9월 22, 23일 이틀에 걸쳐 열렸다. 쇼와 19년의 3호(76기)의 입학이 10월이어서 그 해의 미센 등산 경기는 3호 없이 진행되었지만 보통 3호(최상급이 1호, 다음 2호, 3호는 최하급생)가 4월에 입학한 직후부터 훈련이 시작되어, 약 40명의 분대 전원이 함께 미센을 뛰어 올라가는데 걸리는 소요시간으로 순위를 겨루는 것이다. 내화정(內火艇, 작은 배)으로 미야지마에 가서 관전했다. 미센 등반의 연습을 위해 에다지마의 후루타카 야마(古鷹山)에 뛰어올라가는 훈련도 반복되었고, 나도 한번 뛰어 올라갔다. 전후에 많은 시간이 지나고 나서 거기에 갔을 때는, 헐떡헐떡거리면서 힘들게 걸어 올라갔다.

군사학교는 이외에도 다양한 훈련이 있었고, 미야지마 원조경기(遠漕競技, 먼거리 조정경기)나 장거리 수영(遠泳)도 있었다.

**나는 특별하지 않다,
「젠장 지지 않겠다」라는 생각이 강했다**

가장 싫었던 것은, 밤 자습을 마치고 잠잘 무렵이었다. 아래쪽에 있는 학생관의 등불, 건너편의 에다우치(江田內)의 어화(漁り火, 고기잡이 불빛)와 노우미시마(能美島)의 불빛이 보인다. 애조를 띤 취침나팔 소리(소도~ 도미~, 소도~ 도미~, 소돗도도소미돗도돗미솟소소미도소~, 소돗도도소미돗도돗미솟소소미도솟소도~, 미솟소도~미~)는 아련하게 부모의 얼굴을 떠오르게 하고, 동기생과 함께 지낼 수 있는 입교의 날을 애타게 기다리게 했다. 전술(前述)한 바와 같이 해군성의 생각은 나를 76기로 넣는 것으로 생각하고 있었다. 그렇다면 준비교육은 10월까지 8개월이었지만, 내 나이에 따른다면 77기로 쇼와 20년(1945년) 4월에 입학하는 것이 자연스럽다. 개전(開戰) 저지를 위해 노력하였고, 일본의 패전은 당연한 일로 여기면서 종전(終戰) 공작에 분주했던 이노우에 교장은 「서두를 일이 아니다. 나이대로 77기에 들어가요」라고 해서 준비교육을 반년 연장해서 1년 2개월로 되었다. 그만큼 외로운 생활이 연장되었다.

황족의 장남으로 해군 입학은 당연히 정해져 있었던 것이지만, 나는 이러한 소위 특별취급을 싫어했다. 카쿠슈인 중등과 3학년 때 성적이 전부 '上'이었을 때 (일반학교의 성적은 갑을병정(甲乙丙丁)이었지만, 카쿠슈인은 上, 中上, 中, 中下, 下였다. 이러한 경우에는 전부터 그랬지만, 반드시 질투하는 동급생이 있었다. 「전하(殿下)는 특별한 거야. 선생님이 좋은 점수를 주는 거야」라고 했다. 나는 그때마다 「무슨 말이야. 나는 제대로 하고 있었기 때문에 이렇게 된 거야. 바보 같은 말을 하지 마라. 그럼, 너도 해봐」라고 말했다. 나는 특별하지 않고, 모두와 같은 것이다. '요까짓 것'이라는 생각이 강했다.

그러한 것으로부터 말하자면, 대단한 난관으로 불리는 해군사관학교에 무시험으로 입학한다고 하는 것은 뭐라고 말할 수 없는 심정이어서, 교관에게 특별히 부탁해서 다른 사람과 동일한 문제로 입학시험을 치렀다. 나 한 사람만 있는 교실에서 시간도 동일했다. 그랬더니「훌륭한 합격입니다. 차석입니다」라고 하는 말을 듣고 매우 기뻐했던 기억이 있다.

내가 응시했을 때, 실제로 응시한 사람은 3~4만 명 중에 합격자는 3,700명이고, 경쟁률이 약 10배 정도였다. 해군은 250분대가 있고, 250번까지가 선임(先任), 500번까지가 차석(次席)이라고 하고, 최상급생 1호 학생이 되면 선임은 분대(分隊)의 오장(伍長), 차석은 오장보(伍長補)가 된다.

황족은 오장도 오장보도 될 수가 없었기 때문에 역차별이라고 말할 수 있지만. 입학 후에도 동기 중 누군가가 바보짓을 하면, 공동 책임으로 중무장을 하고 대오를 짜서 연병장을 뛰게 시키기도 하고, 냉탕에 집어넣기도 했다. 장대 눕히기나 갑판 청소하기 이외에 다양하고 엄격한 훈련도 모두와 함께 해서 일체감과 안정감을 갖도록 한 것이었다.

이 장대 눕히기는 해군 전통의 경기 중 하나였다. 한 개의 장대를 밑 부분에서 꼭 움켜쥔 사람의 주위를 팔짱을 끼고 원형으로 둘러싸서, 어깨를 타고 고리를 만들고, 공격대는 타올라 와서 장대를 넘어뜨리려고 한다. 두 그룹으로 나누어서 실시해, 빨리 눕히면 승리하는 것이다. 3호는 제일 하단의 고리에서 견고하게 지키지만,

나는 공격대가 뛰어오는 쪽에 있었기 때문에 어깨와 머리에 뛰어 올라탈 수 있었다. 나의 선배 황족은 어깨와 머리가 밟히게 되기 때문에 경기를 하지 않고 견학한 사람도 있던 것 같다.

일본식 겸손은
국제적으로 마이너스 평가가 많다

이와 같이 다른 사람과 동일한 조건에서 시험을 보고 차석으로 합격한 것을 퍼뜨리는 것은 일본의 도덕성으로는 그윽함이 부족하다고 생각될지도 모른다. 나도 상당히 망설였지만 굳이 쓰기로 한 것은, 하나는 사실인 것, 또 하나는 이러한 일본적인 생각과 느낌은 나에게는 본연적(本然的)으로 자연스럽지만, 그 후에 외지 근무 경험에서 생각하면 국제적으로는 일본식 생각은 마이너스로 작용하는 경우가 많다고 생각하기 때문이다.

민주주의 경쟁 사회에서는 자기주장이 중요해지는 경우가 있다. 조금 극단적이라고 말할 수 있을지도 모르지만, 이런 예가 있다.

외지에 사는 일본인으로부터 듣는 이야기이지만,「우리 딸이 피아노 연습을 하고 있다. 아직 초보이지만」라고 했더니,「아 그렇다면 우리 딸이 피아니스트니까 가르쳐 줄까?」라는 말을 듣고, 잘 부탁해 라고 했다. 그런데 어찌된 일인지 그분의 딸은 겨우 초보자 정도의 교본(바이엘이 아닐지도 모르지만, 동등 정도의 책)을 끝낸, 얼마 안 되는 수준이었다고 한다.

일본의 따님 쪽은 서서히 쉬운 소나타라도 연주할 수 있는 단계인데, 마치 정반대였다. 이 단계에서 일본에서라면, 도저히 사람을 가르친다는 것은 터무니가 없다라고하는 말을 들을 것이다.

이 이야기는 좀 생각해 볼 필요가 있다고 생각한다. 그 나라에서 피아니스트라고 하는 것은 반드시 피아노의 프로단계를 의미하지 않고, 연주의 초보자도 보통 피아니스트라고 부르는 것 같다. 일본인이 일본식으로 겸손하게 초보라고 표현한 것을 그 나라 방식으로 생각하면 진짜 초보라고 해석했던 것이다.

그 나라 사람들은 생각하는 것을 숨김없이 솔직하게 표현하는 습관이 있어서 일본인의 깊이 삼가하고 겸손한 습관은 좋아 보이지만, 그 이면에 경쟁심이 숨어 있는 경우도 있다. 문화의 차이라고 해야 할 것이다. 나에게 말해 주었던 이 일본인은 이런 것을 생각하지 않고, 단순히 그 외국인을 교만한 사람으로 판단할지도 모른다. 일반적으로 일본인은 이러한 구미인의 솔직함을 오해할 경우가 종종 있는 것 같다. 조심하는 것이 좋다고 생각한다.

또한 이런 일도 있었다. 나는 해운회사에 근무하면서 약 15년간 해외근무를 했는데, 아이들 셋이 성장하여 학교에 다니게 되었다. 시드니에 있을 때는 일본인 학교도 있어 꽤 좋은 환경에서 교육시킬 수 있었고, 내가 수영 클래스의 감독을 맡기도 해서 조금은 좋은 관계도 유지했지만, 아이들을 현지 학교에 보내기로 했다. 모처럼 외지에서의 생활이기 때문에 현지 학교에서 배우게 해서, 현지인의 사고방식과 생활을 이해하는 것이 미래의 인격 형성에 유용하다고 생각했기 때문이다.

아들 둘의 학교는 모두 기숙사제도였지만, 수업 중 디베이트 (debate, 토론)라는 시간이 있어서, 클래스를 두 그룹으로 나누어

하나는 예스(yes), 다른 하나는 노(no)로 선생님이 문제를 내고 토론한다. 이 문제는 자신은 예스(yes)라고 생각해도 노(no)의 그룹에 들어가면 노(no)로 도리를 다하지 않으면 안 된다. 이 교육은 효과적인 논리 훈련이라고 할 수 있다. 다양한 회의 및 협상을 할 때, 말을 잘하는 사람 몇 명을 만났지만 이와 같은 연습의 결과겠지 하고 충분히 납득되었다.

전후에 국제회의에서 일본의 모습을 보면, 충분한 토론을 할 수 없어서 꼼짝 못 하게 되는 경우도 있었겠지만, 어떻게 보았는지 궁금하다. 구미인의 가정에 초대받거나, 잡담 자리에 들어가면, 자주 다양한 문제에 대해 논의를 하기도 한다. 정치(내정, 외교)의 문제도 자주 논의되고 있다. 일본에서는 이러한 경우가 적은 탓이 아닐까. 자기주장이라는 것이 일본문화에서는 익숙하지 않는 면도 있지만, 자본주의 경쟁 사회에서는 필요한 기술은 아닐까.

전함 야마토(大和)의 추억과
오키나와 특공(沖縄特攻)

해군 사관학교 입학시험 이야기에서 크게 벗어났다. 추가로 할 말이 많이 있지만, 일단 원위치로 돌아가기로 하자.

준비교육 종료가 다가왔던 쇼와 20년(1945년) 3월 말 무렵이었다고 생각하는데, 작은 배(内火艇)를 타고 토쿠야마(徳山)에 가서 전함 야마토(大和)견학을 했다. 야마토는 당시 세계 최대, 최신, 최고의 시설을 갖춘 전함이었다. 전함의 구석구석까지 견학했다. 이 야마토의 요목을 적어보자.

전장(全長) 263m 전폭(全幅) 38.9m

최대 속도 27노트 항속(航續)거리 16노트로 13334km

배수량 기준 6만 4000톤

배수량 시운전 6만 9000톤

배수량 만재 7만 2809톤

장갑(裝甲) 현측(舷側) 410mm

장갑 갑판 200~230mm

장갑 주포 방순(防盾) 650mm

장갑 함교(艦橋) 500mm

45구경(口徑) 46cm 3연장포탑(連裝砲塔) 3개

60구경 15.5cm 3연장포탑 2개

40구경 12.7cm 연장 고각포(高角砲) 12개

25mm 3연장 기관총 52개

25mm 단장(單裝) 기관포 6개

13mm 연장 기관포 2개

산과 같은 위용과 존재감. 46센티 주포(主砲)나 고슴도치처럼 늘어선 기관총, 거대한 기관(機關)에 압도되었다. 견학 후에 제2함대 사령장관인 이토우 세이이치(伊藤整一) 중장과 아리가 고우사쿠(有賀幸作) 함장, 그리고 고급장교가 죽 연이어 앉아 있고, 나는 이토 세이이치 장관의 건너편 자리에서 점심 대접을 받았다. 14~5명 또는 20명 정도 있었던 것일까. 함내(艦內) 상당히 큰 방이었다.

나는 전혀 몰랐는데, 특공출격 직전(출격은 쇼와 20년 1945년 4

월 5일)임에도 불구하고 겨우 16세의 아이였던 나에게, 최대한의 재료로 대접해 준 것이다. 지금 와서 생각하면 정말로 고맙고 소중한 시간이었다. 더 많은 이야기를 들었으면 좋았을 텐데, 아쉽고 미안하게 생각한다. 장관이나 함장의 얼굴이 희미하게 떠오른다. 프랑스 풀코스 요리를 맛있게 먹었다. 차가운 음료가 나왔는데 미성년자이기 때문에 와인이 아니라 옅은 진휘즈와 같은 것이었는지, 돌아올 때 배의 트랩을 내릴 때 비틀비틀거려서, 이것은 어찌된 일인가고 생각했다. 지금 생각해 보니, 일주일 정도 후에 오키나와 방면에 특공 출격한 뒤에 암호 전보가 연합군에게 해독되었기 때문에, 거함 야마토는 대대적인 폭격기 부대에 요격되어서 오키나와 500킬로미터 앞에서 침몰했다. 점심을 대접해 준 이토 중장과 아리가 함장, 그리고 많은 장교들과 약 3천 2백 명의 승무원 중에서 헤엄을 쳐서 살아남는 사람은 불과 200명 정도였으니 얼마나 큰 허무한 죽음이었나.

    이 야마토 승무원 중에서 헤엄쳐서 살아남은 2백명 중 대부분은 요함(僚艦)에 의해서 구조되었다고 생각하지만, 내 지인의 할아버지는 야마토 승무원으로, 헤엄을 쳤는데 구조 보트가 발견하지 못해서 며칠 동안 떠 있다가 작은 섬에 흘러 들어가서 살았다. 그러나 체력이 많이 소모되어 회복하는데 수년이 걸렸다고 한다.

    야마토 뿐만 아니라 승함(乘艦)이 격침되어서 헤엄을 쳐서 살아남은 이야기를 전직 해군 군인 몇 명에게 들었지만, 침몰한다고 바다에 뛰어들라고 할 때, 우선 전력으로 수영해서 함에서 가급적 멀어져야 된다고 한다. 그렇지 않으면 거대한 소용돌이에 말려 들어간다. 이 소용돌이는 큰 군함일수록 거세고, 휘말렸던 사람들의 이야기에 의하면 흰 거품 외에는 아무것도 보이지 않고, 겨우 떠올랐다는 것이었다. 심호흡을 해둔다든가, 수영을 잘하는 사람이라면 어떻게든 물 위에 드러날지도 모르지만, 극히 드문 일이 아닌가. 또한 수영을 잘 해서 살았다라고 하더라도, 수영에 자신이 있어서 먼저 간다 하고 가버린 사람들도 대부분이 섬에 도착하기 전에 힘이 소진되어, 유목(流木)이든, 뭐든지 있으면 그것을 잡는 것이 제일이지만, 적어도 우키미(浮身, 전신의 힘을 빼고 조용히 위를 보고 누워서 뜨는 법)로 떠 있는 상태로 조류에 흘러서 섬에 닿는 것을 기다렸다가 살아남았다고 들었다. 물론 함에 비치되었던 비상 보트를 탄 사람과 요함(僚艦)에 구조된 사람은 행운이지만, 좀처럼 그렇게 되는 경우가 많지 않았던 것이다.

몇 번이나 반복해서 말하지만, 이 야마토를 중심으로 한 잔함(殘艦) 조각을 모으기 위한 특공 출격을 했다는 것은 무슨 의미일까. 성공할 가망은 전혀 없는데 특공 공격을 진언하여 받아들이게 한 것과 무기도 없는데 맨손으로 출격해서 개죽음과 같이 옥쇄한 것을 포함하여 악마의 소행이라고 말하지 않을 수 없다.

태평양 전쟁 자체가 낭비고 무의미다. 전쟁은 어떤 것이라도 부정되지 않으면 안 된다. 일지사변(중일전쟁)의 비참한 양상을 보아서 알기 때문에, 철군해야 한다고 스기야마 전 육군 대신(杉山元陸軍大臣)에게 몇 사람이 진언했는데,「너희들은 후퇴하자고 말하나?」는 호통을 듣고 침묵했다는 이야기도 있다. 전후 70년이 지나는 동안 일본은 평화를 구가(謳歌)해 왔지만, 앞으로도 깊이 명심하고 신중한 정책을 추진하지 않으면 안될 것이다.

많은 장병의 목숨을 구한
이토우 세이이치(伊藤整一) 중장(中將)

여기서 특필하지 않으면 안 되는 것이 있다. 이토 세이이치 중장은 군령부에서 파견된 구사카 류노스케 중장(草鹿龍之介)으로부터 오키나와 특공명령의 계획을 듣고「개죽음이다」라고 의문을 던졌지만,「1억 특공의 선구가 되길 바란다」라는 말을 듣고 수락하고, 출격했다. 생존자의 이야기에 의하면 모두가 오키나와를 구원하겠다고 사기가 앙양되었다고 한다. 그리고 침몰이 확정되었을 때에는 이토우 중장은「작전 중지」를 명령한 다음에 개인실에 들어가서 안에서 자물쇠를 걸었다. 따라서 동행한 다른 함의 승무원과 구원받은 야마토의 승무원, 총 3천여 명은 개죽음을 면했다. 다른 옥쇄(玉碎) 지역에서도 이런 조치가 취해졌더라면 많은 군인들이 죽음을 면할 수 있었을 텐데.

이 야마토의 특공 출격에 한정하지 않고, 우선 개전을 결정하고 지령(指令)한 사람들, 전진훈(戦陣訓)을 만들어 항복하는 것과 포로가 되는 것을 금지한 사람, 특공 공격을 기획하고 결정하고 명령한 사람들. 무기도 식량도 없는데 옥쇄(玉碎)를 주장한 사람, 그리고 귀중한 인재를 헛된 죽음으로 내몬 사람들, 이 사람들 중에서 전후(戰後)에 입을 완전히 봉하고 피하면서, 그 책임을 지지 않고 활개를 치며 돌아다녔던 무리. 이 사람들을 결코 용서할 수 없다.

이 사람들과는 별도로 의외(意外)로 맹점(盲點)이 되어 논의되고 있지 않지만, 전시의 대세(大勢)에 영합(迎合)하는 것을 생각해보지도 않고 빠져 나가서, 전후에 이르러서는 아무것도 가담하지 않았던 것처럼 지내온 사람들이 많이 있다.

그런 한편 오키나와 특공 작전 중단을 명령해서 많은 장병의 목숨을 구한 이토우 중장과 같은 사람도 있다. 이런 사람들이야말로 죽어 사라진 것이다. 이것은 도대체 어떻게 된 것인가.

다만, 동시대를 살았던 인간의 실감으로 되돌아보면「전쟁에 가서 죽는다」고 하는 것은, 그때는 당연한 감각이었다고 생각한다.

해군 사관학교에서도 드러내서 특공 이야기를 한 기억은 별로 없지만, 그러나 머지않아 언젠가는 전쟁터에서 죽는 것이겠지 라고 하는 생각은 특별히 이상한 이야기는 아니었다. 특공 출격된 사람들도 그러한 각오는 가지고 있던 것이다. 그렇지 않으면 좀처럼 아무렇지도 않게 갈 수 있는 것은 아니라고 생각한다. 그것과 관련하여 이 전쟁에서 목숨을 잃은 많은 군인이나 민간인이나 당사자들은, 나라를 위해서라는 것을 납득하고 있던 사람도 있었겠지만, 왠지 큰 손실이었다고 말하지 않을 수 없다.

오키나와 사람들에 대한 심려 깊은 생각도 했다. 오키나와에서의 전투가 심각한 상황이 되었을 때, 나가하시 대령(永橋大佐)이 자택에서 오키나와 출신의 재학생들 몇 명과 나를 불러 함께 밥을 먹은 적이 있었다. 오키나와 출신자들을 위로하고 싶다는 것이었다. 그 후 수십 년이 지나서 그 중의 한 사람과 만났을 때,「그 때 일부러 오키나와를 생각해주었던 것을 지금도 기억하고 있습니다」라고 말했던 것이 깊은 인상으로 남아 있다.

야마토 전함에 대한 또 다른 추억이 있다. 초등학교 6학년 때 아버지가 구레(呉) 군항 소속 야쿠모(八雲)의 함장이었고, 가나야(金谷) 비누의 가나야 사장 소유 주택을 빌려서 관사로 사용했고, 여름 방학, 겨울방학을 아이들과 함께 구레에서 보냈다.

이 관사는 산 중턱에 있어, 어느 날 뒷산에 오르려고 집을 나왔더니 많은 수병이 길을 막아서 오를 수가 없었다. 그런데 어린이로 봤는지, 아니면 야쿠모 함장의 아들임을 알았는지, 결국 통과하게 해줘서 정상에까지 올라가 항만을 내려다보니, 정확하게 야마토 진수식(進水式)을 할 때였다(물론 나는 몰랐다. 나중에 아버지에게 들어서 알았다). 조선소에는 야마토가 보이지 않도록 큰 벽이 만들어져 있었지만, 그 앞에는 큰 군함의 머리가 보였던 것이었다.

「사관에게 자유재량(自由裁量)이 가장 중요하다」
이노우에 교장의 교육방침

이 정도로 준비 교육에 대한 이야기를 끝내기로 한다. 그리고 입학 후의 이야기로 옮기기 전에 이노우에 교장의 교육 방침에 대해 요약해 두고 싶다.

이노우에 교장은 쇼와 19년(1944년) 8월 5일에 해군 차관(次官)으로 전임되었기 때문에 2월 7일에 에다지마에 도착한 나와는 정확하게 6개월 겹쳤다. 그 교육 정책은 적어도 나의 준비교육기간 중의 마무리 반년 동안, 변함없이 계속되었다고 생각한다.

이노우에 교장은 사관학교 생활의 추억을 다음과 같이 이야기하고 있다.

「에다지마 생활을 전체적인 그림으로 보면, 왠지 귀족적인 향기가 있었다. 사관학교 생활에는 리듬과 조화, 그리고 시와 꿈도 있는 삶이었다」

전후에 영어 학원을 열고, 교단에 서는 이노우에 시게요시(井上成美) 선생님

 우리 집에도 왠지 자유의 향기가 있었던 것처럼 생각하지만, 해군의 전통으로서 영국 해군의 영향도 있고, 신사정신과 노블레스 오블리주 정신의 존중이라는 것이 저류로 있었다고 생각한다. 이노우에 교장은 스위스와 독일과 프랑스 등, 유럽의 각 대사관에 있는 동안 유럽 사람들의 기질 등에 대해 연구하고, 제1차 세계 대전 때, 영국 상류계급의 사람들이 얼마나 용감하게 싸웠는지를 듣게 되어 공감하고, 이런 정신을 사관학교 교육정책에 명확하게 반영하였다.

 교장은 「사관이라는 것은 무엇을 어느 정도 언제 어디서 어떻게 해야 하는가를 스스로 생각하고 결정하지 않으면 안 된다. 즉 사관에게 자유재량이 가장 중요한 것이다」라고 말했다. 전황이 어려울 무렵에 일부 영어 폐지론이나 군사학 우선 강경론이 있는 가운데, 가능한 철저한 보통학(일반교양) 교육을 주장한 것도 이런 생각에서 근거한 것으로 보인다.

그는 「사관이 올바른 판단을 하기 위해서는 좌우로 편광(偏光)하지 않는 전통적인 학문을 먼저 학생들에게 주지하지 않으면 안 된다」고 말했다. 그래서 당시 극구 칭찬을 받고 있었던 황국사관(皇國史觀)의 중심인물이었던 도쿄 대학 히라이즈미 키요시(平泉澄) 교수를 해군성 교육국이 학생교육을 위해서라고 칭하여, 종종 보내오는 것에 대하여, 막무가내로 강연을 학생들에게는 들려주지 않고, 교관에게만 듣게 했다. 편향된 부분은 학생들에게 전달하지 않도록 지시했다. 또한 육군사관학교가 입학시험에서 영어를 배제시켰으나, 그는 사관학교에서 전술한 바와 같이 계속 영영사전으로 영어만을 사용하는 수업을 진행시킨 것 등은 특히 주목할 만하다. 모든 것을 정품(正品)으로 하는 것이 교육에서는 중요하다는 생각을 견지하고 있었다.

그 당시 군사학을 우선으로 한시라도 빨리 가르쳐서, 실전에 도움이 되는 졸업생을 내보내는 것을 주장한 해군요로(要路)의 사람들과 충돌한 경우가 많았던 것 같다. 세계정세의 판단이 정확하고, 종전공작(終戰工作)에 머리가 아프고, 일본의 패전이 가까운 것을 감안하고 패전 후에 일본의 부흥을 위한 인재를 양성하지 않으면 안 된다고 생각하는 사람이 있었지만, 그렇게 생각하면 납득이 간다. 투철한 판단력과 뛰어난 지혜를 가진 사람은 이러한 사람을 말하는 것이다.

이노우에 시게요시 교장은 전후에는 요코스카(橫須賀)의 구(舊)

군항이 내려다보이는 절벽에 있는 양옥의 집에 은거하고, 세상에 나와서 활동하자는 권유를 일체 거절하였다. 사실은 가장 책임이 없는 분인데, 오늘날의 일본을 만든 책임이 무겁다고 했다(일본을 전쟁으로 이끈 무리가 활개를 치고 활약하는데). 결핵에 걸린 병약한 따님(군의관이었던 남편은 전사했다)을 간호하고, 외손자를 돌봐주고, 부인이 돌아가신 후에는 혼자 모든 것을 다했다고 한다.

마을 아이들을 모아 영어를 가르쳤지만 수업료는 절대 받지 않고, 극빈생활을 하였다고 한다. 옛 해군 학생들이 자발적으로 도우려고 해도, 방지(芳志, 남의 친절한 마음)는 받으려고 하지 않고 정말로 깔끔한 후반 인생을 지내신 것 같다. 나는 회사생활의 바쁨에 휩싸여 (이것은 변명이 되어 버리지만) 그의 이러한 모습도 알지 못했다. 생전에 방문했었더라면 좋았을 텐데 하는 후회의 감정이 계속 이어지고 있다.

해군사관학교
입교식의 소감

쇼와 20년(1945년) 4월 10일에 드디어 입교식을 맞이하게 되었다. 이 날은 쾌청하고 벚꽃도 만발한 시기에 동기생을 만나서 너무 기뻤다. 지금도 정경이 떠오른다. 그 무렵에 입학의 소감이라는 것을 적었다. 무엇을 위해, 누가 말해서 썼는지 기억은 없지만, 16세의 한 사람의 군국소년(軍國少年)이 나라를 위해 후방의 사람들을 위해 싸우지 않으면 안 된다. 일본은 절대로 이길 것이라고 자기 나름대로 믿고 있는 (믿게 된) 한 군국소년이 쓴 것으로 좀 놀랍지만 흥미가 있다. 기록으로 적어 두자.

「1년 1개월 동안의 준비 교육을 종료하고 지금 기쁘게 학생이 되었다. 이보다 더 큰 기쁨이 있을까. 이제 지난 1년 여 동안 얻은 것을 단호히 발휘할 때가 왔다. 학생생활의 유쾌함은 또 각별해서 강우(降雨) 아래에서의 수상작업(水上作業)과 같이 바로 남자로서의 보람을 느낀다. 얼마나 오랫동안 오늘의 삶을 동경하였는지 모른다. 보라! 내 주위에 삼천의 전우가 있다.

오늘의 생활, 이것이 당장 전투에 통한다는 것은 아니라고 해도, 이미 오늘 학생 모두가 전투 배치에 올랐다. 우리는 대군(大君, 군주의 높임)을 위한 황족인 해군장교로서의 맡은 임무를 확실히 하고, 나라를 위하여 순직하고, 국민의 모범으로 될 뿐이다. 지금 오키나와 상공에 먹구름이 끊임 없다. 폐하를 위해, 또 국민을 위해 대신 제 목숨을 바칠 수 있게 해달라고 모든 신(天神地祇)에게 기도할 뿐이다.

돌이켜 보면, 황족의 본분은 국민에게 천황의 위광(威光)을 확실하게 알려 궁궐(大內山)을 측근으로부터 수호하고 모시는 일이다. 그래서 백성보다 수십 배 수양의 노력을 할 수밖에 없다. 나는 앞으로 에다지마 생활에 전심전력을 다하고 몰두할 각오다.」

즉시 오오하라(大原) 분교(본교 못지않은 규모지만, 속성교사速成校舍의 분교. 지금은 철거되고 없음) 오(オ) 101분대에 배속되었다. 오 101분대는 오오하라의 1부(一部)의 1분대(一分隊)라는 뜻이다. 하나의 부(部)에 10분대가 소속되어 있고, 에다지마 본교에는 9개의 부가 있어서 에(エ)○○○분대, 오오하라 분교에는 8개의 부가 있어서, 오(オ)○○○분대로 불렸다. 이 밖에 이와쿠니(岩国) 분교와 마이즈루(舞鶴) 분교가 있었다.

나의 입교는 4월 10일이고 77기생이라고 하지만, 8월 15일 종전까지 4개월에 불과하다. 그러나 매일 매일이 다른 날처럼 다양한 일이 일어나서 아직도 선명하게 기억되어 있다. 같은 갑판 위에서 죽으라는 동지 의식이 아직도 남아있어서 지금도 동기생들끼리 무슨 일이 있으면 같이 모이고 사이좋게 지낸다.

뒷날의 이야기이지만, 패전 후 20년 정도 지나간 어느 날, 내가 일하던 가와사키 기선(川崎汽船)의 도쿄 직장, 그 직장에 동기생 중 하나인 고우노(紅野) 군이 찾아왔다. 그리고 지금까지의 동기생들은 진학이나 취업, 전후의 혼란, 식량난 등으로 인하여 동기회의 부활까지는 못했지만, 이제 서서히 정기적인 활동을 시작하면 어떨까라고 하는 단계에까지 이르렀다. 나는 그렇게 하는 것이 좋을 것이라고 말은 했지만, 반응이 한 발짝 둔해서 고우노 군의 기대에 부응하지 못한 것이 아닌가 싶다. 그 이유는 나중에도 쓸 생각이지만, 일본을 패배로 이끈 큰 흐름에 책임이 있는 곳은, 약화된 정치 활동, 견고한 특고(特高) 경찰을 포함한 거대한 관료제 외에도, 그리운 존재이긴 하지만 해군도 포함된다고 생각했기 때문이다.

그러나 입교 때 함께 있기를 그렇게 애타게 기다렸던 동기생들과 전국총회나 각종 친목회나 놀이모임 등에서 행동을 같이하는 동안에, 그들은 내 인생에 없어서는 안 될 존재가 되었다.

1호 학생의 설교(說敎)와
철권제재(鐵券制裁)

먼저 입교 첫날 분대에 배속된다. 분대는 3등급(클래스)으로 나누고 최상급생이 1호, 다음에 2호, 그 다음에 최하급생이 3호 학생이고, 각각 10~15명으로 구성되어 있다. 자습실에 들어가 먼저 성명신고(姓名申告)가 시작되었다. 출신 학교와 성명을 큰 소리로 신고하지만, 한 번에 통하지 않고 1호 학생의 꾸중으로 큰 충격을 받아서, 그리 쉬운 일은 아니다. 학생이 된 안도감과 자기만족을 빼앗는 이른바 속세의 기운을 빼내는 처방전이라고 할 수 있다.

다음날부터 교과 과정에 따라 과업(課業)과 훈육(訓育)이 시작되었다. 처음에는 주로 보통학(일반교양), 그 외에 연병장에서 줄지어 수기신호, 무선통신(톤쯔, 모스 부호) 연습이 있었다. 그 당시는 모두 외웠었지만 지금은 거의 잊어버렸다.

생도관(生徒館, 학생관) 등을 통행할 때는 양손을 모아 빨리 종종걸음치고 계단을 오를 때는 두 계단씩 뛴다. 스스로는 만족스러운 자세라고 생각해도 가끔 1호 학생에게 「잠깐」이라는 말을 듣는다. 1호 학생이 하급생 앞에 와서 설교한 후에 하급생은 철권제재(기합)를 받는다. 전쟁 말기 시절에는 철권제재는 가급적으로 하지 말라고 했는데, 상황에 따라서는 상당히 엄하게 행해졌던 것 같다. 해군 생활을 익숙하게 시키기에는 가장 빠른 방법일지도 모르지만 찬반양론이 있었던 것 같다. 하지만 진지하게 생각해주고 있던 1호 학생도 많았겠지만, 재미삼아 했던 학생이 없었다고는 말할 수 없을 것이다.

나의 경우 가슴 명찰에 「쿠니아키 왕(邦昭王)」이라고 적혀있는 것을 보고 「손이 뻗어 있지 않다」거나 「자세가 나쁘다」라고 설교 한

해군 사관학교 사업복(事業服). 일상의 과업(課業)을 할 때는 이 옷을 입었다.

오하라(大原) 분교의 비석(碑石). 오하라 분교는 전후에 건물이 철거되어 현재는 비석만 서있다.

후, 훈방되는 경우가 많았다. 전후에 직장생활에서 임원이 되고 나서 우리 회사의 고객을 방문했을 때, 어디선가 본 듯한 얼굴이라고 가만히 생각했더니, 그 1호 학생 중의 한 사람이었다. 오랜만에 인사를 교환하고 반대로 대접을 받은 적도 있었다.

갑판 청소는 엉거주춤한 자세로 큰 걸레를 좌우로 밀고 간다.「돌아라」「돌아라」라는 호령으로 앞뒤로 왔다 갔다 하는 것이 꽤 어려운 일이었다. 교련에서는 포복전진해서 진흙투성이의 가슴에서 단추가 떨어지기도 했다. 또한 장대 눕히기도 매우 힘든 것으로, 하루가 숨 쉴 틈 없이 지나갔다. 저녁식사 후에 자습은 1호 학생이 가장 뒷줄이고, 오장(伍長), 다음에 오장보(伍長補) 순이고, 그 앞줄에 2호 학생이 선임(先任) 순으로, 가장 앞줄에 3호 학생이 착석하여 조용하게 시간을 보냈다. 자습 끝나기 5분 전부터 3호 학생이 한 명씩 순서대로 5성(五省)을 외친다. 5성이라는 것은 해군 전통의 반성의 문구라고 할까?

　　하나, 지성(至誠)에 위배되(悖る)는 점은 없었나?
　　하나, 언행 불일치한 점은 없었나?
　　하나, 정신력이 충분했는가?
　　하나, 충분히 노력했는가?
　　하나, 마지막까지(亘る) 충분히 노력했는가?

이상의 5구이지만, 모토루(悖る)는「반하다」이고, 와타루(亘る)는「계속하다」는 의미이다. 전후에 미국 아나폴리스 해군 사관학교의 교장이 일본에 와서 5성 이야기를 듣고 매우 감동해서 아나폴리

스에서도 도입하려고 했다던가? 사실 어떻게 되었는지는 모르지만.

〈참고〉

아나 폴리스에서 도입 게재하고 있는 다섯 성(省)의 영어 번역

Hast thou not gone against sincerity?

Hast thou not felt ashamed of the words and deeds?

Hast thou not lacked vigour?

Hast thou exerted all possible efforts?

Hast thou not become slothful?

방공호(防空壕) 만들기, 그리고 적기 내습(敵機來襲)

그리고, 왠지 쓸쓸한 취침 나팔소리로 잠자리에 든다. 순검(巡檢).

적는 것을 빠뜨려 버렸지만, 목욕은 3호 학생은 마지막으로 한다. 알몸이고, 수건으로 앞을 감추지 말라. 알몸으로 당당하게 해라.

일요일에는 외출이 허용되서, 교관의 관사를 방문하거나 클럽에 가거나 등등 했다. 내가 놀란 것은 준사관(準士官)(병조장(兵曹長))의 아래, 하사관(下士官)의 위라는 계급으로, 나가서 걸어 다닐 때 간호부(지금은 간호사(看護婦)의 '婦'가 '여자'라는 뜻)라고 말하지 않으면 안 되지만, 당시는 전부 여성이었으니까 별로 이상할 것이

없는 셈이다) 집단과 우연히 만나 대장격인 간호부가 「보조를 맞춰라. 머리를 오른쪽에」라고 호령을 내려서 내가 당황해서 답례를 한 적이 있었다.

일요일에 외출에서 돌아오면 군가 연습이 있었고, 군가의 책자를 왼쪽 손에 높이 들고 보조를 맞추면서 원(圓)으로 행렬해서 연병장을 돌았다. 아, 이제부터 또 일주일의 거센 파도를 헤쳐 나간다는 일종의 비장감(悲壯感)이 있었다.

다양한 훈련 중 강한 인상을 받은 것으로는, 신도우야마(真道山)의 야간기습 상륙육전훈련이 있었다. 총원(總員, 모든 사람)이 기상나팔로 벌떡 일어나 커터(보트)에 뛰어올라 타고, 건너편의 노우미시마(能美島)로 간다. 올(Oar, 보트의 노)의 물보라 때문에 야광충(夜光蟲)이 녹색으로 빛나서 적에게 보여지는 것은 아닌가 하는 염려도 있었지만, 섬에 상륙하여 신도우야마 정상을 향해 쳐들어가는 작전이다. 그러나 계곡이 깊고, 산길의 요소요소에는 교원이 가상의 적으로 매복하고 있었고, 대부분은 전사하게 된다.

5월 5일부터 구레(吳), 히로시마(廣島) 방면에 B29가 내습했다. 방공호 만들기는 2월부터 시작되었지만, 5월 27일 해군 기념일부터 3조 3교대 24시간 연속 작업으로 구멍 파기가 시작되었다. 과업훈육(課業訓育)은 변칙적으로 될 수밖에 없었고, 3개조로 나눠서 곡괭이질을 했다. 하늘을 관측하는 육분의(六分儀)를 이용하여 갱(坑)의 입구 위치를 정하고, 그 후에 측량은 육분의로 했다. 산은 화강암으로 곡괭이가 잘 들어갔지만 물이 많이 나와서 낙반(落盤)으로 위험했다. 결국, 6월 28일 9시 10분경에 걱정이 사실이 되어, 76기의 이하라 미키오(井原幹雄) 학생이 매몰되어 중상(重症)을 입고, 구레 해군병원에서 순국했다. 내 근처에서도 낙반 때문에 목까지 묻힌 학생이 있었다. 모두가 협심하여 구조한 적이 있었다.

적기 내습이 치열해짐에 따라 사관학교 실습용인 고각포(高角砲)와 기관총 등까지 모두 실전을 위해 배치되었다. 고텐야마(御殿山)와 와시베야마(鷲部山)와 만도우야마(マンドウ山)라는 작은 산까지 방공 포대가 만들어졌다. 함재기(艦載機)가 내습하면 방공호에 대피하지만, 어느 날 내가, 분대에서 떨어져서 방공호의 지정 위치가 아닌 곳에 있었다. 그래서 내 소속인 오(才) 101분대의 나카지마 오장(中島伍長)이 걱정되어서 나를 찾고 있을 때, 그때 마침 적기에게 습격을 받아 기관총 총알이 바로 옆을 다다다, 하고 스쳐갔다고 한다. 나중에 알고 미안한 짓을 했다고 생각했다.

해먹 넘버
(해군 사관학교 졸업 석차)에 대하여

덧붙여서 해군에 해먹 넘버라는 것이 있었고, 사관학교에서 학술 점수와 훈육 점수의 종합처리로 1번부터 번호가 붙여져서 졸업 시의 번호가 일생 붙어 다닌다. 군령승행(軍令承行), 즉 지휘권의 계승서열(繼承序列)을 위해 필요하다는 것인데, 감정적으로 약간의 흔들림이 없는 것은 아니었던 것 같다. 어쨌든 나카지마 오장(中島伍長)은 75기의 2번(エ 101 분대 오장, 다음에 오才 101 분대 오장, 오장을 한 바퀴 돌고, 오장보伍長補라는 식)이었고, 이노우에 교장은 1번이었다. 나카지마 오장에게는 정말 신세를 많이 졌다. 지금도 이와쿠니(岩国) 지역에 건재(健在)하시고, 야마모토 이소로쿠 대장(山本五十六大将)과 사쿠마 함장(佐久間艦長)에 대한 그의 저서가 있다.

덧붙여서 황족 중에도 실질적으로 수석(1번)이 있었다. 황족에는 번호가 붙지 않고 진급 1번과 동시였기 때문에 '실질적으로' 라고 썼지만, 그것은 나의 백부인 후시미노미야 히로야스 왕(伏見宮博恭王)의 셋째 아들 가죠 후작(華頂侯爵) — 황족의 차남 이하는 특별한 사정이 없는 한 신적강하(臣籍降下)했지만, 차남은 후작, 삼남 이하는 백작이 되었다. 전후생(戰後生)인 사람들은 잘 모를지도 모르지만, 전전(戰前)에는 화족(華族)제도가 있었고, 공작, 후작, 백작, 자작, 남작으로 나누어져 있었다. 또한 가죠(華頂) 후작은 삼남이지만, 특별한 사정으로 차남인 형이 가죠노미야(華頂宮)를 잇게 되었는데, 요절하여 그 뒤를 잇게 되기 때문에 삼남이지만 후작인 셈이다 — 이고 52기였다. 다카마츠노미야(高松宮)와 동기지만, 성적은 1번이고 마라톤도 항상 1등이었다고 한다.

황족은(신적강하한 사람이 어떠했는지는 모르지만) 클래스 헤드(사관학교 각 클래스의 최고 선임자)와 함께 진급했다. 육군의 황족은 동기 1번을 뛰어넘어 승진해서, 아버지의 1급 위(한 살 위)의 분은 나의 아버지가 소령(少佐) 시절 이미 대령(大佐)으로 되었다. 균형이 잡히지 않아 곤란하다고 해서 쇼와 17~8년(1942~3년) 무렵부터 아버지는 클래스 헤드를 뛰어넘어 승급해서 클래스 헤드가 대령인데 중장(中將)이 되었다. 해군의 특별 취급은 가급적 삼가한다는 좋은 습관을 유지하는 편이 좋다고 나는 생각하지만.

8월 6일의 섬광(閃光)과 폭발(爆發)

흰 보라색 버섯 구름, 땅울림

이 무렵에는 이미 연료도 얼마 남지 않아서, 출격할 수 없는 전함이 구레 군항을 중심으로 여러 군데 정박했는데 나무를 길러서 위장하고 있었지만, 정찰(偵察, 스파이의 보고?) 때문에 발견되어 7월 24일에 적군기(敵軍機) 다수가 내습했다. 급강하 폭격을 당해 에다우치(江田內)에 정박중인 중순양함(重巡洋艦)인 오오요도(大淀)와 도네(利根)가 좌초하여 전복되었다. 도네는 오오하라 분교 눈앞의 해안 타카다(高田)의 바닷가 앞에 정박하고 있었지만, 과감하게 응전했다. 격추당한 적기도 있던 것 같지만 결국 좌초하고, 적기가 사라져 방공호에서 나왔더니 수많은 전사자와 전상자가 운반되는 것을 보고 알았는데, 왜 대피하지 않았는가 생각했다.

7월말이 되어 공습, 불볕더위 속에 밤낮의 방공호 구축 작업, 육전 특별 훈련, 그 이외에도 식량 부족으로 인한 영양 부족 등으로 몸을 해치는 학생들이 늘었고, 게다가 B형 파라티푸스가 오오하라 분교에서 발생해서 구레 해군 병원에 입원하는 학생이 100명을 넘었다. 7월 24일에 마침내 오오하라 507 분대 3호 학생인 마쓰바라 키요시(松原淸) 군이 사망했다.

나는 일요일 외출 중에 파라티푸스 발생이 구레 해군 병원에서 발표되어서, 오오하라에 돌아갈 수 없게 되어 본교 902 분대에서 임시 과업을 받게 되었다.

왜 본교 902분대였는지 명확히 모르겠지만, 분대 간사(幹事)인 야마모토 교관(山本敎官)이 나의 준비 교육 시대의 교관 중 한 명이었기 때문일지도 모른다. 동기 3호 학생의 선임(先任, 분대 동기의 헤드)인 오오누키 미노루(大貫稔) 군과는 방공호에 뛰어들 때라든지 여러 가지 행동을 같이했지만, 전후에는 의사가 되어 병원과 양로원이나 복지를 메인으로 하는 대학을 만들기도 하면서 활약했다. 그의 요청으로 그 대학에서 2년 정도, 나의 신궁(神宮) 등의 경험을 이야기한 적이 있었다.

8월 6일 8시를 지나서 교실로 가고 있을 때, 히로시마에 원폭이 투하되었다. 무엇이 먼저인지 기억은 없지만 섬광과 폭발, 그리고 흰 보라색 버섯구름과 쿵하는 땅울림. 즉시 방공호로 대피하였고, 물리과목의 테라다 교관(寺田教官)이「저것은 액체 수소 폭탄일 것이다」라고 말하던 것을 기억하고 있다.

어떤 상황이 일어났는지 전혀 몰랐는데, 히로시마의 피해 상태가 전해져 오면서 대단한 일이 일어났다고 모두가 이야기를 했다. 그 당시에는 원폭의 직접 피해 외에, 현재까지 끝이 없는 핵 비산(飛散)에 의한 커다란 비인간적인 피해에 대해서는 대부분의 사람들은 예상할 수가 없었고, 그 때문에 히로시마 출신의 학생들을 일시 귀휴(歸休)시켜서 자택의 상황을 보도록 조치한 것 같다. 단시일이었다고 해도, 핵폭발 후의 방사선 피폭에 의한 피해는 어떤 것이었을까.

전혀 무고한 비전투원의 사람들을 순식간에 대량 학살하고, 오늘에 이르기까지 핵 피해의 후유증을 남긴 이런 살인 무기는 결코 허용되어서는 안 된다.

「왜 이렇게 된 겁니까」
아버지에게 터뜨린 분노

나가사키(長崎) 원폭 투하에 따라 종전. 9월 20일에 바깥 부두에서 작은 배(內火艇)의「모자를 흔들어」로 환송받으면서 학교를 떠났다.「모자를 흔들어」란 해군에서 전근이나 졸업 때에, 기차나 배로 떠나는 사람을 군모를 흔들어 보내는 것이다.

학교에 왔을 때 커터로 맞이해준 우지나 항(宇品港)에 도착해서, 원폭 투하 2주째인 히로시마 시내의 역으로 향했다. 곳곳에 건물의 잔해가 있을 뿐, 온통 타버린 들판. 계속 에다지마에 있었기 때문에 도쿄 등의 피폭 상황은 몰랐지만, 얼마나 끔찍한 일이 일어났을까 하는 참으로 암담한 생각이었다. 역장은 살아 있었지만 머리에 붕대를 감고 있었다. 나도 짧은 시간이었지만 핵폭발의 피해를 입었을 것이다.

그 역장에 대해 오랫동안 신경이 많이 쓰였다. 전후에 상당히 시간이 지나고 나서 어느 교관이 구(旧) 국철의 사람으로부터 그때의 히로시마 역장이 잘 지내고 있다고 듣고 나서 겨우 안심이 되었다. 원폭의 열선(熱線)에 의한 직접적인 사상(死傷)뿐 아니라, 2주 후에서 1~2년, 또한 수십 년에 걸쳐서 방사선 피해로 사망한 사람들이 끊이지 않는다.

종전 당시에 나의 시부야에 있던 미야시로 쵸의 집은 전쟁 중 실화(失火)로 불에 탔지만 전화(戰火)는 입지 않았다. 그러나 아버지는 연합 항공대 사령관으로 후지사와(藤沢) 항공대의 사령부에 있었고, 관사에 살고 있었기 때문에 부랴부랴 그곳으로 돌아갔다.

나는 곧 군적(軍籍)을 떠났지만, 아버지는 잔무 정리 등 여러 가지 일거리가 많았을 것이다. 언제였는지 기억이 안 나지만 도쿄의

종전 직후의 쇼와 20년(1945년) 9월에 촬영된 신바시(新橋)역. 온통 타버린 벌판이고 선로에서 멀리 내려다 볼 수 있는 참담한 광경이 펼쳐져 있었다. (사진 제공 : 미군 촬영)

집으로 돌아왔다.

나는 멍한 나날을 보냈다. 지금 와서 생각하면 이상한 일인데, 어떻게 믿고 있었는지 신기하지만, 「일본은 신국(神國)이다, 대동아 공영권(共榮圈)을 만들기 위한 전쟁이다, 반드시 이긴다, 그것에 도움이 되기 위해 싸운다, 몸을 바칠 거다」라고 믿고 있었다. 그 당시에 대부분의 소년들은 이러한 군국소년이었다. 교육 효과의 무서움, 그리고 눈앞에 닥친 패전의 끔찍한 현실. 도대체 어떻게 된 셈인가.

당분간은 침식(寢食)도 잊고 그것만을 생각했다. 이 대단한 피해, 엄청난 전사자, 민간인의 사망자는 도대체 무엇 때문인가. 아무 의미가 없는 죽음, 자산의 상실, 게다가 전사자의 절반은 아사자(餓

死者)라고 하지 않는가. 투항을 금지한 전진훈(戰陣訓)에 의해 강요된 옥쇄, 인간성을 무시한 특공. 생각하면 생각할수록 이 전쟁의 무의미함을 느낀다. 그리고 죽은 사람들에 대한 생각. 전쟁에서 죽는 것은 당연하다고 생각했던 만큼, 가치관이 180도 바뀌는 것 같은 충격이 한꺼번에 밀려왔다.

왜 개전을 저지할 수 없었는지, 황족은 무엇을 하고 있었는지 아버지에 계속 물고 늘어진 적도 있었다.

「왜 이렇게 된 겁니까. 아무런 말씀도 하지 않았습니까?」

그런 말로 아버지에게 직접 부딪쳤다. 아버지는 곤란해 하셨던 것 같았다.

「알고는 있었지만」

아버지로부터 그런 대답이 있었던 기억이 있다.

지금 와서 생각하면 아버지도 충분히 알고 있는 것이었으나, 아들인 내가 물고 늘어지자 「아, 결국은 당해버렸구나」라는 생각이었을 것이다.

왜 황족이 전쟁을 만류할 수 없었던 것일까

메이지 초기 번(에도 시대에 다이묘名의 영지) 주도의 파벌 정부의 의향이었는지, 황족은 정치에 간섭하지 못하도록 군인이 될 것을 강하게 요구하여, 특히 장남에게는 의무화가 되었다. 그렇게 된 원인으로 증조부 아사히코 신노(朝彦親王)가 평화를 원하는 고우메이 천황의 뜻을 받들어 공무합체(公武合體)를 위해 노력한 것 때문에, 그들 번(藩)으로서는 파벌 정부의 생각에 반하여 정치에 개입했다며 재발을 막으려고 했을지도 모른다.

그러나 다른 한편으로 육·해군의 대세(大勢)가 정치를 좌지우지하고, 언론을 통해 국민 대중을 전쟁의 방향으로 이끌어 갔으니까, 군의 정치 개입을 허용한 것은 누구의 책임인가. 정부는 도대체 무엇을 하고 있었는지 의문이다.

당시의 황족은 큰 권위를 가지고 있었기에, 진지하게 전쟁의 저지를 위해 움직였다면, 흐름이 바뀌었을지도 모른다. 그러나 정치에 개입하지 말라고 하는 것이 머릿속을 차지하고 있었으면 좀처럼 움직이지 않았을지도 모른다.

나시모토노미야 모리마사 왕(梨本宮守正王)은 전범으로 지명되어 스가모(巢鴨)에 수감되었다. 이츠꼬 왕비(伊都子王妃)의 일기에 따르면, 모리마사 왕이 전범으로 지명된 다음날에「무엇 때문에 내가 전쟁 책임자인지 모른다. 만주 사변 때부터 반대를 하였고, 거의 군 쪽에는 입도 열지 않았다. 쇼와 13년(정확하게는 12년 10월)부터 신궁(神宮)의 제주(祭主)로 임하고 있었기 때문에 전쟁에 깊이 관여하지 않았다. 신궁에 관한 것을 미국은 잘 모르는 모양…」이라고 했다고 한다.

황족으로서 만주사변 때부터 반대한다고 해도, 전쟁 반대라고 입 밖으로 내지 못했다는 것일까.

종전 직후의 당시, 신궁(神宮)은 국가 신도(神道)의 총본산으로, 그 제주에게는 전쟁 책임이 있다고 생각한 것이겠지만, 그러나 그 오해는 곧 풀려 모리마사 왕은 4개월 만에 석방됐다.

쇼와 천황이 입헌군주제 헌법에 충실해서 평화를 추구하는 생각과는 달리 정부가 결정한 것에, 일단 결정한 이상 반대하지 않은 것과 닮아서, 황족도 정치에 개입하는데 주저했다는 것이었을지도 모른다.

실제로 다카마츠노미야(高松宮)는 전쟁 반대와 조기 종결의 목표를 지향했던 것 같다. 예를 들어 쇼와 19년(1944년)에 일본이「절대 국방권」으로 설정했던 사이판이 미군의 침공 전의 곤경에 빠진 시기에 다카마츠노미야는 다음과 같이 천황에게 진언했다고 일기에 적혀 있다.

> 쇼와 19년(1944년) 6월 22일 (목) 맑음
> 15시 30분 황궁(御所)에서
> 생각을 물어봤다.「사이판」을 잃는 중대한 일에 관해 한마디 말씀 드렸다. 추가로 황족을 왜 상담 상대로 세울 생각이 없으신지 라고 물었더니, 정치는 책임이 있기 때문에 불가능하다.「통솔하는 자도 책임이 있습니다. 결국 믿음직한 사람이 없다는 뜻입니까?」그것은 어폐가 있다고 운운 말씀하심. 여전히 변함이 없어서 낙담했다.)

그 이틀 후인 6월 24일에 다카마츠노미야는 천황에게 편지를 썼다.

> 오후에, 폐하(천황)께서 원수회의에서 어떠한 대답을 해도 형식적인 것에 불과하다. 준비기간도 없고, 게다가 그것은 통솔 계통의 문제이고, 전쟁지도상(戰爭指導上) 더 깊이 생각을 하신 후에 결정을 해야 되기 때문에 편지를 썼다. 고심해야 될 때라고 생각하지만, 결국에 보내는 것을 중지했다.

이 편지는 사이판이 탈환되지 않는다면, 전쟁 종결을 목표로 해야된다고 진언한 것이라고 전해진다. 다음날 25일에 개최된 원수회의에서 사이판 탈환 작전의 중지, 사이판의 포기가 정해진 것을 받아들여 다카마츠노미야는 편지를 천황에게 드렸다. 그리고 다음날 황궁에서 천황과 이야기한다.

6월 26일 (월) 흐림, 가랑비
10시 황궁에서
2층에서 어제 편지에 관해 원수회의에서 상주(上奏)해서 결정된 일은 뒤집을 수 없다고 말씀하신다. '뒤집다'가 아니라 '사이판 확보'라고 하면서 실행하지 않을 상태에 문제가 있다고 운운 말씀드렸더니 '집요하다'라는 것이었다.

황족으로서의 책임의식과, 입헌 군주답게 하려는 의식 사이에서 고민하는 쇼와 천황과 다카마츠노미야의 모습에 가슴이 미어진다.

「도죠 수상(東條首相)은
이제 죽은 자로 하지 않으면 안 된다」

나도 아버지에 관해서 기억하고 있는 것이 있다. 아버지는 그다지 명료하게 나에게 말하지 않았지만, 우연히 숙부(叔父)인 산죠니시 킨오사(三条西公正) 씨가 우리 집에서 아버지와 대화하는 것을 옆에서 들은 기억이 있다.

여하튼 귀족원의 일부에서 「이 전쟁은 이제 안 돼. 그만두지 않으면 안 된다」 「도죠 수상은 이제 죽은 자로 하지 않으면 안 된다」는 목소리가 터져 나오고 있었던 것이었다. 아버지도 과연이라고 고개를 끄덕이면서 「그것도 필요하다」고 말하고 있었다고 생각한다.

산죠니시 킨오사 씨는 아버지의 동급생이고, 아버지의 둘째 여동생과 결혼하고, 가끔 집에 놀러 와서 브리지 등의 트럼프 게임을 하기도 하면서 사이좋게 지냈다. 후지사와(藤澤)의 구게누마(鵠沼)에 집을 빌려 있었을 무렵이니까, 아버지가 후지사와 항공대에 본부가 있는 연합항공대 사령관을 맡고 있던 때의 이야기이다. 내가 해군 사관학교에서 휴가로 돌아왔을 때였으니까 쇼와19년(1944년) 여름의 무렵 일 것이다.

현실적으로 호소카와 모리사다(細川護貞) 씨가 쇼와 19년(1944년) 7월 21일의 일기에 그런 움직임을 적고 있다.

> 나는 더욱 생각한다. 기도 고부이찌 내부(木戶幸一內府, 內府, 內閣大臣의 통칭)는 개인감정이 있어서 결의하지 못하고, 公(고노에 후미마로 近衛文麿 공)은 또 우유부단해서 함부로 구설(口舌)을 희롱하고 결기(決起)의 용기가 없어서, 결국 일본은 망국에 이르는 것이다. 따라서 마지막 수단으로 도죠 히데키(東條英機)를 찔러 죽이고 다카마츠노미야 전하(高松宮殿下)의 영지(슈旨, 명령을 전달하기 위해 내놓은 문서)를 받들어 궁궐에서 기도(木戶幸一) 내부(內府)를 압박하고 후계 수상에게 다카마츠노미야 전하를 모시고 육군에는 오바타 토시로우(小畑敏四郞),

해군에는 요나이 미츠마사(米內光政), 외무에는 요시다 시게루(吉田茂) 등의 멤버로써 소신(所信)을 단행하는 것이 하나의 생각이다. 나는 차 안에서 눈을 감고, 실행의 세부 사항에 이르기까지 검토한다. 내 자신이 어떻게 되든지 당혹하는 일은 없다. 일의 성패, 특히 마지막 성패에 이르러서는 오로지 성려(聖慮, 임금님의 생각)에 걸려있다. 만약 경솔하게 일을 시작하다가 일이 뜻대로 되지 않으면, 국가로서 중대한 결과를 초래할 것이다. 그렇다고 해서 그 점(그렇게 될 가능성)을 연구하고 대비 안 할 수 없다.

그리고 호소카와 씨는 그 후에 각 방면으로 움직였다. 7월 15일에는 다카마츠노미야 자택에서 다카마츠노미야를 만나 다카마츠노미야가 「지금의 도우조(東條) 내각은 일종의 공갈협박 정치이기 때문에 무엇을 저지를지 모르겠고, 이전의 2·26사건 경험이 있기 때문에 그 사건을 역이용하여 궁궐을 근위병으로 둘러쌀지도 모른다. 그렇게 되어, 말도 안 되지만, 다른 정권이 생기게 되면 조큐의 난(承久の乱, 1221년 조정朝廷과 가마쿠라鎌倉 막부와의 싸움, 조정이 졌다)이니까」라고 말했다. 답변으로 (호소카와는)「전하는 실례지만 나카노오오에노 오오지(中大兄皇子)가 되시는 결심이 중요하다고 생각합니다」라고 대답했다고 일기에 있다. 나카노오오에노 오오지는 말할 것도 없이, 다이카의 개신(大化の改新, 645년大化元年부터 다음 해에 걸쳐 나카노오오에노 오오지中大兄皇子와 나카토미노 카마타리中臣鎌足가 중심으로 되어서 소가蘇我 씨 타도를 시작하는 일련의 정치 개혁)에서 소가노 일카(蘇我入鹿)를 죽인 인물이므로 그 일을 말하려고 하는 것은 분명하다.

결국 도우조(東條) 내각은 총사직하게 되는데, 산죠니시 킨오사(三条西公正) 씨와 아버지가 이야기했을 때, 이러한 움직임을 가리키고 있었는지 어쨌는지는 알 수가 없다. 적어도 전술한 것과 같이 아버지가 전쟁의 앞날이 비관적이었다고 말한 것은 확실하다고 생각한다. 해군으로 실제로 전쟁터에 간 적도 있고, 패한 전투를 얼마나 경험하고 있는지 충분히 알고 있을 테니까 당연한 이야기라고 생각하지만.

전쟁에 의문을 제기한 황족은, 그 밖에도 두세 분 계셨던 것 같지만, 강한 움직임으로 나타나지 않았던 것은 정말 유감이다.

나 자신도, 군국소년에서 눈이 깨어 아연실색한 마음으로 다양하게 생각했다. 일본을 전쟁으로 이끈 사람들에 대한 강한 분노, 전쟁에 의한 3백 수십만의 무의미한 죽음, 전쟁 때문에 고통 받는 많은 사람들. 그런 생각 때문에 나는 견딜 수 없는 나날들을 보냈다.

**종전(終戰) 조기 성립을 위해
노력한 사람들**

나중에 알게 된 것이지만 이노우에 교장의 선견성(先見性), 즉 3국 동맹 반대, 개전의 저지, 또한 종전 조기 성립을 위한 큰 노력에 나는 완전히 머리를 숙이게 된다. 그는 요나이 미쓰마사 대장(米內光政大将)과 야마모토 이소로쿠 대장(山本五十六大将)과 삼총사라고 불린다. 먼저 요나이 미쓰마사 대장은 총리직까지 맡았는데, 왜 이 사람이 좀 더 열심히 하지 않았을까. 해군 전력의 한계에 대해 더 목소리를 높여, 개전 반대를 말할 수 없었던 것일까. 살해 당해도 좋다는 각오로.

야마모토 이소로쿠와 이노우에 시게요시라는 양 장군의 기용은 큰 공적이지만, 후지산(富士山) 정상에서 큰 돌을 굴러 떨어뜨리면 멈추는 곳까지 갈 수 밖에 없다고 했다고 하지만, 그 말은 일종의 포기였던 것은 아닐까. 자신의 초조한 마음을 표현한 것으로 어쩔 수 없는 것이었을까.

야마모토 이소로쿠 대장은, 개전 불가의 이론적 귀결(歸結)을 견지했고 사사건건 표명했지만, 연합함대 사령장관이라는 입장과 상충했을 것이다. 고노에(近衛文麿) 수상과 두 차례의 회견에서 일미비전(日美非戰)과 대미(対美) 협상의 계속성을 강력히 요구하면서, 개전은 어쩔 수 없게 돼서 "나에게 '하라'고 말하는 경우, 처음의 반 년이나 1년 정도는 고노에 수상에게 충분히 난폭하게 대들겠다"고 말한 것으로 알려졌다. 그 뜻은 반년이나 1년이 지나면 진다는 것으로서, 그가 고노에 수상을 잘못으로 이끌어서 개전은 어쩔 수 없다고 시켰다는 사람이 있는데, 이것은 심한 사실 오인이라고 말하지 않을 수 없다. 이 점은 나의 분대의 나카지마 오장(中島伍長, 야마모토 대장과 같은 고향인 나가오카長岡 출신)의 『야마모토 이소로쿠의 책과 편지 — 구스노키 마시시게(楠公, 楠木正成)에게 중복되는 책임과 고뇌』라는 저서 안에서 강조되고 있다.

이노우에 대장에 관해서는 그가 이러한 세 사람에게 공통된 생각을 논리 정연하게, 반대나 무시에도 굴하지 않고, 큰 소리로 또는 의견서로도 명확하게 표현한 것은 참으로 위대한 것이고 머리를 숙이지 않을 수 없다. 반대파 또는 일본총체(總體)의 풍조 때문에 채택되지 않은 것은 정말 유감이다.

개전 전, 일본에서도 미국과 영국 상대로 싸우면 반드시 진다고 생각했던 사람이 상당히 있었다고 생각한다.

나의 장모가 뉴욕 주재였던 장인에게 시집갈 때, 처조부 손에 이끌려 미국 각지를 견학했다. 식육공장에 들어오는 소가 차례차례로 처리되어 통조림이 되어 나오거나, 건축 자재가 컨베이어 작업으로 조립만 하면 되는 상태로 나오는 모습 등을 보고, 이런 나라와 전쟁하면 반드시 진다고 생각했다고 말했다. 그 당시 미국의 공업력은 일본의 적어도 10배 정도는 되었으며, 미국은 일본의 진주만 공격에서 일본 항공기의 위력을 알게 돼서, 항공기와 항공모함의 생산 증가에 착수하고 매월 한 척의 항공모함을 만들었다고 한다.

이 밖에, 일본 해군이 정보를 가볍게 생각했다는 것을 잘 말해주는 예로서 암호가 미군에 해독되어 작전은 모두 알려져 있었다고 한다. 이 지경으로는 미국을 이길 턱이 없다. 또한 일본 해군은 레이더 등의 장비 개발도 뒤졌다고 한다.

이외에도 종전을 위해 노력한 사람이 있다. 예를 들어 해병 55기의 후지무라 요시로우 중령(藤村義朗中佐)이다. 그는 주독(駐独) 대사관 주재 무관 보좌관이었다. 독일 항복 후에 스위스로 도망하여 스위스에서 종전 공작을 하였다. 이때 유태인 직원을 데리고 있으면서 도왔다. 독일이 항복한 후에는 유태인은 해방된 것이라 생각하지만, 항복 직후는 대혼란으로 유태인도 조심하지 않으면 안 되었던 것이다. 대사관에서 전쟁 중 나치의 압력 하에서도 유태인 직원을 해고하지 않았다고 한다. 종전을 위해서 미국 대사관을 통해 덜레스(미국의 정치인)로부터 협력을 받아 냈기 때문에 대본영

(大本營, 일본의 최고 통수부)에게 설득을 계속했지만 감감 무소식이었다고 한다. 그 때 스위스로 도망한 오사카 상선의 전직 베를린 주재원인 쓰야마(津山) 씨도 상당히 협력했다고 한다. 나는 이 두 분과 친하게 지내면서 그것에 대하여 자주 이야기를 들었다. 쓰야마 씨는 후지무라 씨의 공작이 원활하게 되도록 다양하게 협력을 하고, 후지무라 씨 이름으로 전보도 자주 쳤다고 한다.

후지무라 씨는 전후에 신주쿠 역전 포장마차에서 바나나 싸구려 팔기부터 시작해서, 고생 끝에 상사(商社)를 세웠고, 신궁(神宮)의 제61회 천궁(遷宮) 때 큰 기부를 해주었다. 치바(千葉)현 훗쓰(富津) 해안의 집까지 간 적도 있다. 또한 쓰야마 씨는 전후에 오사카 상선(商船)을 퇴직하고 이이노 해운(飯野海運)에 전직했고, 나중에 자매 회사인 이이노 중공업의 임원으로 런던에 사무실을 개설했다. 내가 마침 1950년대 후반에 런던에 주재했었기 때문에 매일 같이 오가며 친하게 지냈다. 두 사람 모두 잊지 못할 사람, 훌륭한 사람이었다.

국민 대다수의
전쟁에 대한 열광 앞에

태평양 전쟁에 의한 전사자, 즉 오키나와 전투와 본토의 무차별 폭격과 원폭 투하에서의 비전투원 사망자 등 모두 합쳐서 삼백 수십만 명을 넘는 사망자가 발생했다.

전사자 중 절반은 굶어죽은 아사자였다고 한다. 전진훈(戰陣訓)에 「투항하지 말라」고 엄명되어 있는 것도 있어서, 무기 탄약고가 바닥이 났는데도 맨주먹으로 돌격하거나 옥쇄하거나, 죽음을 알면서도 특공을 시도하기도 했다. 전투불능의 상태가 되었을 때 투항하는 것은 전시 국제법으로 허용되고 있다는데 말이다. 가라앉은 전함과 운명을 함께하는 것이 함장의 불문율(不文律)이라고 하였다. 인간성 무시라는 것 외에도, 유능한 함장이라면 다음 전투에서도 활약할 수 있었을 텐데 왜 그랬을까?

게다가 초토화된 국토에 잃어버린 막대한 자산, 북방 영토, 전후 복구를 위한 큰 노력. 이러한 낭비뿐만 아니라, 아시아 각지에서 침략의 오명과 후유증. 이러한 명백한 낭비를 알면서 전쟁을 왜 일으켰던 것인가.

역사는 다양한 요소들이 얽혀서 하루하루 복잡한 움직임을 이어간다. 나 같은 역사학의 아마추어는 잘 모르는 면이 많지만 어쨌든 생각해보기로 하자.

메이지의 개국은 페리로부터 협박을 당해서 우왕좌왕한 결과였다. 메이지 시대의 사람들은 놀란 나머지 여러 가지를 생각해보니 너무 겸손했다고 생각한다. 에도 시대까지 쌓아온 일본 특유의 문화가 좋은 방향으로 작용되었다고 생각한다.

메이지유신 이후 부국강병(富國強兵)을 국책으로 삼았지만, 러일 전쟁 때는 특별한 증세(增稅) 외에 상당한 내외 채권을 남발하는 바람에 여러 가지가 어려워져서, 미국에게 중재를 부탁했다. 시어도어 루즈벨트 대통령의 도움을 받아 겨우 전쟁을 종료할 수 있었다. 러시아에서도 정치적 소동의 속사정과 재정악화라는 사정이 있었던 덕분에, 러시아는 패배를 인정하지 않는 상태로 러일 전쟁이 종결되었다. 그러나 일본 국민은 언론의 선도적 영향 때문에 이

긴 것이라고 착각하고, 일본해(대한해협) 대해전의 완승으로 눈이 뒤집혀서 러시아에게 배상금을 취하는 것에 광분했다.

전쟁 종결 때 러일 양국을 비교해 보면, 러시아 쪽이 일본보다 훨씬 국력이 강했지만 혁명이 일어나는 등의 내부 사정으로 종결을 받아들인 것은, 일본으로서는 실로 위험한 줄타기를 한 상태였다. 강화조약을 성립시킨 고무라 주타로(小村寿太郎) 씨가 비난을 받고 언론이 그 선두에 서서 많은 국민들이 배상금을 받아내라고 떠들었던 것은, 훗날 일지사변(日支事変, 중일전쟁)이나 태평양 전쟁의 경우에서도 말할 수 있는 일이지만, 정말로 나쁜 민족주의의 발로라고 하지 않을 수 없다.

해군의 대함거포주의(大艦巨砲主義)는 일본해 대해전의 승리로 여운을 길게 끌어 그 후에 조선을 병합하고, 만주를 식민지로 하려고 중국과 전쟁을 시작했다.

육군에서는 황도파(皇道派)와 통제파(統制派)의 다툼과 하극상이 있었고, 해군 함대파(艦隊派)가 조약파(条約派)를 누르고 승리하면서 양식(良識)이 있는 조약파 장교들(야마나시 카츠노신 대장山梨勝之進大将 등)을 예비역으로 실각시켰다. 국회에서도 이러한 움직임들을 막을 수가 없었고, 오히려 미디어의 앞잡이가 되기도 했다. 일본의 민중도 이 기세에 춤을 추게 되어 단번에 전쟁으로 달려갔다는 유래가 있다. 내가 생생하게 기억하고 있는 것은 중일(中日) 전쟁에서, 분명히 남경(南京) 함락 때 같다. 대단한 무리의 제등 행렬이 우리 집에 몰려왔다. 아버지는 해군의 근무로 당연히 요코스카에 있었기 때문에 초등학생인 내가 제등 행렬의 군중들을 맞이하지 않으면 안 되었다. 그들은 시부야 미야시로 쵸의 집 현관에서

3~40분 정도의 긴 경례를 했다. 만세 제창도 끊이지 않았다.

이러한 국민 대다수의 전쟁에 대한 열광과 개전(開戰)으로 기우는 군부, 전쟁을 부추겨 세우는 언론, 그들 앞에서 소수의 양심이 있는 사람들이 전쟁을 막는 것은 지극히 어려운 일이었던 것이다.

이제 와서 다시 말한다고 해도 약자의 울음소리라고 인식될지도 모르지만, 바다로 둘러싸인 동료의 나라인 영국과의 동맹을 소중히 하고, 영일(英日) 동맹을 해소시켜 자국의 아시아 진출 야망을 달성하려고 하는 미국 등에 맞서, 일본의 실력으로는 도저히 어려운 대륙 진출 따위에 손대지 않고, 런던과 워싱턴의 군축 회의에서 조약파 해군 장군들의 의견을 국책으로 삼았더라면, 일본이 이런 무모한 우회도 하지 않고 의미 없는 대량의 인명 손실을 보지 않아도 되었을 텐데.

그리고 이런 것은 이제 끝난 것이요 어쩔 수 없는 것으로 인식하고, 전후 70년 동안에 구축한 일미(日米) 동맹을 소중히 여기는 교훈으로 활용하지 않으면 안 되는 것이다.

이번 태평양 전쟁에 관해서, 전후에 국민 전체가 자신의 문제로 분석하고 반성한 적이 있는 것일까. 군부만을 비난할 뿐 국민 개개인의 책임이라는 것을 생각해 본 적이 있는 것일까.

**일본인이
반성해야 할 것**

생각해보니, 일본인은 전술한 바와 같은 서양인처럼 그때그때 토론하는 습관이 거의 없다. 오래 근무한 영국에서는 고객을 접대하는 것은 대게 점심식사인데, 그 중에서 최대의 대접은 대화이다. 일이나 골프 이야기 뿐만 아니라 정치나 세계 정세에 대한 의견 등이 줄곧 나온다. 음악이나 미술 등의 문화 또는 역사 이야기 등, 뭔가 흐뭇해하는 것을 가지고, 대부분이 일단 대답을 할 수 있는 것을 좋아한다. 술을 마시고 게이샤(藝者)의 춤을 보는 것도 재미있지만 그것만으로는 역시 안 되는 것이 아닌가.

영국에서는 주말에 시골에 있는 집의 하이 티(High Tea)에 초대받아 테니스를 하기도 하지만, 역시 끊임없은 대화를 즐긴다. 다양한 화제에 응하기 위해서는 평소 공부하고, 무엇이든지 관심을 가지고 생각해보는 것이 중요하다는 것은 말할 필요도 없다.

하이 티라고 하는 것은 정원(이라고 한정되지는 않지만)에서, 부인의 수제(手製) 스콘(비스킷의 일종)과 홍차 등을 함께 하며, 훌륭하다(Splendid) 라고 하면서 일종의 소양(素養)시간을 보내는 즐거운 추억이다.

이러한 습관으로부터는 부화뇌동(附和雷同)이나 군중심리의 영향 따위는 나오기가 어려울 것이다. 그리고 민중으로부터 뽑힌 의원(議員)은 인기투표가 아니라 정말로 심사숙고 끝에 선정된다. 그러다 보니 변변하게 생각하지도 않고 주전(主戰)을 주창할 리가 없다. 또한 언론도 영합(迎合)하지 않고 정확하게 정보를 전달하게 될 것이다. 세계 정세나 일본의 진정한 국력을 분석하는 것에 노력을 하지 않겠는가. 미국과 전쟁하면 반드시 진다고 큰소리로 말할 수도 있는 것이 아닌가.

앞으로의 일본을 생각해도, 쓸데없이 유도하거나 압력을 가하거나 하는 것이 아니라, 정보를 충분히 공개하고 모두에서 논의하고 그것을 채택할 의원을 통해 국정에 반영시켜가는 진정한 민주주의를 키워가지 않으면 안 되는 것이 아닌가.

문명국인 독일과 이탈리아가 나치와 파시스트에 동조했다는 것은 믿을 수 없다고 일고(一考)를 요(要)하지만, 그들에게 쉽게 동조한 일본은 또 뭐라 말할 수 없다.

유럽에서 독일에게 심하게 당하고 있던 영국의 처칠 수상은 미국을 참전시켜 독일의 힘을 없애는 것을 생각했다. 그러기 위해서는 일본을 미국에 대적하게 하면 일본과 동맹 조약을 맺고 있는 독일이 미국에 선전포고하지 않을까라고 생각했고, 그래서 처칠 수상이 루스벨트(프랭클린)에 참전을 부채질했다는 설이 있다. 또는 루스벨트가 일부러 강경한 헐 노트(Hull note, 1941년 11월에 태평양 전쟁 직전의 일미 협상 때 미국의 국무장관인 헐이 제시 한 각서)를 들이댄 것이라고도 한다. 그리고 일본이 진주만을 사전 통보 없이 기습적으로 습격했기 때문에 전쟁을 싫어하는 미국 국민이 싸울 생각으로 바꾸었다고 루스벨트가 쾌재(快哉)를 외쳤다는 말이 있는데, 미국 국민들은 대부분이 전쟁에 반대했던 것은 사실일 것이다. 공업선진국인 미국도 전쟁은 큰 타격이 될 것이니까. 이 이야기가 사실인지 어떤지는 잘 모르지만 사실 독일은 일본의 참전 후에 미국에 선전포고를 했다.

또한 사전 통보 없는 기습 폭격에 관해서는 주미 일본 대사관에서 밤의 연회가 있어 암호 번역이 지연되었다는 이야기도 있지만, 도죠(東條) 수상은 기습이 아니면 승산은 없다고 생각했다고 한다. 협의하여 늦춘 것이라는 설도 있고, 그렇게 이야기하면 일본은 히요도리고에의 거꾸로 떨어뜨림(鵯越の逆落とし, 1184년에 미나모토

노 요시츠네源義経가 말을 타고 가파른 절벽을 뛰어 내리는 작전이 성공해서 겐지源氏 군이 승리하는 계기가 되었다)나 오케하자마 전투(桶狭間の戦い, 전국戰國시대인 1560년에 오다노부나가織田信長와 이마가와 요시모토今川義元가 대립한 오케하자마에서의 싸움)에서의 기습은 성공했다. 암호 번역을 지연시킨 그 주미 대사관 직원이 영진(榮進)을 계속했다는 것도 불가사의한 일이 아닌가.

일본 국민이 제대로 생각하지도 않고, 대세에 질질 끌려가게 되는 부화뇌동성(附和雷同性)이나 융통무애(融通無碍)라는 것은 일본인의 정신 구조의 단점일지도 모른다. 정확하고 충분한 정보를 요구하고, 합리적이고 현실적인 판단에 힘을 쓰는 것이 중요하다고 생각한다. 언론에 선동되어 제대로 생각도 하지 않고 열광했다는 것은 크게 반성하지 않으면 안 될 것이다. 합리적이고 현실적인 판단이 중요한 것이지, 관념론이나 팔굉일우(八紘一宇, 일본이 자국의 해외 진출을 정당화하는 슬로건)나 가미카제(神風, 신의 위력으로 일어난다는 바람, 13세기 원나라가 일본을 침공했을 때 막아주었다는 태풍)라는 것에 덩달아 춤추면 안 된다고 생각한다.

이 국민의 열광 앞에는, 쇼와 천황을 비롯한 해군 삼총사 등이 아무리 노력해도 개전 저지는 안 되었던 것이다.

참모본부와 군령부의 주전파(主戰派)가 힘을 갖기 쉬워졌다고 할까. 전후 70년이 지난 현재도, 경제 사회 등에서 보여지는 묘한 세로의 구조와, 그에 동반한 자주독립(自主獨立)된 가로의 관계 저해(沮害) 등에 반성이 필요하다고 생각하지만. 모두가 생각하고 제대로 처리하는 것을 잘 못하는 것이 아닐까.

이런 것을 써서 불편하게 생각하는 사람도 있을 지 모른다. 그러나 적어도 그러한 무의미한 전쟁을 시작해서 큰 피해를 입었다는 사실은 흔들릴 수 없다. 반성하지 않으면 안 되는 것이다.

훌륭했던 일본인,
다이고 다다시게 해군 중장(醍醐忠重海軍中將)

이런 훌륭한 사람도 있었다고 하는 또 다른 예를 적어 두자.

그 사람은 내가 카쿠슈인 유치원 때부터 계속 동급생이고, 해병에서도 동기생으로 같은 분대였던 다이고 다다히사(醍醐忠久)군의 아버지인 후작 다이고 다다시게 해군 중장(醍醐忠重海軍中將)이다.

다다시게 씨는 메이지 24년(1891년)에 태어나 이노우에 교장의 3기 아래인 40기생이었다. 전쟁 중 보르네오 섬 발릭파판(Balikpapan) 사령부 사령관 시절에 육·해군 병사 150 여명이 수비하는 폰티아나크(Pontianak)라는 마을에서 일본군이 열세에 처하자, 거주 화교(華僑)가 일본군 수비대를 압복(壓伏)시키려고 움직이기 시작한 것을 보고, 그 화교들을 처분한 책임이 추궁되어서 폰티아나크의 네덜란드 군사 법정에서 불과 3시간의 심문 끝에 사형선고를 받아 쇼와 22년(1947년) 12월 6일에 총살되었다.

다이고 중장은 전후에, 전사한 부하의 유족을 차례로 방문하고 미안했다고 가는 곳마다 말했다. 그렇게 하는 동안에 네덜란드에서 전범으로 지명되어 폰티아나크에 보내졌다. 다음 사항을 기록해 두고 싶다.

一. 다이고 중장은, 치안 유지나 방첩(간첩 방어) 등의 특수 경찰 임무의 명령 계통의 '장(우두머리)'이 아니라, 경비 임무의 '장'이며, 치안 유지에 대해서는 제2 남견(南遣, 남방 파견) 함대 사령장관이 '장'이며, 변호사가 그 사실을 증거로 제출하려고 했는데, 다이고 중장은 그것을 거부했다. 또한 화교 처분은 파견 대장인 자신이 모든 죄를 맡으려고 했다.

一. 현지 주민이 봉기하면 150명의 소부대는 잠시도 버티지 못하고 살해당했을 것이다. 파견 대장의 처리는 어쩔 수 없었다라고 할 수 있다.

一. 전후 인도네시아에서는 네덜란드로부터 독립하려고 하는 바람이 일어나기 시작하는 시기였고, 네덜란드 측이 일본인을 일부러 강하게 처분하는 것을 주민들에게 보여주고 주민의 환심을 사려고 했다는 설도 있다. 또한 네덜란드 군사 법정의 재판관은 일본군의 포로였던 군인으로 구성되어 있었다는 것도 다소 공평성을 잃었다는 생각이다.

一. 다이고 중장의 재판도 처형도 모두 주민에게 공개되었고, 그의 시신은 방치되어 후에 일본인 수감자들이 관(柩)을 마련해서 매장했다고 한다. 몇 년인가 지난 후에 다다히사(忠久) 군이 허락을 받고, 이 형장에 가서 직접 유골을 가져왔다.

一. 중장은 부하들에게도, 또한 많은 사람들에게도 사랑 받게 된 온후독실(溫厚篤實)한 분이었고, 네덜란드 측의 감옥장도 그 인품에 감탄하여 법정에서도 그에게 매우 유리한 인격증언(人格證言)을 했다는 것. 나는 다이고 중장을, 다다히사 군과 함께 쇼와 20년(1945년) 5월 아니면 6월의 어느 날, 구레(吳)에서 뵈었는데, 참 따뜻한 사람이라는 인상을 아직도 잊을 수 없다.

감옥에서는 일본인 수감자들의 이야기를 잘 들어주었고, 일상을 조용히 동요하지 않고 지내면서 편지는 한 통도 쓰지 않고 처형

전날에 유족에게 유서를 썼다. 처형 때 총구를 돌리게 하고 나서 국가(国歌)를 부르고 "천황 폐하 만세"를 삼창하고 눈가리개도 없이 조용히 죽음을 맞았다.

일본의 군인들 중에는 다양한 사람이 있다. 보신(保身)에 급급한 사람도 많았겠지만, 이런 분도 있었다는 사실을 남기고 싶다고 생각할 따름이다.

구미(欧米)와 일본의
피해에 대한 반응의 차이

여기에서 구미인과 일본인의 피해에 대한 반응을 잠시 비교해 보자.

나는 영국에서 7년 정도 해운회사의 주재원 생활을 했는데, 영국인은 원한(怨恨)은 삼대(三代)까지 기억한다는 말이 있다고 들었다. 실제로 전후 12~3년 밖에 지나지 않은 1957~8년(쇼와 32~3년)의 일이었는데, 어쩔 수 없었을지도 모르겠지만, 일본군에 의한 잔학상이 기록된 영화를 상영한 영화관 앞에서 일본인이 폭행을 당하기도 했다. 퍼브(술집)에서 술을 마시고 있을 때 "일본인이냐"고 물으면 "아니 차이니즈"라고 말하는 편이 현명하다고 알려져 있었다. 공항에서 짐 검사를 할 때 일본인임을 알고는, 싱가포르에서 포로였었다는 오피서가 와서 짐을 전부 내던지며 트집을 잡아서 입장이 곤란했던 일도 있다.

그런 것을, 지금의 사람들이 이해할 수 있는 것인가. 일본의 지위가 국제적으로 높아질수록 일본인에 대한 비난도 시기에 따라

변해간다. 그리고 일본인이 고생을 하지 않게 되면 판단을 오해할 우려가 있다. 이런 일이 전해지지 않게 되면 어떠한 일이 닥칠지 모르는 매우 위험한 상황이 초래 될지도 모른다.

덴마크에서도 3년 반 정도 보냈다. 단신(單身)이었을 때 살던 펜션의 여주인이「일본인은 왜 미국과 사이좋게 지내는 것이야? 이해할 수 없어. 우리는 독일인을 미워하고 있는데」라고 하여 대답하기가 곤란했던 기억이 있다. 실제로 나이트클럽 앞에서 독일인이 맞고 있는 것을 본 적이 있다. 덴마크는 경제관계 등으로 독일 없이는 살아갈 수가 없기 때문에 겉으로는 협조하고 있는 것처럼 행동하는 것이 현실이었다.

반면, 일본인은 내용에 따라 다르지만, 원한은 없었던 것으로 하고, 언제까지나 탓하지 않는 것을 좋아하는 경향이 있는 것 같다. 쇼와 20년(1945년) 8월 15일 이후에는 언론도 귀축미영(鬼畜米英)으로부터 태도가 갑자기 변하여「미국님, 어서 오세요(웰컴)」가 되었지만, 이러한 현상은 국민의 마음속으로는 전쟁에 대하여 매우 비판적이었던지, 패전 시절에는 정말 난처했던 탓인지, 지나간 일은 없었던 것으로 하고 일체 탓하지 않는다는 풍습으로 이미 흘려 버렸는지도 모르겠다.

없었던 것으로 하고 일체 탓하지 않는다는 것은 최종적으로는 좋은 경우도 있지만, 피해자가 충분히 납득하고부터가 아니면 안 되겠지. 전후에 일본의 상황에서 보면, 미국과의 안보협정이 없었으면 도저히 살아갈 수 없는 현실에서 판단하거나, 또 메이지 이후의 역사 속에서 미국과 영국과의 분규를 일으킨 것이 실수였다는 것을 생각하면, 결과로서 당연한 선택이라고 말할 수 있는 것이다.

물론 할 말은 분명하게 말해야 되겠지만.

구미와 일본의 피해에 대한 반응의 문화적 차이는, 어느 쪽이 자연적인 것인지, 바람직한 것인지, 또 어떻게 대처해 가야 하는 것인지가 논쟁의 주제가 될 것이다.

효율(效率)보다
정신(精神)만을 우선한 오류(誤謬)

지금까지는 해군 이야기만 해 왔지만, 전쟁은 육군과 해군을 중심으로 했던 것이므로, 육군의 생활과 전투를 경험한 나의 친한 친구의 강연록을 본인의 승낙을 받아 일부 인용하려고 한다.

그는 나보다 원래 2년 상급생이었지만, 전후 전쟁터에서 귀향하는 것이 늦은 관계로 고등학교에 함께 다니게 되었다. 우에하라 나오사쿠(上原尚作) 씨이지만, 나오토모(尚友, 나오사쿠의 친구?) 클럽이라는 곳의 오찬에서 나눈 이야기다. 나는 참석하지 않았지만, 회보(會報)에 실린 강연록을 딸이 읽고 감명 받았다고 해서, 나도 읽어보고 본인의 양해를 얻어 여기서 인용하는 것이 적절하다고 생각했던 바이다.

구 육군의 유년(幼年)학교는 정신 교육에 매우 힘을 쓰고 있었습니다. 「천황 귀일(天皇帰一, 군민일체 사상)」이라고 해서 국가를 위해 기쁘게 목숨을 바칠 각오를 수양하는 곳으로 자리매김하고 있었으며, 메이지 15년의 「육·해군 군인에게 주신 칙유(勅諭)」가 기회가 있을 때마다 인용되었습니다. 이 칙유는 중앙 집권 체제를 만들지 않으면 안 된다는 야마가타 아리토모(山縣有朋) 씨의 열렬한 충성에 의해 만들어진 것입니다만, 머리 부분에 「우리나라의 군대는 대대로 천황이 통솔하시는 곳에 있다. 옛날 진무 천황(神武天皇)이 스스로 오오토모(大伴)와 모노노베(物部)의 병사를 이끌고, 일본의 신을 모시지 않는 자를 모조리 쳐 치우셨다 운운」이라고 돼있듯이, 「육군은 천황이 직접 지휘하시는 군대이다, 상관의 명령은 천황 폐하의 명령이라고 명심해라」는 뜻이고, 이것을 나중에 쇼와의 군인이 인용하여, 통수권의 독립이라는 것으로, 자신들이 일본이라는 국가 운영을 위한 원동력으로 이 칙유를 이용해 버린 것이 문제가 된 것입니다.

…(중략)…

아니면 혹시 패전이라는 예측이 확실하게 되면, 정전(停戰)을 향하여 대응을 취할 수 있는 군인은 현실적으로 존재했을까? 나의 생각이지만, 태평양 전쟁이 시작되기 전인 쇼와 14년(1939 년)에 노몬한 사건(5월부터 9월까지 만주국과 몽골 인민 공화국 사이의 국경선을 둘러싸고 발생한 분쟁)이라는 사건이 있었습니다. 만주(滿州) 서쪽에서 소련과 몽고의 연합군을 상대로 일본군이 싸워서, 엉망진창으로 당하여 일개 사단(師團)이 거의 괴멸 상태가 되었습니다만, 그 전투를 이끌었던 쓰지 마사노부(辻政信)나 핫토리 타쿠시로우(服部卓四郎) 등 관동군 참모들은 참패했음을 인정하지 않았습니다. 그런데 도쿄의 참모 본부전략 제1부장이었던 하시모토 군(橋本群)이라는 중장은 「중국에서 이러지도 저러지도 못한 상태일 때, 점령한다고 해도 아무런 이득도 없는 들판인 만주에서, 이런 전쟁을 시작해서 어떤 의미가 있을 거야」라는 천황 폐하의 대명을 받고, 무조건 정전으로 이끈 덕분에 노몬한 싸움을 정전하게 되었습니다. 그러나 태평양 전쟁의 경우에는 그만큼의 배짱이 있는 제너럴(리더)이 없었다는 것이겠지요. 질질, 질질, 끌면서 진다, 진다... 라고 하면서, 결국 마지막에 원자폭탄이 떨어뜨려지는 사정까지 가버린 것입니다.

…(중략)…

일본의 육군은, 계속 얻어맞는 것은 난처해서, 패색이 짙은 쇼와 19년(1944년) 가을에 풍선에 폭탄을 매달은 풍선 폭탄을 만들었습니다. 정말 장난 같은 일이지만, 후쿠시마(福島) 현의 나코소(勿来), 이바라키(茨城) 현의 오쓰(大津), 치바(千葉) 현의 가즈사이치노미야(上総一宮)의 쿠쥬쿠리(九十九里) 바닷가 해안의 3개소에 실제로 모두 9000발을 풀어 놓았습니다. 물론 목표없이 풀어놓았기 때문에, 숲과 산속에 떨어지면서, 그래도 10%정도는 미국 본토에 도달했다고 합니다.

…(중략)…

미국의 폭격기는, 스킵 밤빙(Skip bombing)이라는 공격 방법을 취했습니다. 바다 위를 저공으로 비행하면서 폭탄을 떨어뜨리면 그 폭탄이 깡충깡충하고 튀어가서 수송 선박이나 적의 배 현측(舷側:뱃전)에 맞아 배를 가라앉게 하는 것입니다. 어뢰라면 속도가 느려 적의 배가 회피하게 되어 버립니다만, 스킵 공격에서는 적의 배가 도망 못 가게 된다. 실제로 8척이 침몰했기 때문에, 대단히 효과가 있다는 것으로, 그 이후 일본의 폭격기도 하마마츠(浜松)의 중폭격기(重爆撃機)는 엔슈(遠州) 여울(灘)에서, 경폭격기(軽爆撃機)는 이바라키(茨城) 호코타(鉾田)에서 스킵 밤빙의 연습을 하고 있었습니다.

그러나 이것도 바람이나 파도 높이 등의 접근방법에 따라 폭틴이 적의 배 위를 뛰어넘어 버리기도 해서, 매우 어렵기 때문에 꽤 연습을 많이 하고 있었습니다만, 쇼와 19년(1944년) 10월에 미군이 레이테 섬에 상륙했기 때문에, 해군의 오니시 다키지로(大西瀧治郎) 씨의 유명한「일본처럼 적

은 비행기로 적의 함대에 타격을 주기 위해서는 몸 돌진(体当たり, 자신이 몸으로 상대방에게 부딪쳐 타격을 줌)밖에 없다」라고 하는 것으로 아시는 것 같이 가미카제(神風) 특별공격대가 생겼습니다.

해군의 가미카제에 대하여 경쟁적으로 육군에서도 특공대를 편성하려고 합니다. 해군은 전투기이지만, 왜 그랬는지 육군은 폭격기를 사용했습니다. 폭격기 중의 중(重)폭격기는 「후가쿠대(富嶽隊)」이고, 경(輕)폭격기는 「판다대(万朶隊)」라는 이름이 붙어 있습니다만, 10월26일에 하마마츠(浜松)를 출발하여 곧장 마닐라 교외의 클라크 비행장으로 향한 것입니다. 그러나 폭격대 대장인 니시오 소령(西尾少佐)은 필리핀에 가서도 「긴 기간에 걸쳐서 어렵게 스킵 밤빙을 연습해 왔는데, 몸 돌진이 아니면 안 된다는 것은 어째서냐」고 끈질기게 상부에 대하여 항의하였던 것 같습니다.

…(중략)…

판다대에 사사키(佐々木) 씨라는 오장(伍長)이 있었습니다. 그는 특공대에 갔었지만, 엔진의 상태가 나빠서 불시착으로, 10일 정도 걸려 기지(基地)의 비행장으로 돌아왔습니다. 돌아와 보니 이미 돌진해 전사한 것으로 되어 있었고, 즉 「살아 있는 영령」으로 되어 버렸습니다. 그러나 판다대(万朶隊)의 장교들은 격추되어 이미 사망해 버렸으므로, 하사관들이 사사키 씨에게 매우 동정(同情)해서, 특공기(特攻機)의 사양(仕樣, 구조)을 스킵 공격을 할 수 있도록 개조하였습니다. 사사키 씨는, 그 폭격기로 그 후 수송선 2척을 침몰시켰습니다. 요컨대, 몸의 돌진보다 도비탄(跳飛弾) 공격 쪽이 효율이 좋다는 것을 실제로 보여준 사례가 있었다는 것입니다.

…(중략)…

현재의 민주주의라는 사회, 혹은 정치의 구조에 대해서 매우 절실하게 고맙다고 생각합니다. 이것을 극단적으로 말하면, 위독한 사람에게 붙이는 구명조치(救命措置)와 같은 느낌으로 우리들은 받아들이고 있습니다. 그래서 나는 선거라는 것은 자신의 생명을 지키는 도구라고 생각하고 있기 때문에 투표를 안 한 적이 없습니다.

최근에는 현 정권을 「아무것도 결정할 수 없는 정당」이라고 비판하는 목소리도 있지만, 독재적으로 후다닥 정해져 버리는 것보다는 여전히 좋은 것이 아닌가하는 느낌으로 나는 보고 있습니다. 지지하는 정당이 없다는 이야기도 「레스토랑에 가서 먹고 싶은 메뉴가 없어」라는 것과 같은 수준의 이야기로 되는 것 같습니다만, 베스트가 없으면 그 다음 방법으로 강한 참을성을 가지고 해 나가는 것이 좋은 것이 아닐까라고 요즈음 생각합니다.

우에하라(上原) 씨는 항공 사관학교 진학 후에, 학생들 1,200여 명과 함께 만주로 보내져 특공교육을 받고 있었지만, 쇼와 20년(1945년) 8월 9일에 소련의 침공을 받았다. 그 당시 8기의 대장(隊長, 소령)은 뉴기니에서 연속 패한 전투의 역전(力戰)의 용사(勇士)로 「도망치는 것이 득이다」라는 생각의 소유자로 특별한 사람이었다.

그는 재빨리 도쿄에 해산 훈령(訓令)을 신청하고, 스스로 정찰기를 조종하여, 주위의 상황을 확인한 후에 복엽연습기(複葉連習機, 복엽 전투기, 양력을 얻기 위한 날개가 2개 이상 있는 전투기) 등 500대의 비행기를 모두 사용하여, 조선(지금의 북한)에 도피했다. 그 후에 3일에 걸쳐 열차로 부산에 내려가, 관부(関釜) 연락선으로 귀국한 것으로 알려졌다. 아직 소년의 범위를 벗어나지 않는 학생들의 교육도, 아직 뜻대로 되지 않은 중도의 상태에서, 확실하게 참담한 결과를 초래할 것으로 보이는 전투에 투입하려고 하던 부대원들을 단호하게 억지로 데리고 온 셈이다. 하루만 늦었으면 소련에 억류되었다고 한다.

만몽(滿蒙) 개척단 사람들까지 지키지 못한 것은 실로 안타까운 일이다. 그 사람들은 소련군에 의해 능욕(陵辱)과 학대(虐待)를 당하고, 노동력이 있는 자는 소련에 연행구금을 당해, 오랜 비인간적인 노동에 의해 약 30% 정도는 사망했고, 일본으로 도망쳐 돌아온 자는 아주 적었다는 끔찍한 일도 있었다.

특공(特攻) 돌격에서 살아남은
해군 장교의 일화(逸話)

전후에 다시 카쿠슈인 고등과(구제도)에 들어갔다. 동급생 중에는 우에하라나오사쿠(上原尚作) 씨 외에 육·해군에서 돌아온 사람이 7~8명 있었고, 각각의 추억이 있었다. 대학으로부터 들어온 해병 73기이고 나보다 4기의 선배인 하세가와 카오루(長谷川薫) 씨에 대해서 적어 보자.

하세가와 씨는 렌고지기(紙器, 나중에 렌고)라는 골판지 제작업체에서는 제일 큰 회사에 근무하여, 경영진을 역임하면서 이 회사를 안정 성장시킨 매우 평판이 좋은 사람이다.

73기라면 내가 준비 교육을 위해 에다지마에 가서 일주일 정도 지날 무렵에 졸업(천황의 대리로 다카마츠노미야가 졸업식에 오셔서 함께 찍은 사진도 있다)한 기(期)였다. 쇼와 20년(1945년) 오키나와 전투에서 킨가(銀河, 최신 폭격기)를 타고 특공공격을 하려 해서 어차피 죽을 것이라고 안전벨트를 하지 않았다. 그것이 반대로 운이 매우 좋았다고 웃고 있었지만, 격추되어 물위에 떠 있을 때 그곳에 마침 미국 함대의 기함(旗艦)이 바로 앞에 있어서 사령관이 끌어 올리라고 명령해서 구축함에 의해 구조됐다. 그리고 하와이에서 포로 생활을 하다가 한 번 탈출하여 수영하고 있는 중에 다시 잡혀가서 당시에는 체념했다는 것이었다. 단, 당사자는 그것은 헛소문이고 과장되었다고 이야기했지만.

그 후에, 이 구축함 승무원을 중심으로(사령관도 만났었다고 생각한다) 미 해군과의 교류가 죽을 때까지 이어져, 매년 미국 출장 때는 미팅을 열어주고 그들의 자녀를 일본에 유학시켜 보살펴주기도 한 것 같다.

해군끼리 신기하게 친해져서 해군 졸업 때는 원양 항해 등에서 상호간에 환대했다고 한다.

비슷한 근무와 생활이어서 그렇게 되었는지, 나도 시드니에 근무할 때 해상 자위대 간부 후보생이 원양 항해로 왔을 때는, 주재원 네이비(Navy, 해군) 회원 수십 명 있었는데, 그 중 7~8명은 해병, 해경(해군경리학교) 출신이었다. 당시의 오오카와라 요시오 대사(大河原良雄大使)도 단기 현역 장교였기 때문에 회원이어서 네이비 회에서 대접했지만, 호주 해군도 아주 잘 해주었다.

시드니만 공격 후에
열린 해군장(海軍葬)

다카마쓰노미야 노부히토(高松宮宣仁) 親王 해군 사관학교 방문 기념사진. 앞줄 왼쪽부터 다카다 사카에(高田栄), 후쿠무라 쇼우조우(福村省三), 이노우에 시게요시(井上成美), 가야노미야 하루나리(賀陽宮治憲) 왕, 다카마쓰노미야(高松宮), 나, 타카야나기 기하치(高柳儀八), 야마우치 도요나카(山内豊中), 벳토우(別当)), 나가하시 타메시게(永橋 為茂). 뒷줄 왼쪽부터 나카가와 마나부(中川学), 나카무라 오쓰지(中村乙二), 마에다 칸지(前田寛次), 가쓰하라 코레아키(勝原維顕), 다히사 타케오(多久 丈雄), 센바 시게오(仙波繁雄), 오다기리 마사노리(小田切政徳), 후쿠치 카네오(福地 周夫), 나카 시게오(仲繁雄)외 여러 사람 (쇼와 19년(1944년) 3월 23일).

하세가와 씨의 이야기에서 생각나는 것이 있다. 일본 해군의 특수 잠항정(潛航艇)이 시드니 만(灣)에 돌입할 때의 어뢰 공격에 대한 이야기이다.

개전 후 반 년 정도 지난, 쇼와 17년(1942년) 5월 31일 밤에 일본 해군의 이호(伊號) 22, 24, 27호 잠수함에서 각각 한 척의 특수 잠항정이 발진(發進)해, 시드니 만에 잠입했다. 한 척은 방잠망(防潛網)에 걸려서 자폭, 또 한 척은 미국 대형 순양함인 시카고를 노려 어뢰 2발을 발사했는데, 명중되지 않고 숙박함(宿泊艦)인 쿳타블

(Kuttabul)을 침몰시켜 호주 병사 19명과 영국 병사 3명을 전사시켰다. 그리고 귀환 중에 쫓아왔던 시카고의 폭뢰(爆雷)에 의해 격침되었다. 나머지 한 척도 공격 실패로 폭뢰에 의해 격침되었다.

호주군(濠州軍)은, 귀환 중 격침 된 한 척(나중에 2006년에 겨우 발견됨)을 제외하고, 시드니 앞 바다 밑에서 인양한 두 척의 남은 부분을 조합하여 전쟁에 대한 모금을 위해, 호주 남동부를 4000킬로미터에 걸쳐 순회 전시한 후 다음 해인 쇼와 18년(1943년) 4월에 수도 캔버라의 전쟁 박물관에 전시했다. 처음에는 야외 전시로 관람객의 장난으로 적지 않게 훼손되었기 때문에 실내 전시로 전환해서 오늘에 이르고 있다. 나도 시드니 근무 때 견학했다.

그리고 당시 시드니 요항(要港) 사령관 제라드 뮤아헤드굴드 해군 소장(Rear Admiral Gerard Muirhead-Gould, 영국 해군 군인)은 많은 사람들의 반대를 무릅쓰고, 이 두 척에서 발견된 4명의 유체(遺體) 마츠오 대위松尾 · 나카지마 대위中島 · 오오모리 1조大森1曺 · 쓰즈쿠 2조都竹2曺)를 해군 장(葬)으로 해주고, 유골은 일본인 외교관이나 민간인들로 하여금 일본으로 이송케 하여 교환선(交換船) 가마쿠라마루(鎌倉丸)로 요코하마에 보냈다.

이 당시 굴드 소장은 장례식 후에 라디오에서 연설을 하고 의연하게 호주 국민에게 호소했다. 그 일부가 지금도 전해지고 있다. 나는 의회에서의 반대에 대한 증언이라고 이해하고 있었지만 어느 쪽이라도 상관이 없다. 여기서 인용해 둔다.

> 이런 강철 관통(棺桶)을 타고 출격하기 위해서는 최고 수준의 용기가 필요한 것임에 틀림이 없다. 이러한 사람들은 최고의 애국자였다. 과연, 우

리들 중에서 몇 사람이, 이러한 사람들의 천분의 1 수준의 희생을 치르는 각오를 하고 있을까.

그 후 2006년이 되어서야 발견된, 나머지 1척의 승무원은 판 중위(伴中尉)와 아시베 1조(芦辺1曺)이다. 또한 1968년에 전쟁 박물관장의 권유로 마츠오 대위(松尾大尉)의 어머니(82세)가 박물관을 방문해 따뜻한 환영을 받았다.

이 해군 장(葬) 이야기는, 호주의 노인들 사이에서는 아직도 때때로 화제가 되고, 내가 있을 때도 몇 번이나 들었다. 친해진 한 사람은「솔직하게 말하면, 일본은 별로 좋아하지 않지만, 너는 다르다, 저 특수 잠항정 일당에게는 정말 감탄한다. 아무나 할 수가 없어」라고 말했다.

또한, 쇼와 17년(1942년) 1월에 일본 육군이 말레이 반도 남부의 산악지 게마스(Gemas)에서 며칠간 호주 군과 격전을 펼쳐 쌍방에 많은 전사자를 냈다. 패(敗)해서 연속적으로 도망치는 영국군의 모습과는 달랐다. 일본군은 호주 병사들의 용기를 칭찬하고 존경의 증거로, 제마루안 외곽의 언덕 경사면에 호주 병사 200명의 묘를 만들고 하나의 거대한 십자가를 세웠다.

시드니 만(灣)에서의 극진한 장례식은, 그것에 대한 답례였는지도 모른다고 말해지고 있다. 호주군의 묘를 만드는 이 일본 육군의 행위는 칭찬받을 만하다고 하더라도, 굴드 해군소장이 거행한 일본 해병의 해군장은 자발적인 의도에 의한 것이었다고 나는 생각한다.

같은 전쟁 중의 이야기이지만, 호주 북쪽 다윈에 가까운 카우라에 있는 수용소에는 천 명이 넘는 일본군 포로가 수용 되어 있었다. 그들은 포로가 되는 죄의식 즉「포로가 되는 것은 굴욕이다. 싸우고 죽어. 그것이 이루어지지 않으면 자결하라」는 뜻으로 사용되었던 전진훈(戰陣訓)대로 치욕에 견딜 수가 없다고 해서 쇼와 19년 (1944년) 8월 5일에 집단 탈주하다가 231명이 사살되고 호주 감시병도 4명 사망했다.

카우라에 그들의 묘지가 만들어졌지만, 전쟁 중에는 관리하는 사람도 없고 상당히 거칠어져 있던 것을, 전후 얼마 후에 호주 퇴역군인회 카우라 지부의 회원들이 알아차리고 청소 및 관리를 실시하기로 했다. 1955년에 들어 일본 대사관 직원이 방문해서, 전시(戰時) 호주 각지에서 사망한 일본인을 더해 1962년에 522명의 일본인 묘지로 정비했다. 1973년에는 포로 탈출 기념박물관과 일본 정원의 건설이 호주 정부로부터 승인을 얻게 되었다. 나도 다윈에 출장갔을 때는 묘지를 방문하고 헌화했지만, 현지인에 의한 것일까 곳곳에 헌화된 꽃들이 있었다.

제3장

싸움이 끝나고

야스쿠니 신사와 황적이탈

제3장

싸움이 끝나고

야스쿠니 신사와 황적이탈

**구제(舊制) 고등학교에서
신제(新制) 카쿠슈인(學習院) 대학에**

망연자실의 나날이었다. 어쩔 수 없이 미야시로 쵸(宮代町)의 집에 돌아와 이제 어떻게 할 것인가 고민해야 하는 시간이 왔다.
  나의 카쿠슈인 동급생은 고등과(구 고등학교) 1학년에 진급하고 있었기 때문에, 그쪽으로 돌아가는 것으로 되었다. 문과(文科)도 이과(理科)도 갑을병(甲乙丙)으로 나뉘어 있었고, 갑은 제1외국어가 영어, 을은 독일어, 병은 프랑스어고, 제2외국어의 경우, 갑은 독일어 또는 프랑스어의 선택이었다. 나는 해병에서 영어를 제외하고 이과계 과목이 많아서 낯이 익었기 때문에, 그다지 심중하게 생각하지도 않고 지금까지의 흐름에 따라 이과 갑류에 들어갔다. 그러나 잠시 시간이 지나가는 동안에 나는 이과계가 아닌 문과계의 인간이라는 것을 깨달았다. 정말로 보잘 것 없는 인간이다. 이렇게 인생을 보내기 위하여 중요한 문제를 충분히 생각도 하지 않고 이과에 들어간 것, 그러나 이제 와서 어쩔 수 없어서 다음 해 4월에 문과 갑류 1학년에 전과했다.

내가 순조롭게 처음부터 문과 갑류에 들어갔다고 하면, 내가 고3을 마칠 무렵에는 아직 카쿠슈인 대학은 창립되어 있지 않아서, 다른 대학에 응시해야 되어 내 인생의 진로도 많이 바뀌어 있었을지도 모른다. 그러나 1년 늦어졌기 때문에 쇼와 24년(1949년)에 고3을 졸업할 때 카쿠슈인 대학이 생겨 시험을 보고 합격해서 카쿠슈인 대학 제1기생이 되었다.

그 때의 내 기분은 지금과는 반드시 동일하지는 않지만, 이 패전에 이르는 일본의 역사 속에서 뭔가 큰 관리 그룹의 흐름 같은 것이 부득이하게 작동되어 이 비참한 상태를 초래한 것이 아닌가하는 마음의 걸림이 있었다. 그리고 해군은 참으로 그리운 존재이지만, 이 관리 그룹의 일원이라는 생각이 내 머리를 차지하였고, 친구들이 그 길을 선택한 도쿄대 법학부 시험에 망설였다. 물론 시험을 보고 합격할지 어떨지는 모르겠지만, 1년 전에 졸업했더라면 다른 대학에 응시하지 않으면 안 되어, 절실한 문제 앞에서 어떻게 하고 있었을까.

어쨌든 문과에 전과한 것 등등은 내가 얼마나 어리고 철부지였는지 알 수 있는 증거라 할 수 있다. 자신의 일은 스스로 절실하게 생각하지 않으면 안 된다고 하는 당연한 일을 매우 소홀히 했다는 대단히 부끄러운 일이 아닐 수 없다.

반감(反感)을

사게 된 충격

대학에 들어가기 전 수년간에 일어났던, 기억에 남아있는 사건을 두서넛 적어 두자.

그 중의 하나는 미야시로 쵸에 돌아와서 얼마 안 되는 시기에, 바깥문(지금도 남아있음) 앞쪽 맞은편의 집 한두 채가 실화(失火)로 타버릴 때의 일이다.

철부지 소년이었던 나는 어머니에게 청해서, 거의 바닥이 난 재고품 중에서 생선 통조림을 그 불타버린 집으로 가져갔다. 그랬더니 그 집에 살고 있던 아주머니가 매우 기뻐하면서 정장을 하고 답례를 하러 오셨다고 한다. 나는 당시 자동차로 등·하교를 하고 있었다. 정문을 나와 우회전을 하여 그 집 앞을 지날 때에 불탄 자리에서 정리를 하고 있는 아저씨로부터 싱글벙글 인사를 받았다.

그런데 2~3일 지나니 아저씨도 아주머니도 반대편으로 시선을 돌리거나, 가시가 있는 눈초리(내가 그렇게 느낀 것뿐일지도 모른다)로 되돌아보는 것이 아닌가.

나는 조금 충격을 받아서 어찌된 일인가하고 고민했다. 즉 거의 바닥이 난 재고품 중에서 줬다고는 하지만, 당시 쉽게 구할 수 없는 것을 먹고 사치하고 자가용차로 등·하교를 하는 것에 대한 반감이, 통조림을 받은 것으로 오히려 증폭했기 때문일 것이다. 생각해 보면 무리도 아니다. 그 무렵 차가 신호에 멈춰 설 때, 차 속에 누가 있는가하고 조금 날카로운 눈으로 들여다보는 사람도 있었다.

우리 집이 다른 집에 비해 특히 사치를 하고 있던 것은 아니다. 재산세가 징수되고, 신적 강하(臣籍降下)로 즉, 수입이 끊겨 어려운

생활이 시작되려 하고 있었다. 다른 황족들도 점점 집안의 고용인
원을 삭감한 곳도 있었던 것 같았다. 부모님은 인격적으로 좋은 분
들이어서, 갑자기 직원을 자르는 것을 하지 않았다. 그 때문에 생활
은 결코 넉넉하지는 않았다. 하지만 그런 사정과는 아랑곳없이 반
감을 가지는 사람도 있었던 것이다.

기부(寄附)에
대한 생각

   그 불탄 집에게 통조림을 준 것이 계기가 되어 처음에는 명확하
지는 않았지만, 계속 어딘가에 문제의식이 남아 있어서, 오늘날 로
타리안(국제 사회 봉사 연합 단체 인 '국제 로타리'의 멤버인 단위
클럽의 회원)으로 봉사 활동을 하는 동안에도 다양하게 생각하게
된다.
   다른 사람의 고통을 보고 물건을 그다지 소유하지 않은 사람이,
아끼던 물건 중에서 한두가지의 물건이나 돈을 원조로 내민다. 이
것은 순수한 마음으로 감사하게 받을 것이다. 그러나 가진 사람이
조금 밖에 지원하지 않을 때나, 또는 많은 원조를 할 때의 반응은
어떨까. 로타리클럽 같은 많은 회원들이 서로 내고 원조할 때는 문
제가 없는 것이지만, 개인이 할 때는 조금 다르고, 정말 진지한 배
려의 마음이 없으면 오해 받을 수도 있다는 것이다.
   에도시대 때 기근에 대비해 번(藩)의 창고에 쌀을 비축하는 일
이 있었다. 이른바 자선으로 가벼운 마음으로 지원하는 문화가 일
본에 있었던 것일까. 미국 대기업의 CEO는 우리가 놀라울 정도의

월급과 보너스를 받고 있지만, 한편 비교적 가벼운 마음으로 자선에 돈을 내는 것 같다. 록펠러 등의 이름을 떠올린다. 로타리클럽에서는 빌 게이츠가 소아마비 박멸을 위해 지속적으로 크게 기부하고 있다.

나의 지인 중에 야마가타 씨라는 일본인은, 전후에 미국에서 통신 판매의 백화점을 경영해서 성공했다. 지금은 고인이 되었지만, 노후 활동으로 미국의 유명한 피아니스트인 밴 클라이번(Van Cliburn)의 콩쿠르에 응모하는 일본인 피아니스트를 지원하고 있었다. 자주 젊은 일본인 피아니스트의 출발하기 전 콘서트나 환송회에 불러서 갔다.

일본에서도 동일본 대지진과 원전 사고 피해자를 위한 모금을 NHK와 일본 적십자사가 대행하고 있었는데, 다양한 사례로 부담 없이 가볍게 지원금을 냈으면 좋겠다고 생각한다.

생각해 보면 인간이 죽었을 때 필요한 것은 다다미 한 장 분의 공간(매장埋葬의 경우)이고, 요즘처럼 화장이 일반화되면 항아리를 위한 한 자 정도의 사방의 공간만 있으면 되는 것이 아닌가. 나머지 소지품은 모두 기부해도 좋을 것 같다.

일본에서는 자손에게 아름다운 논을 남긴다고 하지만, 미국이나 유럽에서는 자식은 스스로 벌면 된다고 하여, 자녀가 고등학교를 졸업하면 (돈이 있어도 모두가 대학에 가는 것은 아니다) 일을 하든지 하여 혼자 버는 것이 일반적인 것 같다. 그리고 번 돈은 자신이 사용하는 것이 당연하다. 그러나 죽더라도 가지고 갈 수가 없기 때문에 남는 돈은 기부하는 것이 하나님의 뜻일까. 이런 생각을 참고로 생각해 보는 것도 좋은 것이 아닌가.

로타리클럽 모임에서 소노 아야코(曽野綾子) 씨(여성작가)의 강연을 들었다. 기부가 하나의 큰 주제가 되어 있었다. 기부는 돈이나 물건을 준다는 것만이 아니라는 것을 새삼스럽게 깨달았다.

선종(禪宗)의 행각승(行脚僧)이 탁발(托鉢)하는 것은 음식을 내미는 사람에게 희사(喜捨)의 마음을 일으키게 하고, 또한 행각승 자신의 수행도 된다고 이해한다. 기독교에서도 수도승(修道僧)의 맨발을 씻어 준다는 일종의 수행(修行)이 있고, 교황도 했다는 이야기였다. 그 외에도 여러 가지의 경우가 있겠지만, 이런 것들은 훌륭한 기부라고 할 수 있는 것이 아닐까. 상대에게 생기는 행복의 마음과 은혜의 마음, 그것들도 일종의 기부라고 할 수 있는 것은 아닐까.

그리고 어디까지나 겸양하는 마음, 자신을 멸각(滅却)하고 상대방만을 생각하는 마음이 있는 것이야말로 고맙게 받아들여지는 것이 아닐까. 그것은 자신을 위하게 될 것이다.

개전(開戰)의 책임을
마땅히 묻게 되어야 함

등·하교에 자동차를 타는 것을 곧 바로 그만두고, 시부야(渋谷)역까지 걸어 JR 야마노테 선(山手線)으로 다니기로 했다. 당시의 전차는 오래된 차량으로 창문이 깨져 있었고, 그리고 지금의 만원 전철과는 비교가 안 될 정도의 콩나물시루 같은 만원이었다. 역에 정차하면 승하차가 매우 힘들었다. 또한 자리가 비면 각자 앞을 다투어서 앉으려고 싸우는 것이 당연했다. 시부야(渋谷)역의 하치 공(忠犬ハチ公, 사망한 주인의 귀가를 도쿄 시부야 역 앞에서 약 10년간

맞이하러 다녔다는 개(하치)의 동상 근처에는 전쟁 고아가 많이 모여 들었다. 그 맑고 또렷한 눈은 지금도 잊을 수가 없다. 정말 불쌍하였다. 그렇지만 아무것도 해줄 수 없었던 답답한 마음, 지금도 나의 가슴속에 남아있다. 하지만 정말 아무 것도 해줄 수 없었을까. 볼일이 있어서 우에노(上野) 역에 갔었는데, 지하도에는 집이 불에 타서 없어진 많은 사람들이 자고 있었다. 이러한 것들은 전쟁이 남긴 큰 죄로서 도대체 누구에게 책임이 있는 것일까.

그 전쟁의 동기 중 하나는, 후진 자본주의 국가인 일본이 부족한 자원 시장을 밖으로부터 구하려고 했던 것으로, 구미의 독점 자본주의 국가의 이해와 충돌하여 군국주의라는 형태가 되었던 것이다. 아시아 시장을 찾을 때도 우호적인 방법이 있었을 것이고, 또한 직접 전투상대가 되었던 미국에 대해서도 전쟁이라는 방안밖에 없었다고는 말할 수 없다.

어쨌든, 일본이 아시아 국가들에 큰 피해를 준 것은 사실이다. 전쟁이 있었기 때문에 독립할 수 있었다는 아시아 여러 국가들의 목소리가 들린다 하더라도, 죄는 면치 못할 것이다. 사죄해야 된다고 생각한다.

그러나 당연히 적정한 선이 있고, 우리 쪽의 사과를 이용해서 과도한 요구를 해 오는 나라가 있다면 단호히 거절해도 좋을 것이다. 큰 피해에도 불구하고 배상 요구를 하지 않았던 장개석(蔣介石) 총통에 깊이 감사하지 않으면 안 될 것이다.

일본 국내만 생각해도 삼백 수십만의 불필요한 죽음, 피해를 입은 자들의 모습, 국민의 생활고… 전쟁이 있어서는 안 되는 것은 분명하다.

소년 황족이 본 전쟁

소위 A급 전범 사람들, 나는 개인적으로 아는 사람은 없지만, 인격적으로 뛰어난 사람도 있었을지 모른다. 그러나 결국 개전을 결정했다는 의미에서 죄를 마땅히 묻게 돼야할 것이다.

한편 연합국의 최고 지도자들도, 기습을 당했기 때문에 되받아서 이에 응했다는 핑계인 것 같은데 정말 그랬을까. 전쟁을 회피할 수 있는 가능성은 없었는지. 그들을 영웅시(英雄視)하는 것은 이제 어떻게 보아야 할 것인가.

도쿄(東京)역에 모이는 전재(戰災)고아 (孤兒)들 (사진 제공 : 마이니치 신문사)

일본 국민 중에도 싸우면 진다고 생각했던 사람이 상당히 있었던 것은 아닐까. 특히 전력이나 생산 능력의 지식으로 판단하면, 패전을 확신하고 있는 사람이 군인 중에도 상당히 있었던 것 같다. 해군 삼총사인 야마나시 카즈노신(山梨勝之進) 대장 이하의 조약파(條約派) 장교들, 또한 육군 중에도 그런 사람들이 있었던 것은 확실하다는 생각이 든다. 그들 모두 당당하게 반대했더라면 개전(開戰)의 내각(內閣)이 개전 결정을 하는 것은 어려웠을 것이 아닐까. 일본인의 자기주장의 연약함, 주위를 둘러보고 결국은 적당히 얼버무리게 돼 버리는 특성, 국민 전체의 군중 심리, 언론의 선동, 경거망동한 버릇 등 일본의 기질 문화에 대해 엄격하게 반성해야 한다.

야스쿠니 신사는
왜 A급 전범(戰犯)을 합사(合祀)해 버렸는가

여기서 야스쿠니 신사에 대한 생각을 두 가지만 말하려고 한다. 내가 전(前) '이세의 신궁(伊勢の神宮) 대궁사(大宮司)'요, 전(前) '신사본청(神社本廳) 통리(統理)'라는 입장에서 적는데, 망설임도 있지만 마음의 응어리가 사라지지 않기 때문에 적어 보기로 한다. 여러분은 어떻게 생각하는가?

첫째는 이 A급 전범의 문제인데, 야스쿠니 신사는 호국영령(護國英靈)을 모신 신사이다. A급 전범은 과연 호국 영령인 것일까?

아카가미(赤紙, 소집 영장)를 받아 강제로 끌려가서 싸우다 죽은 병사들은 전쟁에 대하여 의문을 가진 사람도 있었을 것이다. 그러나 일본이라는 나라를 위해, 또는 후방 사람들, 단적으로 이야기하면 엄마나 동생을 지키기 위해 몸을 바친 것이니, 호국영령 그 자체인 것에 의문을 갖는 사람은 일본인이나 외국인을 불문하고 없을 것이다.

그러나 개전을 결정했던 A급 전범들이 호국 영령이라고 말할 수 있는 것일까?

후생성(厚生省)이 영령의 명부(名簿)에 그들의 이름을 추가해 넣어 온 것도 문제가 있지만, 쓰쿠바 후지마로 궁사(筑波藤麿 宮司)가 합사(合祀)를 보류시키고 있던 것을, 후임 마츠다이라 나가요시 궁사(松平永芳 宮司)가 곧 합사했다는 것이 문제였다. 좀 더 심사숙고 했더라면 좋았을 텐데 라고 생각한다. 쓰쿠바 궁사는 야마시나노미야 기쿠마로 왕山階宮菊麿王의 3남, 기쿠마로 왕의 아버지 아키라 친왕(晃親王)은 아사히고 친왕(朝彦親王)의 형제, 나의 아버지와는 이러한 관계에 있어서는 육촌, 기쿠마로 왕의 어머니가 시마즈타다요시(島津忠義)의 삼녀이고 나의 아버지의 어머니와 자매, 이러한 관계에 있어서는 사촌으로서 카쿠슈인 시절에 아버지와 학년이 가까워서 친하게 지냈고, 전쟁 중에는 일시적으로 해군에 가 있었다. 후생성이 낸 A급 전범을 야스쿠니 신사의 본사가 아닌 진영사(鎭靈社)라는 소사(小社, 즉 分社)에 모시고, 어디까지나 본사의 영령은 다르다고 생각하고 있었던 것 같다.

야스쿠니(靖国) 신사의 창립 100년 기념 대제(大祭)에 참배하는 쇼와 천황 (1969년) 사진 제공 : 시사통신사)

이 진영사(鎭靈社)에는 이른바 적군(賊軍)인 아이즈 백호대(会津白虎隊, 에도시대 말기 새 정부군의 적이었던 아이즈 번에서 편성된 부대)의 사망자와 사이고 다카모리(西郷隆盛, 메이지 시대 무사계급이 새 정부를 상대로 일으킨 마지막 반란의 지도자)도 모셔져 있다. 재미있는 생각이 아닌가. 이러한 것으로 일단락이 된다고 생각했던 것 같다. 대화를 할 수 있으면 어떤 생각이었는지 듣고 싶었지만, 돌아가신지 오래다. 안타까운 일이다.

철저한 평화주의자였던 쇼와 천황은 개인적으로 A급 전범으로 된 사람들의 장점을 평가하면서도, 합사에 위화감(違和感)을 가진 것 같은데, 나도 동감(同感)이다.

신도(神道)에서는 한 번 모시면 되돌릴 수 없다는 사고방식이 있지만, 별좌별궁(別座別宮, 별좌는 불교에서 부처님 앞에 음식을 차리는 일, 또는 그런 음식을 차리는 사람. 별궁은 왕이나 왕세자의 혼례시 왕비나 세자빈을 맞이한 궁전)으로 하는 방법은 없는 것일까. 신도는 사람은 죽으면 신이 된다고 하지만, 불교 쪽에서도 칭명(稱名, 부처님과 보살의 이름을 기리는 것)을 하면 정토(淨土)에 왕래할 수 있는 것이고, A급 전범의 성령도 각각 포다이지(菩提寺, 위패를 모신 절)에 진좌(鎭坐)하고 있으니까, 반드시 야스쿠니 신사에 모시지 않아도 되었던 것은 아닐까.

다만, A급 전범의 유족 분들은 전후에 상당히 심한 말로 상처를 입었다고 하지만 그 분들에게는 어떠한 죄도 없다. 일본인의 나쁜 버릇이라고 말하지 않을 수 없다.

이와 같이 시대의 변천(變遷)을 거쳐, 이른바 약한 입장이 된 사람들을, 이때라는 듯이 시류(時流)를 타고 공격하는 부류의 일부 일본인은, 그 유치함에 비해 혼자 잘난 척하려고 하는 의미로 바야흐로 망국의 백성이라고 해야 할 것이다.

도쿄(東京) 재판에서
논의되지 않았던 세 가지 포인트

여기서 끝나도 되지만 좀 더 생각을 진행해 보자.

도쿄 재판에서 논의되지 않았던 큰 포인트 세 가지가 있다고 생각한다. 첫째 천황의 책임. 둘째 미국의 인도적 범죄. 셋째 일본의 식민지에 대한 죄책감이다.

우선 천황의 책임. 연합국 중 많은 나라에서 천황에게 책임을 물어야 된다는 목소리가 있었다. 천황이 맥아더를 첫 번째 만나러 갔을 때, 자신이 모든 책임을 진다고 말한 것에 대해 맥아더가 감동해서 천황에게 책임을 묻는 것을 반대하였고, 키넌(극동전범재판소의 수석 검찰관 : 역자주) 검사들도 그 방향으로 움직였다고 알려져 있다. 어느 정도가 진실인지 모르겠지만, 천황을 일본 점령 정책에 이용하려고 한 것도 있겠다. 쇼와 천황의 평화 지향이라고 하는 것이 알려져 있던 것도 있을까.

사실 쇼와 천황은 전쟁에는 항상 변함없이 반대였고, 천황가의 전쟁 반대 신념은「일본을 둘러싼 사방의 바다는 모두 동포라고 생각하는데 세상에 왜 이런 풍파가 일고 소란이 일어나는 것일까」라는 메이지 천황의 와카를 통해서 나타나기도 했다. 천황은 내각(內閣)이 전쟁으로 가는 것을 막으려고 하거나, 전쟁을 피하려고 노력했다. 반면에 입헌 군주제 헌법에 등지지 않으려는 것을 강하게 의식해서, 내각의 최종 결정에는 'No'라고 말하지 않았다는 것이다. 결과부터 생각하면 전제군주적(專制君主的)으로 반대를 관철했으면 좋았을 것이라고 생각하지만, 당시의 그 상황을 돌이켜 보면 결국은 무리였던 것은 아닐까.

나는 성인이 되고나서는 1년에 여러 번 뵙고, 해외 주재로 나갈 때나 돌아올 때라든지, 가끔 폐하의 식사에 초대를 받아 다양한 이야기를 나누었다. 그 인품, 즉 자신(自分)이라는 것은 없고, 남의 일만을 걱정하는 실로 드문 분이었다. 국민의 일만을 생각하고 또한 국민을 깊이 신뢰했던 마음을 생각하면, 나로서는 도저히 전쟁의 책임을 물을 수만은 없다.

그에 비해 이른바 A급 전범의 사람들은 개전을 최종 결정했다는 점에서 책임을 면할 수 없을 것이다. 나로서는 나치 인사들과 비교해 일말의 동정은 금할 수 없지만, 전형적인 일본인으로서 자기 의견을 강하게 주장하지 않고 주위의 상황을 둘러보며, 싸우면 진다는 것을 알고 있으면서도 결국 개전을 하게 되었다. 정상 참작의 여지는 없다고 할 것이다.

동시에 미래를 위해서도 일본인의 국민성에 대한 충분한 검토가 필요하다. 스스로 생각하고 스스로 판단해야 한다. 따라서 그러기 위한 교육이 꼭 이루어지지 않으면 안 되는 것이다.

다음은 미국의 인도적 범죄라는 것. 히로시마(広島) 나가사키(長崎)의 원폭 투하와 대도시에 무차별 융단 폭격으로 실로 수많은 비전투원, 즉 대부분이 노인, 여성, 유아인 사람들을 살상한 것으로, 본래라면 죄를 묻게 되는 것이 마땅하지 않을까.

미국에게는 전후 70년간에 걸쳐서 정말 신세를 많이 지고 있다. 안보조약 아래에서 안전이 지켜져, 오로지 경제 성장에 전념할 수 있었던 것으로, 이 점은 감사하지 않으면 안 될 것이다. 이제 상쇄(相殺)되어 버렸다고 생각하는지, 거의 어느 누구도 아무 말도 하지 않는 것 같다. 나는 에다지마(江田島)에 있었기 때문에 도쿄 대공습은 잘 모르겠지만, 어쨌든 그 원폭의 흔적은 너무나 비참해서 전쟁을 미워하는 마음이 항상 떠나지 않는다.

히로시마에서는 매년 8월 6일에 추모행사가 열리고 있지만, 전재(戰災)에 의한 죽음 전체의 대표로서 도쿄 대공습의 날인 3월 10일에도 추도의 마음을 합쳐서, 이런 비명의 죽음을 진심으로 애도하는 날로 하면 어떨까. 그 애도를 위한 시설을 만들어도 괜찮지 않을까?

다음으로 일본의 식민지에 대한 죄책감. 태평양 전쟁을 독점 자본주의 국가끼리의 세력 다툼으로 본다면, 후진 자본주의 국가인 일본은 자위전쟁(自衛戰爭)이었다는 설도 성립될지 모른다. 한편 시장을 찾아 군사력을 배경으로 아시아 각국에 진출해서 피해를 주었다는 의미라면 침략 전쟁이라고도 할 수 있는 것이다.

중국에도 조선에도 피해를 준 것은 사실이지만, 전후 70년이 가까이 되어도 아직 옥신각신하고 있다는 것은 어찌 된 일인가? 피해를 준 사실에 대해서는 겸허하게 받아들이고, 피해국과 일본 양측에서 각각 제3자적 조사(第三者的調査)의 전문 인력을 구성해서, 협력하여 충분한 조사를 통해 합리적인 검증 결과에 대해서, 상식에 맞는 배상을 하고 발전적인 상호 관계를 구축하는 것을 왜 초기단계 때 하지 않았던 것일까?

조선에 대해서는 포괄적인 배상을 하면 그것으로 끝이라는 생각인 것 같지만, 이러한 절차가 결여되어 있기 때문에 지금도 옥신각신하고 있는 것은 아닐까. 기본 조약 등은 그 후에 해도 좋았던 것은 아닐까.

일·한·중은 먼 옛날부터 강하게 서로 영향을 주면서 살아왔다. 불교와 유교의 공통 문화권 안에 있기 때문에 서로 이해할 수 없을 리가 없다고 생각한다. 한시라도 빨리 친밀한 관계로 되돌아가 협조해 주지 않으면 안 될 것이다. 중국이 일부러 일본 이외의 먼 나라에서 물건을 수입하는 사례도 있는 것 같지만, 서로 손해라고 하지 않을 수 없다. 이것으로 득을 보고 있는 나라들만 기뻐할 뿐이다. 이것을 도대체 좋다고 할 수 있을까.

한편 중국의 마오쩌둥(毛沢東), 저우언라이(周恩来)(아니면 장개석蒋介石이 먼저인가?)는 이원법(二元法, 중국을 중심으로 발달한 음양 사상의 세계는, 음과 양의 두 가지 요소로 구성되어 있다고 생각하고 두 가지는 반드시 대립하는 것을 의미하는 것이 아니고 오히려 조화하는 것, 조화해야 할 것으로 파악한다)이라는 원리로, 일본의 전쟁을 시작했던 소수의 사람과 그 이외의 일반 국민을 구분해서 배상을 부과하면 오히려 무고한 국민이 부담을 하게 되니까 배상을 요구하지 말자라고 면제해 주었다. 정말 감사할 일이라고 목소리를 높여 말해도 좋을 것 같다. 이러한 것, 또한 미국의 의향(意向)도 있어서 강화 조약으로 배상 면제가 된 것도 일본은 감사해야 한다.

그렇다고 하더라도 일본은 식민 지배로 아시아 사람들을 괴롭힌 점은 자각하고, 그것에 대한 상당한 조치를 취해야 할 것이다. 전쟁터와 시설 공사에 징용되어 가혹한 노동으로 죽은 노동자와 포로들에게도 추도를 하는 등 뭔가를 해야 되는 것이 아닌가.

중요한 것은 국민 전체가
진심으로 명복(冥福)을 기도하는 것

일본의 전사한 병사들도, 나라를 지키기 위해 몸을 바친 사람들이니까 영령(英靈)으로 모시고 감사하는 것은 당연한 일이다. 자주, 전사한 사람이 「천황 폐하 만세」라고 외치고 사망했는지를 묻는 사람이 있는데, 그것은 본질을 벗어난 논의라고 말하지 않을 수가 없다.

만엽집(万葉集, 7~8세기에 편찬된 일본에 현존하는 가장 오래된 와카집)에 나오는 시대의 사키모리(防人, 여러 지방에서 징집되어 3년 교대로 큐슈를 방비한 병사)의 노래 등을 음미해 봐도,「오오키미(大君)」라는 말이 나오는 경우「오오키미」라는 말은 오오키미를 모시는 나라의 모습과 국민 모두를 의미하는 것 같다. 마찬가지로 태평양 전쟁 때는「유구(悠久)의 대의(大義)」라는 말을 자주 들었지만, 일본의 맥맥히 이어져 온 역사, 개개인의 가족도 포함된 일본인 전체, 심지어 일본 국토, 그들 모두를 상징하는 것으로서의 천황이라는 생각이었다.「천황 폐하 만세」라고 하는 것도 그런 생각이 배경에 있기 때문이다. 요컨대, 천황 한 사람을 위해 죽는 것이 아니라, 역시 일본 국민을 또는 후방에 있는 자신의 가족들을 지켜야 한다는 마음으로 싸우고 죽어 갔던 것이 아닐까. 그러한 마음이 아니면 나는 기꺼이 죽을 수 없었을 것이라고 생각한다.

좀 더 말하자면, 일본 국민을 지키기 위해서라는 신념을 위해 싸우다 죽은 병사들은 몰라도, 무기도 없이 식량 공급이 중단되어 산을 헤매다가 굶어 쓰러지거나 병마에 시달린 병사들은 정말 불쌍하다. 일본 국민들은「미안했다, 미안하다」라고 사과하지 않으면 안 된다. 이러한 병사들이 야스쿠니에 모셔져있는 것을, 뭐랄까 일종의 신성(神聖) 모독이라고 하면 지나칠까. 아니면 허울 좋은 말이 좀 지나치지 않는지 생각할 때마다 눈물이 나온다.

이러한 사람들이 야스쿠니에 모셔져 있는 이상은, 직접 전쟁을 시작한 사람들은 야스쿠니에서 물러나게 하고, 일본국민 전체가 이 전쟁의 희생자들의 영이 안전하게 진좌(鎭座)하도록 진심으로 명복을 기원해야 되지 않을까.

요컨대 야스쿠니 신사는 순수하게 전쟁터에서 죽은 자들을 현창(顯彰)하고 추모하는 신사가 아니면 안 된다.

이러한 형태의 야스쿠니 신사라면, 천황 폐하를 비롯한 모든 일본인과 일본을 방문하는 많은 외국인들이, 마치 미국의 알링턴 묘지(Arlington National Cemetery)처럼 구애되지 않고 참배할 수 있는 것은 아닌가. 나도 알링턴 묘지에 꽃을 바친 적이 있다.

방금 「스스로 생각하고 스스로 판단하는 것」이라고 썼지만, 그것은 중국이나 한국 등 외국에서 지적했기 때문에 하는 것이 아니라, 일본인 자신이 스스로 생각하고 스스로 판단해 나가지 않으면 안 된다는 뜻이다.

「적군(賊軍)」도 모셔야 되는 것은 아니었나?

또 다른 마음의 응어리는 보신 전쟁(戊辰戰爭, 1868년 戊辰의 해에 시작한 막부파幕府派와 막부의 반군 도막파倒幕派 사이의 일련의 싸움)이나, 세이난 전쟁(西南戰爭, 메이지10년 1877년에 사이고 다카모리西鄕隆盛를 지도자로 하는 사쓰마 번薩摩藩의 무사들과 메이지 정부와의 싸움)의 소위 관군(官軍)의 전사자가 야스쿠니 신사에 모셔져 있는 것이다. 여러분은 어떻게 생각하는가.

나는 이들 전쟁은 단순한 내전(內戰)으로서, 일어나지 않아도 그만인 하나의 사건이 아닐까 생각한다. 만약 일어나야 할 것이 일어난 것이라고 해도, 국내의 역사적 다양한 원인 때문에 일어난 내전이니 나라를 지키기 위한 전쟁이었다고는 말할 수 없다.

단 세이난 전쟁의 경우 막부 측은 프랑스, 사쓰마 측은 영국의 원조 제의를 거절한 것은 현명했다. 만약 영국과 프랑스의 대리전쟁 형태로 되어 있었으면, 어느 쪽이 이겨도 외국의 지배를 받게 되어 내전으로 끝나지 않았을 것이다.

당시 아시아의 정세, 예를 들면 아편전쟁(阿片戰爭)의 패배로 영국의 세력 하에 있던 청나라 등의 예를 보면, 일본도 상당히 위태롭고 위험한 시기였던 것이다. 이 시기에 미국과의 화친(和親)조약과 통상(通商)조약 협상을 담당한 막부의 가와지 토시아키라(川路聖謨), 이와세 타다나리(岩瀬忠震), 이노우에 키요나오(井上清直), 나가이 나오무네(永井尚志) 등의 준수(俊秀)한 이들, 또한 가쓰 가이슈(勝海舟) 등이 했던 역할에 대해서 재평가되어야 하지 않을까. 훌륭한 외교 교섭이 아니었나 생각한다. 나는 막부 말기와 메이지 유신이 막부 측의 우세로 진행되었다면 어떻게 되었을까 등을 생각한다. 역사의 만약이라는 놀이도 재미있겠다고 생각한다.

단, 여기서 불가사의하게 생각하는 것은, 소위 관군의 전사자만 야스쿠니 신사의 제신(祭神)이 되어있는 것이다. 이러한 전쟁에서는 관군(官軍)도 적군(賊軍)도 없는 단순한 내전이라는 것이 나의 생각이지만, 호국 전쟁이 아니라는 것 이외에 한 쪽을 모시는 경우라면 다른 쪽도 모셔야 된다고 생각한다. 그래야 공정하지 않은가.

야스쿠니 신사는 역사적으로 원래의 화족(華族, 과거 일본 황실 주변의 귀족 계급)이 궁사(宮司, 신사의 제사를 맡는 신관)를 맡아왔지만, 마즈다이라 나가요시 궁사(松平永芳 宮司, 후쿠이福井의 영주)가 퇴임할 때, 다음 궁사 직을 제안한 사람 중에 아이즈(会津)의 마즈다이라 모리사다(松平保定) 씨가 있었다. 모리사다 씨는 원래

제3장

나보다 2학년 위였고 돌아가실 때까지 친하게 지냈다. 그때의 이야기로는 모리사다 씨 자신은 해볼까도 생각했지만, 신하가 「저 신사에는 아이즈의 전사자가 모셔져 있지 않으니까 궁사 직을 맡으면 안 됩니다」고 해서 안 맡게 되었다고 이야기 해주었다. 당연한 일이다.

아이즈 마츠다이라 가(松平家)는 토지가 넓고 쌀 수확량이 많은 다른 큰 번(藩)의 영주가 모두 공작(公爵) 또는 후작(侯爵)이 되어 있는데, 메이지도 한참 지나고 나서 자작(子爵)으로 허용을 받아, 더더욱 사양해서 가타모리(容保)의 막내가 뒤를 이었다. 그 형의 계통으로 지금 도쿠가와 종가를 잇고 있는 도쿠가와 쓰네나리(德川恒孝) 군의 서적(書籍)을 본인에게 양해를 얻어 잠시 인용하기로 한다. 쓰네나리 군은 나의 육촌 동생이고, 나의 영국 주재(1957~60년) 시절부터 교제를 시작했고, 아버님인 마츠다이라 이치로(松平一郎) 씨는 도쿄은행 런던 지점장으로 많은 신세를 졌다. 쓰네나리 군은 그 둘째 아들로 쇼와 15년(1940년) 출생으로 당시 고등학생이었을 것이다. 훗날에 일본우선(日本郵船) 부사장으로 있었고, 퇴임 후에는 세계적인 자연보호단체 WWF의 일본 대표로 활약하고 있다.

> 내가 보신 전쟁에서 싸운 아이즈 백호대(白虎隊) 대원이었던 분을 뵌('뵈었다'라는 표현보다 '안기게 되었다'인지 잘 모르겠다) 것은 분명히 초등학교 2학년 때였습니다. 당시 마쓰다이라 가문의 조부 마츠다이라 쓰네오(松平恒雄, 아이즈 마지막 영주로 교토 수호직守護職을 지낸 마쓰다이라 가타모리松平容保의 넷째)는 전후에 귀족원(貴族院)이 폐지되고

(마지막 귀족원 의장은 나의 외할아버지고 나중에 나의 양부(養父)가 된 도쿠가와 이에마사德川家正였다) 새로 설립된 참의원의 초대 의장으로 시부야구(渋谷区) 쇼우토우(松濤)의 우리 집에는 할아버지의 최대 선거 지반이었던 아이즈의 후원회 분들이 자주 모여 있었습니다(항상 큰 술잔치였던 것 같다). 어느 날, 내가 쪼르르 거실로 나갔을 때 낯선 할아버지에게 안기어 "이름은 뭐냐?"라는 소리를 듣게 되었습니다.

너무 어두운 거실 앞 복도에서 왠지 모르게 시커먼 기모노를 입고 술 냄새가 풍기는 키가 큰 할아버지에게 훌쩍 안겨서 매우 무서웠던 기억밖에 없습니다. 나중에 이 분이 백호대 대원으로 나이가 어렸기 때문에 실제로는 출전하지 못했는데, 그 덕분에 살아남은 분이라고 들었습니다.

…(중략)…

여담입니다만, 아이즈 전쟁에서 죽은 아이즈 측의 전사자는 약 3천 명 정도이고, 칼로 자살한 부녀자는 233명에 달했습니다. 그러나 메이지 정부군은 매장 법회(法要)를 일절 허용하지 않고, 큰 구덩이를 파고 시체를 내던져 매장하고 나중에「전사(戰死)의 무덤」이라는 비(碑)를 세웠습니다.「전사자」라고하면 인간이 된다. 그러나 아이즈의 죽은 자는 인간이 아니기 때문에「전사(戰死)의 무덤」이라고 하라는 지시가 있었다고 합니다. 또한 번(藩) 경계의 산야에서 전사한 아이즈 번사(藩士)의 유해는 방치하도록 엄명이 내려져서, 들개 등의 야수들에게 먹이감이 되게 하였고, 이십여 년 후에 매장 허가가 내려질 때까지 백골로 남아 있었습니다.전국(戰國)시대조차 전투 후에 전장에 남겨진 전사자의 매장은, 양군(兩軍)을 따르는 승려의 손으로 적군과 아군의 구별이 없이 독경과 법회로 장사를 지내는 것이 통례였다고 합니다. 그것에 비해 관군이라는 사람들의 마음은 상당히 거칠어서, 사망자에 대한 예의마저 잃어 버렸다는 것을 알게 됩니다. 그 머나먼 연장선상에, 그 후에 수많은 전쟁이 있었던 것이, 일본에 있어서나, 또 아시아의 많은 사람들에게 있어서도 정말 불행한 일이었다고 생각합니다.〉

― 도쿠가와 쓰네나리(德川恒孝), 『일본인의 유전자』, PHP 연구소)

일본에서는 아마쿠사의 난(天草の乱, 1637년부터 다음 해에 걸쳐 큐슈의 시마바라島原·아마쿠사天草에서 일어난 그리스도교 신자를 위주로 하는 농민 폭동)의 가증스러운 살육을 제외하고는, 에도 시대에 들어서면서부터는 전쟁은 없었고 (농민 폭동 진압은 상당히 있었지만), 보신 전쟁이 재개(再開)의 첫 번째가 되는 셈이다. 이 보신 전쟁은 큰 비판 반성의 재료라고 생각하지만, 에도 시대 이전의 전쟁은 무사끼리 싸웠고, 영지(領地) 이외에 일반적으로 사회적 분쟁의 주요 원인이 되었다. 보신 전쟁에서는 이상스러울 정도의 적대감이 이렇게 가증스러운 현상을 낳게 한 것이다.

많은 비전투원(非戰鬪員)의 죽음은 막을 수 없었는가?

이것이 2차 대전이 되어서는, 징병된 시민끼리의 싸움이 되고, 무기 개발이 진행되고 대량 학살이 이루어지게 되었다. 독일에서는 드레스덴 대공습 등등, 소련에서는 독일군의 진격에 의해, 스탈린도 자국민을 심하게 숙청한 것 등으로 많은 비전투원이 죽게 되었다.

일본군에 의해서도 중국과 기타 지역에서도 폭격으로 전투 중에 많은 비전투원이 연루되었다. 일본에서는 오키나와 전과, 대도시의 융단 폭격과 마지막으로는 히로시마와 나가사키의 원폭 투하로 수백만의 무고한 주민과 노인과 유아가 살육되었다.

이렇게까지 살육이 과연 필요했던 것일까. 적어도 히로시마와 나가사키의 원폭 투하가 없이도 일본은 종전으로 갈 수 있었던 것은 아닌가. 일본이 포츠담 선언을 수락할 때까지 조금만 더 원폭 투하가 보류되었으면 좋았을 것을. 전쟁을 계속할 것인지 선언을 수락할 것인지 내각에서 결론이 나오지 않아, 스즈키 총리가 기자 회견에서 이야기한 「선언 묵살(宣言默殺)」과 「전쟁 완수(戰爭完遂)」라는 발언 (강경한 군부에 대한 방편이었던 모양이지만)이 선언 거부로 여겨져서, 미국 쪽이 원폭 투하를 결정했다는 것은 참으로 안타까운 일이다. 제3국 또는 미국의 정보 조직을 이용하여 무엇인가를 할 수 없었던 것인가 라는 생각이 든다.

본토결전(本土決戰)까지 가면 미군 25만 명의 전사와 일본인 백만 명의 죽음이 예상되었기 때문에 원폭 투하는 정당한 것이라고 믿는 미국인들이 많았다고 하지만, 이런 논리가 있을 수 있는가. 그만큼 첩보가 발달한 미국이 일본의 상황, 그 위기 상태, 항복 직전의 상태를 파악하고 있지 않았다고는 믿을 수 없다. 단순히 소련에 대한 시위였다는 설도 있다.

이러한 관점은 다름 아닌 미국인 중 양심적인 사람들이나 연구자들로부터 나오고 있다. 이런 것들을 성찰(省察)하고 있는 사람들도 미국 사람이나 유럽 일반 사람들 중에도 상당수가 있었다는 것을 지적해 두자.

어쨌든 전쟁을 하지 않았더라면 이런 일은 일어나지 않았을 것으로, 미래를 위해서도 2차 대전의 연구는 심도 있게 진행되지 않으면 안 된다.

어제까지 경례(敬禮)를 한 사람이…

그리고 하나 더 말하면 지금의 젊은 사람들은 상상조차 안될 지도 모르지만, 그 큰 분노의 파도 같은 「신국불멸(神國不滅)」, 「천황제 절대(天皇制絶對)」 등 국가 신도(國家神道) 중심의 흐름이 패전 후 하룻밤 사이에 「미국 추종(追從)」, 「민주주의 견지(堅持)」로 급변한 것이다. 고등과(高等科) 시기에 이런 세태에 농락된 동창생도 있었다.

군 출신의 동창생 중에서 어제까지 나를 보면 상쾌하게 경례를 하던 사람이, 오늘은 옆으로 보고 다음날 반항적인 눈초리로 보는 사람도 있었다. 당시 전쟁 중에 투옥되어 있던 좌익의 사람들, 도쿠다 큐우이치(德田球一), 시가 요시오(志賀義雄) 등등의 사람들이 해방되어 국회에서 활약하게 되었다. 우리는 전혀 몰랐지만, 「천황제 폐지」, 「노동자 단결」 등으로 동급생들과의 논쟁의 대상이 되었다. 나도 『공산당 선언』이나 마르크스의 『자본론』도 읽어 보았지만, 좀처럼 어려워서 완독을 할 수 없었다.

그 군 출신의 동문은 이런 풍조 속에서 좌익 사상에 동조하게 된 모양으로, 나를 「지난 세기의 유물」, 「천황주의자」로 단정해서 비난의 눈초리로 변한 것이다. 그 시대, 그러한 일은 자주 있었다고 생각한다. 이와 반대의 경우도 있었다. 그리고 양쪽 다 모두가 나를 황실주의자로 믿었던 것이었다.

생각해보니 일본인은 사람을 「…주의자」, 「이 사람의 생각은 이렇다」고 틀에 넣어 생각하는 경향이 있는 것이 아닐까. 잡지 『진상(眞相)』에서 다카마츠노미야(高松宮)를 인터뷰했는데, 「다카마츠노미야가 이렇게 말했다, 이것은 우익 사상의 전형(典型)이다, 이것도 그렇다」는 식으로 전부 단정했던 것을 기억한다. 인간은 사상의 자유가 있는 것은 아닐까.

시간이 지나감에 따라 이러한 경향은 누그러졌다고는 생각하지만, 구미에 비해 일본은 자유스럽지 못하다는 생각이 든다. 나는 무엇이든 듣고 또는 읽어서 스스로 판단하도록 유의하고 있지만, 극우도 극좌도 국민을 행복하게 해줄 수는 없다고 생각한다.

나의 일부(一部)를
만들어 주신 분들

전후에 황족의 집에서는 대부분 재정 고문(顧問)을 의뢰한 것 같다. 우리 집에서는 처음에 일본은행의 유키 도요타로(結城豊太郎) 씨, 일본 권업(勸業) 은행의 가와카미 나오노스케(川上直之助) 씨, 일본 흥업(興業) 은행의 카와키타 테이이치(川北禎一) 씨, 또 타이쿄(大協) 석유(石油)의 다카하시 마사오(高橋真男) 씨, 궁내청 장관인 타지마 미치지(田島道治) 씨도 참여하고 있었던 것 같다.

내가 대를 잇고 나서는 일본 흥업 은행의 카와키타 씨, 그리고 그 뜻을 받드는 고와(興和)부동산의 사토 코이치(佐藤悟一) 사장이 정말 친절하게 조언해 주었고, 또 변호사인 사카키 타다츠네(栄木忠常) 씨도 분주하게 잘 해줘서, 우리 집 기반도 확고하게 안정되어 오늘에 이르고 있다.

　일본은행의 유키(結城) 씨 시절부터 무라타 토시히코(村田俊彦) 씨라는 분이 보조(補助)라는 형태로 우리 집에 오게 되었다. 무라타 씨는 전술한 쇼토쿠 태자 봉찬회(聖德太子奉讚會)의 이사(理事)이기도 하고, 아키(安芸) 미야지마(宮島)의 이츠쿠시마 신사(厳島神社)의 사가(社家, 신사에 세습으로 봉사하는 집) 출신이어서, 어렸을 때에 바다 쪽으로 돌출되어 튀어나온 무대(舞臺)에서 아악(雅樂) 춤을 춘 적이 있다고 한다. 상경하여 인력거를 끌고 고학해서 이치고(一高, 旧制 제일고등학교), 도쿄 대학을 나오고 일본 흥업 은행에 입사하여 영국 주재의 이사(理事) 지점장 등을 맡은 사람이다. 관공서에 가서 이야기를 해보니 왠지 마음이 맞아서, 나를 다양한 사람들에게 소개해주거나 여러 사람들에게 데려다 주거나 해서, 일종의 나의 교육담당처럼 되었다.

　당시 이미 80세를 넘겼던 나이였다. 전후는 결코 여유가 있는 시절이 아니어서 오래되고 꽤 낡은 양복을 입고 있으면서도 전혀 신경을 쓰지 않았다. 이즈(伊豆) 시모다(下田)에 데려다 주었을 때, 묵을 숙소를 찾으려고 유명한 여관 앞에서「이리 오너라(거기 누구 없는가)」라고 큰 소리로 호출해서 숙소를 부탁했는데, 소년을 데리고 앞뒤로 짐을 걸은 멜대를 맨 노인을 본 지배인(番頭)은「그 사람에게 돈을 취할 것 같지 않다(돈이 없을 것 같다)」라고 생각했기 때문일까 보기 좋게 거절당했다. 그래서 근처의 또 다른 유명한 여관으로 갔더니 묵게 해주었다. 그리고 보통의 방에서 쉬고 있는데 이상한 일로, 잠시 후에 여주인이 나타나서「실례했습니다. 이쪽으로 오세요」라고 좋은 방으로 안내를 받았다. 나를 어디선가 본 적이 있어서 알고 있었는지, 상상으로 한 것인지, 그 당시에는 아무런 말도 하지 않았기 때문에 지금도 불분명하지만, 다음날 아침 직원이 총출동해서 환송해 주었다. 그리고 버스정류장에서 무라타 씨가 짐을 멜대로 멘 상태로, 오는 버스를 정차시키려고 「어이, 어이」라고 부르면서 달려 가는 것이었다. 노인이어서 힘들었을 것이다. 지금도 선명하게 기억된다.

당시는 아직 황족이 신적강하(臣籍降下)한 직후여서, 누구인지 알게 되면 지금과 달리 크게 소란스럽게 될 것이기 때문에, 무라타 씨와 여행할 때에 숙박부에는 「무라타」라고 쓰고 있었던 것 같다. 있는 그대로의 세상을 보는 목적을 위해서, 그리고 예산을 절약하려고 했기 때문이었다. 이러한 해프닝에 무라타 씨도 깜짝 놀랐고 조금 곤란했던 것 같았다. 이 두 곳 여관의 이름은 적지 않는 것으로 하자.

무라타 씨와의 추억은 이 밖에도 많이 있는데, 나고야(名古屋)에서 다카야마(高山)에 기차로 가고 있을 때, 아름다운 강 옆을 달리고 있었는데, 책을 읽고 있던 나에게 「이럴 때는 경치를 즐겨야 해요」라고 주의를 주던 것이나 선사(禪寺, 선종禪宗의 절)에 묵었을 때 죽순의 밥이 맛있었다는 것 등등이 매우 인상적이었다. 선사에서 돌아오는 길에 나카가와 소엔(中川宗淵, 도쿄 대학 영문학과 졸업 후에 유명한 노사老師가 되었다. 그 당시는 아직 젊은 스님이었고 무라타 씨와는 옛날부터 친한 친구인 것 같았다)씨가 무라타 씨가 가지고 있던 짐 중에서 작은 보자기의 짐을 나에게 말없이 건넸다. 나는 깜짝 놀랐지만 이것도 강렬한 기억 중에 하나다. 이 선(禪)의 마음을 이해할 수 있을까.

도쿄 대학 경제학부의 기무라 타케야스 선생(木村健康先生) 댁에 데리고 가준 적이 있었는데, 토호쿠(東北) 대학 경제학부의 야스이 선생(安井先生)과는 친척인 모양이다. 센다이(仙台)의 댁에 데려 가서 묵었던 것이 아니었나 생각된다.

어쨌든 이 무라타 토시히코 씨는, 당시는 감이 확 오지는 않았지만, 정말 신세를 진 사람 중의 한 명이고, 나의 일부를 만들어 준 사람이라고 정말 감사하게 생각하고 있다. 무엇이든 잘 알고 있는 사람이라는 인상이었지만, 특히 한자의 소양(素養)은 대단했고, 지금의 경제인 중에 이런 사람이 있을까 없을까… 아마도 없겠지.

이것은 또한 할아버지 쿠니요시 왕(邦彦王)의 덕분이라고 감사하게 생각하고 있는데, 쇼토쿠 태자 봉찬회(聖德太子奉讚会) 연구 국비학생은, 모두 나중에 유명한 불교학, 사학, 건축학 등등의 학자가 되었다. 이 중 몇몇 분들에게는 무라타 씨를 통해 친절하게 지도를 받았다. 마루빌딩(丸ビル)에 봉찬회의 사무실이 있고, 거기서 때때로 전술한 선생들이 강사가 되어 공부모임이 열렸었는데, 나도 가끔 들으러 갔었다. 또한 댁을 방문하거나 이야기를 들은 사람들의 이름을 열거하면, 불교학에서는 하나야마 신쇼(花山信勝), 타카시마 베이호(高嶋米峰), 구보타 쇼분(久保田忠文), 와카바야시 류코(若林降光), 사학에서는 사카모토 타로(坂本太郎), 이시다 모사쿠(石田茂作), 불교건축에서는 오오오카 미노루(大岡實) 등의 선생님들이 있었다. 구보타 쇼분 씨를 선생님으로 모신, 법화경(法華経)을 읽는 모임에는 아버지와 둘이서 자주 참석했다. 구보타 씨는 봉찬회의 평의원이고 도쿄 대학과 옥스퍼드 대학에서 사회학을 공부한, 일련종(日蓮宗)의 주지였다. 그 모임에서는 매우 알기 쉽게 법화경을 해설하고, 나에게 영어로 된 사회학 책을 주셨는데 어렵게 완독했다. 과연 그렇구나 라고 납득되는 책이었다.

타카시마 베이호(高嶋米峰) 이사는 도요 대학(東洋大学)의 학장이었지만, 얼마 동안 토요일 오후에는 우리 집에 와서 나에게 여러 가지 이야기를 들려주셨다. 그 중에「무한서(無寒暑)의 곳에 가라」는 이야기가 특히 마음에 남아 지금도 가끔 생각해 본다. 그 이야기의 유래는 잊어버렸지만, 추우니까 피한(避寒)이다, 더우니까 피서(避暑)를 위해 카루이자와(軽井沢)에 간다 등의 이야기가 아니다. 「滅却心頭火自涼(무념 무상의 경지에 이르면 불마저 차갑게 느껴진다는 점에서 어떤 고통도, 마음가짐을 가지고 굳건히 버텨야 한다는 가르침)」그런 말씀을 한 스님(和尙스님)처럼은 못하지만, 마음을 진정시켜 가만히 생각을 집중하면 뭔가 저쪽 편이 보이는 것 같은… 나 같은 평범한 사람은 도저히 도달할 수는 없지만 유의는 할 수 있다. 벌써 60년 전의 타카시마 씨의 모습을 떠올리며「감사합니다」라고 혼자 이야기 한다.

황적 이탈(皇籍離脱)에 대해서

그 시기에 나에게 있어 큰 사건은 황적 이탈, 신적 강하였다. 쇼와 22년(1947년) 10월 14일의 일이다. 그 전에, 연합군 총사령부의 의향(意向)으로 화족(華族) 제도는 이미 폐지되어 있었다. 황실은 천황 일가와 천황의 동생의 가족(오토미야弟宮 아니면 지키미야直宮라고도 한다)을 제외하고, 모두 황적을 이탈하여 신적으로 강하(降下)하게 되었다.

그때는 나에게 이 신적강하가 어떤 의미를 부여하는지 어떤 미래가 기다리고 있는지 감이 오지 않았지만, 경제나 생활 규모의 축소라는 것은 당연하게 일어났다.

황족의 의향에 대하여, 예를 들어 당시 가타야마 데쓰(片山哲) 총리는「이번 전쟁이 종결된 직후부터, 황족 중에서, 종전 후 국내외의 정세에 비추어, 황적을 이탈하여 한사람의 국민으로서 국가 재건에 노력하고 싶다는 의사를 표명하는 이들이 있었다」는 취지를 쇼와 22년(1947년) 10월 13일에 황실 회의에서 말했다고 전해지고 있다. 또 카토 스스무(加藤進) 궁내부(宮內府) 차장도 같은 해 9월 30일의 중의원 예산위원회에서,「황족이 황족의 계열을 떠난다는 희망을 표명한 것은, 종전 직후 황족 중 2~3분이 나왔고, 그 후에도 자주 표명한 것입니다. 특히 새로운 헌법이 시행되기 전에는, 극히 어린 사람을 제외하고, 이번에 황족의 계열을 이탈하려고 하는 열 한 곳의 미야 가(宮家)의 어른이, 거의 전부 황실의 계열을 떠나는 것에 희망을 표명하셨습니다.」고 말했다고 전해지고 있다.

지금 생각해 보면,「거의 전부가 황실의 계열을 떠나는 희망을 표명했다」는 것은 조금 지나친 것 같다고 생각된다. 당시 GHQ(연합군 총사령부)의 의향을 존중해, 그 방향으로 향하게 시켰다고 하는 생각이 저변에 있었다고 말할 수 있을지도 모르고 또한 그것은 당연한 일이었을지도 모른다. 일일이 적는 것은 자제하겠다.

어쨌든 전후 얼마 안 지난 시기부터 GHQ의 총무부가 중심이 되어 재산세 징수, 땅주인이 없는 토지 수용, 공직 추방, 재벌 해체 등의 점령 정책이 실시되고 있었으며, 황족 화족 제도의 폐지도 그 일환이라고 할 수 있다. 천황은 이용하기 위해 남긴 것이지만, 천황

황적 이탈(皇籍離脫)이 결정되어 쇼와 22년(1947년) 10월에 아카사카(赤坂) 별궁(현 영빈관 아카사카 이궁離宮)에서 열린 고별모임에서. 중앙에는 나도 찍혀있다. (사진 제공 : 마이니치 신문사)

제 폐지도 유력한 의견이었던 것이기 때문에 이해할 수 있다. 황적 이탈에 찬성한 황족 들은 당시 상황에서는 저항할 수 없는 것이 명백하기 때문에, 그렇다면 자발적으로 하자라는 생각이 있었을지도 모른다.

이 사건에 대해 부모와 어떤 이야기를 했는지 확실하게 기억나지는 않지만, 나이 많은 황족들 사이에서는 반성의 의견, 또는 황족이라는 신분이라면 이러이러한 것도 할 수 있는데 라는 이야기를 주고받았던 것 같다.

지금 와서 생각하면, 황실의 방비를 위해 화족과 황족을 설치한 메이지 천황의 생각을 감안한다면,「이제 황족을 그만두자」라는 것은 본래 그렇게 간단한 일이 아니었을 것이고 나도 감이 오지 않는 부분이 있다. 하지만 그것도 당시의 시대 상황 때문인 것으로 나중에 이래라저래라 할 일이 아니다.

황적을 이탈할 때에, 쇼와 천황이 초대한 오찬(午餐)이 아카사카(赤坂) 별궁(지금의 영빈관)에서 열렸다. 내가 앉은 둥근 테이블에 아키히토 황태자(후에 천황明仁天皇)가 있었다고 기억한다. 단체사진을 찍을 때 쇼와 천황은 「건강하게 지내세요. 앞으로도 지금까지와 마찬가지로 변함없이 교제를 합시다」라는 의미의 말을 했다.

그 후, 오늘에 이르기까지 천황 황후 두 분을 중심으로 모이는 각종 모임이 1년에 몇 번에 걸쳐 계속 이어지고 있다. 양 폐하의 생신이나 명절, 봄과 가을 등에 식사 모임을 하고, 고희(古稀)나 희수(喜壽, 77세) 등의 축하 모임이 있었고, 황궁에서 자그마한 일상적인 식사도 가끔 있었고, 아악과 음악의 콘서트를 듣기도 했다. 황적을 이탈할 때의 쇼와 천황의 생각은 지금까지도 이어지고 있다고 말할 수 있는 셈이다.

**귀족제도(貴族制度)에 대해
어떻게 생각해야 될까**

유럽에서는, 1차와 2차 대전으로 많은 황실과 왕실이 무너졌다. 유럽의 황실과 왕실은 전제(專制) 또는 그것에 가까웠다. 일본의 경우는 메이지 헌법에서 이미 전제(專制) 권력이 아닌 입헌군주제(立憲君主制)이고, 이른바 상징적 존재가 되어 있었다고 생각한다.

한편, 유럽에서는 왕실이 무너진 여러 나라에서도 귀족은 여전히 활개를 치며 존재한다. 독일이나 프랑스에서도 축소는 했어도 아직도 성(城)에서 살고 있다. 귀족제도 폐지라고 해도 저항하고 있는 것이 눈에 보이고 있기 때문에, 점령군도 손을 댈 수 없었던 것일까.

사실 역사의 흐름을 보면, 인간 집단에 계층이 생겨 집단의 두목이 귀족계급을 구성하게 되면, 그 가운데서 가장 강한 자가 왕이 되는 것이 기본일 것이다.

실제로, 독일 등에서의 귀족 계급은 아직도 강하게 남아있다. 보통 귀족끼리 결혼하고, 결혼 상대가 귀족 중에 없으면 결혼을 안 할 것이고, 절가(絶家)가 되어도 괜찮다고 말하고 있는 귀족이 아직도 존재하고 있다는 것을 알고 있다.

영국에서, 폴란드로부터 망명한 백작이 빈곤 끝에 죽었다는 기사가 있었다. 당시 공산 국가였던 폴란드 귀족이 망명해서 백작이라는 이름을 가지고 죽었다는 것이다. 그러한 강력한 자긍심이 일본의 정서에서는 이해되지 않을지도 모른다.

유럽인은 반대로 일본을 불가사의한 나라로 생각하는 사람이 있다. 나로서 일본은 천황이 있으면서 귀족이 없는 것은 어떻게 된 것인가. 미국은 귀족이 없는 희귀국가이기 때문에 이런 정책을 강요했는가. 그렇다고 해도 일본의 귀족이 어떻게 쉽게 타이틀(귀족 신분)을 버릴 수 있을까라고 몇 명의 사람들로부터 들은 적이 있었다.

유럽과 일본의 사고에 일종의 문화 차이가 있는 것 같은 생각이 들지만, 나는 논쟁거리가 되는 것은, 뭔가 덧없는 생각이 들어서 이야기를 흐지부지 얼버무리고 넘어갔다.

내친 김에 들은 이야기지만, 러시아가 소련이던 시절에 고위 관료가 일본에 시찰하러 와서 평범하게 모든 사람이 중산층인 것을 보고「이것이 우리의 이상이었던 것이다」라고 말했다고 들었다. 하지만 지금은 격차가 상당히 있는 것 같다.

또한 어느 대사관 리셉션에 갔을 때, 젊은 외교관이「일본에서는 하이 소사이어티(상류 사회)가 없다. 이상한 나라다」라고 말하는 것을 들었다. 공산 국가에도 상류층이 있는데라는 뉘앙스 같았다. 인간세계는 계급이나 민족 등 다양한 어려움이 있지만, 일본에는 그러한 문제가 없거나, 적다고하면 이것은 무슨 뜻인가. 전후의 특징적인 문제인 것일까. 이상한 나라라는 말을 듣게 되어도 어쩔 수 없을지도 모른다.

다만 황족이었던 분들도 일반 시민이 되어서 비로소 보이는 것도 있었을 것이지만, 다른 한편으로는 항상 의식에서 황실의 방비라는 것을 잊지 않고,「남을 위해」라는 생각으로 노력해 왔을 것이다. 이 부분은 그렇게 단순하게「일반적인 사람이 되어」라는 것과는 조금 감각이 다른 것일지도 모른다. 그것은 화족이었던 사람도 그럴 것이다.

좀 더 말하자면, 일본은 정말 역사가 긴 나라이며, 또한 집안의 역사를 중요시하는 나라이기도 하다. 황족, 화족뿐만 아니라 많은 사람들이 자신의 집과 가업에 자부심을 가지고, 자신의 집이 가진 역사의 무게를 느끼면서 인생을 보내고 있는 것은 아닐까. 역사 속에서 자신이 어떤 역할을 담당하고 갈 것인가를 생각하면서 살아가는 사람도 많을 것이다. 그것은 외국인에게는 보이지 않는 것일지도 모른다.

일본인은 일본의 역사 또는 각 가정의 역사를 짊어지면서 나라를 위해, 남을 위해 애쓴다. 귀족 제도라고 하는 등의「모양」보다, 본래는 그러한「정신」을 관철하는 것이야말로 중요한 것이다. 앞에서도 말했듯이 쇼와 천황의 생애가 그 대표였던 것 같다.

맥아더의 피아노

이 무렵에 조금 재미있는 이야기가 있다. 그것은 맥아더가 필리핀에서 사용하던 캐딜락과 피아노 2대(1대는 가정용 그랜드, 슈타인웨이Steinway, 다른 하나는 다른 제조업체인 미국 제품인 업라이트Upright)를 집에 들여 온 일이 있다. 전쟁 초기의 일이 순조로울 때는, 노획물로 일본으로 가져 왔지만, 노획한 것들을 육·해군의 상관이나 장관 등이 몰고 돌아다니거나 연주하거나 하는 것은 모양이 좋지 않았던 것이다. 그래서 클래식 음악을 좋아하는 유일

맥아더가 필리핀에서 사용했다(?)는 유래가 있는 피아노. 도쿄 대학 교양 학부에 기증했다. (사진 제공 : College of Arts and Sciences, the University of Tokyo)

한 황족인 아버지에게 그것들이 돌아온 셈이다. 전후에도 그 작은 캐딜락을 몰고 돌아다녔지만, GHQ가 있는 제일생명관(第一生命館) 앞을 지나간 적도 있었다.

그랜드 피아노는 우리가 작은 집으로 이사할 때 큰 절에 처분했고, 업라이트 피아노는 나 또한 여동생과 딸도 애용해 왔지만 최근에 친구인 마츠오(松尾) 악기의 마츠오 사장의 호의(好意)로 도쿄대학 교양학부에 연습용 피아노로 증정했다. 처음에 그 피아노를 치는 기념회 때에 능숙한 학생이 슈만을 연주하기도 하고, 딸도 연주했었는데, 그 후에도 학생들에게 애용되고 있는 것 같아서 매우 기뻤다. 단, 맥아더의 소지품이었다는 증거가 얼마나 있는지는 물어보지 않았기 때문에 없었던 이야기로 해두자.

카쿠슈인의 구제(舊制) 고등학교 시절에 미야시로 쵸(宮代町)의 토지는 국유지로 빼앗기게 되었고, 건물은 재산세를 위해 물납(物納)하고, 할머니의 은거소(隱居所)였던 도키와마츠(常磐松) 집으로 모두가 굴러 들어왔다. 미야시로 쵸의 토지는 메이지 천황에게 받은 것으로, 등기도 내지 않았기 때문에 빼앗겨 버렸다. 다른 황족 중에는 등기를 내고 있던 집도 있었던 것 같다. 글쎄, 다이묘(에도시대 영주) 가문의 땅을 조정이 취해서 우리 집으로 배정된 것이므로 반납하는 것이 어쩌면 당연할지도 모른다.

이 도키와마츠 집은 지금 코카콜라 건물로 되어 있지만, 맞은편은 히가시후시미노미야(東伏見宮)궁, 이후에 황태자 아키히토 천황(재위 1989-2019)이 살았고, 지금은 히다치노미야(常陸宮) 궁, 오른쪽이 코마츠 후작(小松侯爵, 전 해병교장), 그 맞은편이 가쵸 후작(華頂侯爵)의 집, 그리고 히가시후시미노미야(東伏見宮)의 반대편이 원래

농대(農大)였던 아오야마 카쿠인(青山学院)이었다. 2층의 나의 공부방에서 아오야마 카쿠인의 운동장을 바라보고 있으면, 해병의 시절에 배웠고, 그리고 전후에 전직 해군을 방문했을 때, 영호(英豪, 영국과 호주) 군부대가 주둔하고 있던 전직 해군을 안내해 주던 카토 영어교관 같은 사람이 걷고 있는 것이 눈에 띄었다.

이 집에서 시부야(澁谷) 역을 통해 메지로(目白)의 학교까지 다녔는데, 매일 아침에 미야마스 언덕(宮益坂)을 올라 등교하는 아오야마 카쿠인 학생들과 스쳐 지나갔다. 마음 설레게 한 여학생이 있었다. 물론 그것뿐이었지만.

**어머니와의 사별,
그리고 학창 시절의 끝**

이 무렵에 가장 마음에 남는 것은 어머니와의 사별이다. 쇼와 22년(1947년) 6월 28일에 어머니는 배 속에 아홉 번째 아이를 임신한 상태로 급서했다. 학교에 연락이 와서 급히 달려왔지만, 전혀 예기치 않았던 것이었고, 아마 당사자도 그랬을 것이다. 임신 중독증이었는지, 지금이라면 목숨을 건질 수 있었을 텐데. 아버지의 꿈에 어머니가 이별하러 온 것은 전술(前述)했다. 내가 상주(喪主)를 맡았지만, 우리 집에서는 황족으로 죽은 마지막 사람이었다.

당시 할머니는 아직 건재하셨다고는 해도 집안의 기둥을 잃은 타격은 컸다. 어머니는 판단이 뛰어난 사람이어서, 그 전후의 어려운 시대에 좀 더 오래 살았으면 모든 것이 좀 더 순조롭게 되었을 것인데 라고 생각한다. 막내 동생이 3살이 될 때였다. 우리 집 아이

들에 대해서는 용무취급(用務取扱) 담당이었던 할머니인 나가사키 사에코(長崎佐惠子) 씨가 계셨다. 또한 전술(前述)한 기무라 이치요(木村いち代) 씨 등이 정말로 친절히 잘 돌봐준 것에 대해 고맙게 생각하고 있다.

고등과 시절은 꽤 즐거웠다. 공부는 쉽지는 않았지만, 당시의 구제(旧制) 고등학교 학생들 모두 대체로 비슷비슷했다. 우리는 후박나무로 굽을 만든 왜나막신 따위는 신지 않았지만, 알지도 못하면서 칸트의 『순수이성비판』이나 니시다 철학(니시다 키타로우西田幾多郞의 사상 체계)의 『선(善)의 연구』 등을 읽고 무작정 어려운 단어를 사용하여 논의하기도 했다. 인생이란 무엇인가 등. 잘 이해하고 있는 것도 아니었지만, 뒷날의 인생에 뭔가를 남기려고 했던 것 같은 생각이 든다.

음악은 공공연하게 연주할 수 있게 되어서, 친구 몇 명과 작은 오케스트라라기보다는 오히려 실내 앙상블 같은 활동을 시작했다. 후에, 선배들이 점점 모여들어 오케스트라가 만들어져서, 슈베르트의 「미완성 교향곡」이나 베토벤의 8번 교향곡 등을 연주한 기억이 있다. 그 카쿠슈인 오케스트라는 지금도 활발하게 활동하고 있다. 또 졸업생 멤버가 「OB 오케스트라」라는 것도 만들어, 그 쪽도 활동이 활발했던 것 같다.

이제 고등과 시대의 이야기는 이 정도로 하자. 나는 카쿠슈인 대학 제1기생이고 분세(文政, 문학과 정치) 학부 정치학과에 입학했다. 원장(院長)은 야마나시 카즈노신(山梨勝之進) 해군대장에서 아베 요시시게 전 일고 교장(安倍能成 前 一高校長)으로 바뀌었다. 아베 원장이 도쿄대 교수 OB와 현직 교수들을 여러 명 데리고 와서, 마치 제2의 도쿄대 같았다. 정치학과 관계에서는 다나카 고타로(田中耕太郎), 오카 요시타케(岡義武), 다카기 야사카(高木八尺), 오타카 도모오(尾高朝雄), 가토 이치로(加藤一郎), 기무라 다케야스(木村健康) 등.

쇼와 24년(1949년)부터 쇼와 27년(1952년) 졸업까지 일단 성실하게 공부하고, 음악과 수영에 몰두하고, 집에 오는 길에는 신주쿠(新宿)에서 야마노테 선(山手線)을 내려서 무사시노 관(武蔵野館)

카쿠슈인(學習院) 원장을 역임했던 야마나시 카츠노신(山梨勝之進) 해군대장. 해군 차관 재임 때 런던 해군 군축조약의 체결에 분주했다.

이나 그 옆의 2편 상영 영화관 등에 자주 갔었다. 특필할 만한 것도 없이 무사히 졸업했다. 그 당시 도키와마츠(常磐松) 집은 상당히 큰 집으로, 하인도 아직 많았다. 조상으로부터 전해져 내려 오기도 하고, 또한 할아버지가 모으기도 했던 미술품까지 조금씩 처분하면서, 죽순 생활(竹筍生活, 의류·가재 등을 조금씩 팔아 연명해가는 삶)을 어쩔 수 없이 하게 되었다. 그런 생활도 한계가 있어서 집 규모를 축소할 수밖에 없게 되어, 신주쿠 구(新宿區) 니시오치아이(西落合) 2가로 이사했다. 그 무렵의 니시오치아이는 밭이 많아 분위기가 완전히 바뀌어버리는 땅이었다. 그러나 인근에는 친구나 지인도 좀 있어서 고독을 한탄할 일은 없었다.

제4장

나의 회사원생활

해외 주재의 추억

제4장

나의 회사원생활

해외 주재의 추억

해운회사에 입사

졸업하면 당연히 취업하는 것이 보통이지만, 당시 무라타 토시히코(村田俊彦) 씨는 사망했고, 야마나시 카츠노신 전 카쿠슈인 원장(山梨勝之進 前 學習院長)이 여러 가지로 걱정해 주셔서 때때로 댁을 찾기도 했었다. 그러던 어느 날 야마나시 씨가 나에게 신문 스크랩을 보여주면서「이제 해군은 없어졌다니까, 해운 회사에 들어가면 어때요? 일본은 섬나라이기 때문에 무역을 통해 살아나가지 않으면 안 되니, 해운 회사가 절대적으로 필요 합니다」라고 하면서「지금 가장 활발하게 운영되고 있는 곳이 이이노 해운(飯野海運)」이라고 말했다.

그 무렵에 나는 관리(공무원)는 내키지 않았고, 일반적으로는 은행에 지원자가 많았다. 한편 수에즈 운하의 경기로 인하여 비교적 상태가 좋은 해운 회사도 상당히 인기가 있어서, 100명 정도의 동급생 중 6~7명이 해운 회사에 취직했다. 나는 야마나시 원장의 권유도 있고 해서, 일본 유센(日本郵船)도 찾아보았지만, 결국 이이노 해운의 입사시험을 보고 입사가 정해졌다.

당시의 이이노 빌딩은 히비야(日比谷)의 제일생명관(第一生命館, GHQ에 징발되었다)의 대각선 맞은편에 있었으며, 맞은편은 스바루 좌(スバル座, 나중에 닛카츠日活 영화관), 이이노 빌딩과 제일생명관 양쪽 옆에 일본공업(日本工業) 클럽이 있었다. 그리고 이 일본공업 클럽의 건물에서 입사식이 거행되었고, 대졸 15명과 고졸 십수명이 같이 입사했다. 그리고 입사 교육 후 나는 총무과에 배속되었다.

총무과에서는 품의서(稟議書)나 각종 문서 작성 규율을 연일 철저히 교육 받기도 하고 그 이외의 다양한 것을 배웠다. 주주 총회는 총무부 담당 일인데, 총회의 참석자 즉 이사들(総会屋)의 전성기 시절이어서 그들에게 뭔가 시비라도 걸리게 되면 매우 어려워졌다. 젊은 나는 그들로부터 내용이 뭔지도 모르는 봉투를 내놓으라는 명령을 받고서, 굽실거리면서 봉투를 내밀면 애송이가 잘난 듯이 거만하게 몸을 뒤로 젖히면서 받는다. 휴, 이것도 사회의 공부인가?

그 무렵은 수에즈 운하가 붐이어서, 해운 회사도 경기가 좋아 퇴근 후에 자주 상사(上司)가 한 잔 마시러 가자라고 하면 나는 오히려 기쁜 마음으로 따라갔다. 매일 밤에 과음을 한 것이 원인인지 알 수는 없지만, 황달(A형 간염)이 생겨서 두부와 바지락 된장국 같은 것으로 잠시 보냈다. 친구들과도 같이 자주 마시러 갔었는데, 그 당시 초임은 8000엔이었고, 2000엔이면 긴자(銀座)의 술집에서 2

차, 3차까지 돌아다니면서 실컷 마실 수 있었다. 그것은 호주머니 사정의 여유가 있는 부류(部類)의 경우이고, 또한 자주는 무리였다. 덧붙여서, 점심 우동은 한 그릇에 30엔이었다.

주판을 튀기고
월급을 받는 즐거움

회사 생활에도 점점 익숙해진 1년 후에 경리과로 재배속(再配屬)되었다. 경리과에서는 장부 쓰기에 열중하고, 저녁 무렵부터는 산더미 같이 쌓인 전표(傳票)를 젊은 과원(課員)끼리 주판으로 계산한다. 당시는 단위가 엔(円)만이 아니라 전(錢)까지 있었기 때문에 몇 십 몇 전까지 대차(貸借)가 맞아야 한다. 교대로「떨고 놓기를 몇 천 몇 백 몇 십 몇 엔 몇 십 몇 전입니다…」라고 해서, 한 차례가 끝나면 계산 결과를 서로 맞춘다. 나는 초등학교 시절 학교에서 잠시 배운 것뿐이었지만, 곧 따라갈 수 있게 되었다.

가장 의지(依支)가 되는 사람은 오랫동안 경리과에 근무하고 있는 여성 2명이었다. 한 사람은 주판 없이 눈을 좌우로 움직여서 정확한 결과가 나오는 베테랑이다. 그러나 여성은 어느 정도 시간이 지나면 집에 돌려보내지 않으면 안 되어서, 여직원의 귀가 후가 힘들었다. 대체로 막차까지는 결산 결과가 맞아서 돌아갈 수 있었지만, 때로는 결산이 끝나기 전에 막차가 떠났고 그 이후도 계속되었다. 계산이 이어져서 유라쿠쵸(有楽町)역 근처의 목욕탕에 갔다 와서 그대로 책상과 의자를 붙이고 잤던 적도 있었다. 다음 날 상사들이 아침에「안녕」이라고 말하면서 들어올 때 일어나는 지경이었다.

단순하게 들으면 그것이 매우 힘들었겠다고 생각될 지도 모른다. 그러나 다른 한편으로는 노동조합의 위원을 맡아서 노동조합 대회의 허드렛일을 하기도 하면서, 뭐랄까 일종의 보람, 일하고 월급을 받는 즐거움을 느끼기도 했다. 어쨌든 황족 시절에는 돈을 접하거나 만지거나 하는 것 같은 일은 없었으니까.

직원 가운데는 육군 기병대(騎兵隊) 소속이었다는 사람도 있어서, 카루이자와(軽井沢)에서 단체로 승마를 하면서 멀리 가기도 하고, 겨울에는 스키를 메고 만원(滿員) 열차의 3등석 좌석 아래에서 자기도 하며 쿠사츠(草津)와 노자와(野沢) 등에서 주말을 보내는 재미있는 경우도 있었다.

당시 리프트는 아직 없어서 스키 뒷면에 미끄럼 방지 (씰이라는 바다 표범의 가죽)를 붙여 장시간 올라갔다가, 30분 정도 미끄러져 내려오는 것이었다. 스키장에서 스키를 메고 올라가기도 했었다.

조선(造船) 스캔들에
연루(連累)

그 시절에 나의 신변에 일어난 큰 사건은 조선 스캔들이었다.

사정없이 몹시 심하게 타격을 받은 전후(戰後)에, 국민들이 도탄의 어려움 속에서 한걸음씩 서서히 회복의 행보를 진행하는 중에 여러 사건이 일어났다. 국철 총재(國鐵總裁)의 역사(轢死, 자동차나 기차에 치여 죽음) 사건 등의 피비린내 나는 사건 이외에, 당시 소란스러운 몇 가지 사건이 있었다. 쇼와 27년(1952년)에는 샌프란시스코 평화 조약이 발효되고, 한편으로 오키나와(沖縄)는 미국 시정

권하(施政權下)의 상태가 계속되고 있었다. 쇼와 29년(1954년) 1월에 조선(造船) 스캔들 사건이 일어났다.

이 사건은 전술(前述)한 여러 사건과는 다르지만, 이 시대를 대표하는 사건의 하나라고 할 수 있겠다. 전쟁 전(前)의 630만 톤이라는 당시 일본 최고의 상선대(商船隊)는 전쟁 중 수송선으로 징용되어 외항선은 거의 침몰되었다. 일본 부흥은 무역입국(貿易立國) 밖에 없는 것으로, 쇼와 22년(1947년)부터 계획적인 조선이 시작되었다. 70%가 정부 출자의 선박 공단에서, 나머지는 은행이 빌려주는 형태로 대형 선박의 건조가 시작되었다.

그러나 한국 전쟁의 휴전과 함께 해운 조선업에 불황의 폭풍이 불어, 은행 대출이자를 줄이기 위해 국가가 일부를 인수하는「외항 선박 건조이자(建造利子) 보급법(補給法)」의 제정을 해운 업계 전체가 일치해서 손을 쓰기로 되었다. 이 법안은 쇼와 28년(1953년) 8월 국회에서 통과되었지만, 쇼와 29년(1954년) 1월에 사소한 것부터 시작되어 해운조선 업계와 정·관계의 뇌물이 표면화되어 71명에 이르는 체포자가 발생했다.

체포가 자유당(自由黨) 간사장(幹事長)인 사토 에이사쿠(佐藤栄作) 씨에 이르는 단계까지 이르러, 검찰 총장이 사토 씨의 체포 허가 청구를 결정했는데, 이누카이 타케루 법상(犬養健法相, 法相 법무장관)은 검찰청 법 제14조에 따른 지휘권을 발동해, 검찰 총장에게 사토 간사장의 체포 중단을 지시했다. 사토 간사장이나 요시다 시게루 수상(吉田茂首相)에게 누(累)가 미치기 전에 사건은 자세한 해명을 기다리지 않고 끝났다.

이 사건은 패전 후에 일본 정치사의 일대 오점이라는 견해도 있지만, 도쿄 지검 특수부의 독주를 검찰 상층부가 진압했다는 설도 있다.

이이노 해운(飯野海運)은 우연히 침몰되지 않고 남아있는 외항선이 타사(他社)보다 많았기 때문에, 상대적으로 전후의 회복이 빨라 당시 일본의 해운 회사 중에 가장 수익을 많이 올리고 있었다고 알려져, 나도 이이노 해운에 입사했던 것이다. 이이노 해운의 마타노(俣野) 사장은 두목의 기질을 가지고 있는 사람으로서, 모두가 관계하고 있는 죄를 스스로 혼자 짊어졌던 것이라고 하는 사람도 있었다. 이론(異論)도 있었겠지만.

어쨌든 당시 내가 경리과에 있었던 것이, 이 사건에 연루되는 처지가 되었다.

나는 경리과 신참 사원이었는데, 검찰의 요청으로 젊은 동료 몇 명과 함께 무거운 원장(元帳)을 안고 검찰청을 왕래 하게 되었다. 아침부터 어스레한 취조실(取調室)에서 접대비에 동그라미를 치고 뽑아 적는 것이었다. 점심은 도시락을 지참해서 공원이나, 안뜰에서 먹었던 몽롱한 기억이 있다. 자신의 회사를 기소할 증거 수집에 협력당하는 것으로, 속이 석연치 않게 느꼈던 생각이 난다. 검찰청 왕래는 일주일 정도 계속 되었다.

체포된 71명 중에서 기소된 주요 범죄자 중의 7명이 무죄이고, 14명이 집행 유예 선고가 붙은 유죄로 판결되었다.

**젊은 날의
일과 골프**

2년간 경리과에서 근무하면서 그 동안 필요를 느껴서 회계학 책도 상당히 읽었다. 그 다음에 영업으로 돌려져서, 먼저 근해과(近海課)에서 1년 근무하고 다음에 원양과(遠洋課)로 옮겨져서, 입사 5년차인 쇼와 32년(1957년)에 런던 주재원이 되었다.

근해과에서는 규슈와 홋카이도의 석탄을 요코하마에 운반하는 비율이 높았다. 국철용은 성탄(省炭, 공공기관용의 석탄)이라고 불려서 상당히 요구가 엄했고, 또한 작은 배로 운반하니까 날씨에 좌우되는 경우가 많아서, 매일 동정표(動靜表)를 기술하는 것 등으로 여러 가지 세부 작업에 매우 힘들었다. 원양과에서는 외항 부정기 선박으로 밀이나 석탄 등을 세계 각지에서 일본에, 또는 삼국간에 운반하지만, 매일 채산(採算) 잡기에 나날을 보냈다.

매일 잔업(殘業)을 했지만, 과장님이 퇴근하지 않으면 자신의 일이 끝나도 좀처럼 퇴근을 못하였고, 그 중의 과장 한 사람이 「그럼 마시러 가자」고 하면 어쩔 수 없이 (나는 싫지 않았기 때문에 반드시 「어쩔 수 없이」라고는 말할 수 없지만) 긴자(銀座)로 나가는 것이다. 최근의 회사에서는 젊은 부하에게 「마시러 가자」라고 해도 「볼일이 있습니다」라고 말하거나, 또한 근무 시간 외가 되면 「먼저 가겠습니다」라고 하며 퇴한다고 하는데, 그것이 당연한 것이다.

우리 과장님은 골프를 매우 좋아해서, 원양과 소속 모두 함께 다메이케(溜池)에 있던 버디 클럽이라는 연습장에 다녔다.(야스다 코키치安田幸吉라는 유명한 프로가 있어서 때때로 지도를 받았다. 또한 아버지와 신주쿠 쿄엔新宿御苑에 있던 9홀 코스에 갔을 때는, 함께 와서 가르쳐주기도 했다). 토요일에 근무가 끝나면 모두가 자주 치바(千葉) 쪽에 있던 도쿄 대학의 게미가와(檢見川) 농사 시험장에 붙어 있는 9홀 코스나 츠키시마(月島)에 있는 코스에 가기도 했었다. 그 코스들보다 좀 뒤에 생기고, 지금은 공원이 된 세타가야(世田谷)의 기누타(砧)에 있던 나인홀은 우리들의 단골 코스였다. 밤에도 조명이 켜져 자주 쳤다.

음악을 배우고 싶다

여기서 전후 나의 음악과의 관계에 대해 잠시 회고하면, 에다지마(江田島)에서 돌아온 후에 전쟁 전(前)과 같은 속박을 받는 일은 없어졌으므로 음악 학교에 갈 수 없을까 생각했었다. 부모님에게 이야기해 보았더니 반대를 하였고, 이제는 군(軍)이 없어졌으니까 제대로 공부해서 세상에 도움이 되는 사람이 되라고 말씀하셨다. 그 대신에 음악은 취미로 실컷 해보라고 한다. 내가 그 시절 가장 관심 있던, 음악을 만드는 것, 즉 작곡하기 위해 아버지가 알고 지내던 노부토키 키요시 대선생(信時潔 大先生)에게 이야기를 해주셔서, 코쿠분지(国分寺)의 댁에 가서 이야기를 들었다. 당시 작곡하고 있던 곡을 가져갔는데, 예술대학 입시에 응해 보면 어떻겠는가? 작곡과가 아니라 첼로과에 가서도 작곡 공부를 할 수 있다는 제안을 받았다. 예대 입시를 보는 것은 부모가 허락하지 않는다는 사정을 이야기하고 개인 교수를 부탁했지만, 나이가 많다는 이유로, 대신에 예대 교수인 하시모토 쿠니히코(橋本国彦) 선생을 소개받았다.

하시모토 선생도 나의 아버지의 친한 친구였는데, 여러 번 우리 집과 가마쿠라(鎌倉) 코쿠라쿠지(極楽寺) 댁에서 가르침을 받았으나 후에, 선생이 가슴의 병이 위중해져서 그만 중단했다. 그 이후 선생은 바로 별세했다.

그래서 신문 광고를 보고, 예대에서 문부성 인정 통신교육을 하고 있다는 것을 발견했다. 그것을 신청하고, 음악학(音樂學), 화성학(和声学), 대위법(対位法), 작곡법(作曲法), 음악사(音樂史) 등등의 과목을 순차적으로 수강해 갔다. 음악학은 카토 요시유키(加藤成之) 음악학부장, 화성학은 시모후사 칸이치(下総 皖一) 선생, 대위법은 나중에 개인적으로 배우게 된 이케노우치 토모지로우(池内友次郎) 선생, 작곡법은 하세가와 요시오(長谷川良夫) 선생이었다. 화성학에서는 문부대신상(文部大臣賞)이라는 것을 문부성으로부터 받았는데, 그것이 쇼와 27년(1952년) 입사 한 해의 일이었다. 신문에도 나왔으므로 적어 둔다.

나의 결혼

한편 입사한 지 5년 정도 지나서, 슬슬 결혼시켜야 한다는 이야기가 시작되었다.

그 시절에는 남녀 칠세 부동석이라는 전쟁 전에 지배했던 통념이 후유증(後遺症)으로 남아 있어서, 카쿠슈인도 남녀 공학은 유치원만 있었기 때문에, 젊은 여성이라면 사촌 자매(姉妹)밖에 몰랐다. 당연히 맞선을 봐야 젊은 여성을 만날 수 있었으므로, 드문드문 한두 번 맞선 이야기가 나오기도 했지만 결실을 보지는 못했다. 그러는 사이에 카쿠슈인에서 아버지보다 3학년 아래로, 어찌 된 이유인지 마음이 맞아, 테니스, 스케이트, 여행에서 음악까지 즐겁게 지내던 분의 셋째 딸과의 이야기가 부상했다.

나중에 장인이 된 이 분은, 아버지를 좋은 분이라고 말하면서도, 딸이 전(前) 황족 집에 시집가면 다양한 풍습이 있고, 또 어려운 사람들이 많이 있어서 고생한다고 끝까지 반대했다. 고등학교를 막 나온 막내딸을 손에서 떠나 보내고 싶지 않은 기분도 있었을지도 모른다.

나의 할머니는 그 사람이 처가 될 여성이라면 괜찮다고 말했고, 야마나시(山梨) 전 원장과 나가사키 사에코(長崎佐恵子, 할머니의 전前 용무취급 담당) 씨가 마음에 든다고 하게 되었다. 특히 야마나시 씨가 몇 번이나 간사이(関西)에 있는 그 분의 회사와 고베(神戶) 스미요시(住吉)의 댁에 들락날락 하게 되었다. 어쨌든 맞선을 보게 되어서 아자부(麻布) 도리이자카(鳥居坂)에 위치한 국제문화회관에서 엄마 손에 이끌려온 그 사람을 만났다.

내가 오사카에 출장 갔을 때 그곳에 살던 예비 신부와 클럽 간사이(關西)에서 저녁 식사를 함께 했다. 그때 클럽에 피아노가 있었기 때문에 내가 드뷔시의 「달빛」의 중요 부분을 쳤다. 나중에 아내는 「달빛」으로 자기를 낚아챘다고 주장했다. 내가 첼로를 연주하는 것에도 관심이 있었고, 또한 집에서 기르던 셰퍼드 강아지 두 마리를 이 집에서 귀여워했던 것이나, 나의 할아버지인 쿠니요시 왕(邦彥王)을 아내의 할아버지(처아버지는 양자이었으므로 처어머니의 아버지)가 경애하고 있던 것 등도 인연이 되어서 마침내 결실을 맺게 되었다.

지금 생각하면 다행인지 잘못된 일인지 잘 모르겠다. 그러나 57년 동안 대과(大過) 없이 서로 돕고 이어져 오고 있으니까 좋았다고 하자.

아내의 할아버지가 나의 할아버지를 존경하고 있었던 것이야 말로 좋은 인연이라는 것이다. 아내의 할아버지가 나의 할아버지의 급서(急逝) 후, 염장 의식(斂葬の儀, 시체를 매장할 의식) 참석 후, 30일 제의(祭儀) 날에 오사카(大阪) 중앙 방송국에서 긴와(謹話, 삼가 이야기함)를 방송하였다. 기분 좋게 표현한 내용이 있기 때문에 일부 발췌할까 생각했지만, 상당히 길어지기도 할 것 같기도 하고, 또한 당시의 말투가 이해하기 어렵기도 하겠다고 생각하기 때문에 이 사실만을 기록으로 적어 둔다.

요컨대, 전술한 것 같이 할아버지와 가까웠던 사람들이 추억을 이야기했던 것처럼, 같은 것을 이야기하고 있었지만, 처할아버지가 긴와(謹話)를 읽으면서 생각에 잠겨서 울 것 같은 목소리를 내며, 훌쩍훌쩍 하여서 끝까지 읽을 수가 없었다. 듣는 쪽도 눈물을 뚝뚝 떨어뜨렸다고 하는 장모의 이야기다.

이 외에 쇼토쿠 태자 봉찬회(聖德太子奉讚会)의 봉도(奉悼, 삼가 죽음을 슬퍼함)집(集)에 이사(理事)나 평의원 등 많은 사람들의 봉도문(奉悼文), 강연록이 실려 있는데, 그 중의 타카시마 베이호(高嶋米峰) 상무이사의 강연록에서 일부를 발췌해 두자.

삼가 생각하니, 전하(쿠니요시 왕)는 영매(英邁)하면서도 마음이 넓고, 태도가 예의 바르고 총명하면서도 연민이 있고, 자비로운 분이었습니다. 명분을 지키고 규율을 중시하고, 순결을 존중하고 평화를 기뻐하고, 윗사람을 공경하면서 아랫사람을 사랑하기 때문에, 가까이서 봉사하는 사람들은 물론, 적어도 한번이라도 만난 적이 있는 사람들은 빠짐없이, 송구스럽지만 아버지처럼 느끼고, 그리운 마음을 가지고 바라보고 있었던 것입니다.

타카시마 씨와 같은 입장에 서서 생각하는 사람이 있을 수도 있지만, 다른 분은 장례식 전후의 여러 사실도 서술하고 있었다. 쿠니요시 왕비인 치카꼬(倪子)의 만가(挽歌)를 기록해 두자.

> 장례식을 무사히 끝나고 돌아가려고 하는데
> 집이 너무 멀어서 땅거미가 나를 감싸 버리네
> 御はふりも　ことなくはてて　帰るさの
> いへちさひしき　夕まくれかな

하여간 쇼와 32년(1957년) 2월 16일(피로연은 17일)에 증조부에 해당하는 시마즈 다다시게(島津忠重) 내외분을 중매인(仲人, 나코우도)으로 히비야(日比谷)의 도쿄회관에서 결혼식을 올렸다. 그곳은 아직도 오래된 건물로 남아있다. 그 당시의 황족이나 구(旧) 황족도 상당히 왔었다.

전후 수 년 지나고 다양한 문화 활동이 활발하게 진행되어 여러 군데서 다양한 모임이 있었다. 아버지의 친구인 나가사카 하루오(長坂春雄) 씨라는 화가(畫家)분은 전부터 자주 우리 집에 와서 정원에서 스케치 등을 하고 있었는데, 그의 부인인 요시코(好子) 씨는 미우라 타마키(三浦環, 오페라 가수) 같은 왕년의 명가수였다. 당시로서는 드물게 이탈리아에서 공부하고 온 분이었고, 이전에 예대(藝大)에서 가르치고 있었다.

그 부부의 따뜻한 인품은 최고였다. 때로는 불쑥 찾아가면 「어

쇼와 32년(1957) 2월 16일, 우리의 결혼식에서.

서 들어와,라고 해서, 피아노 옆에서 발성 연습을 하거나, 이탈리아의 오래된 노래를 여러 곡 배웠다. 모두가 밤새도록 노래하는 크리스마스의 밤 등은 정말 그리운 추억이 되었다.

3대에 걸친 프랑스 주재 대사라는 모토노 모리유키(本野盛幸) 씨의 아버님도 가끔 왔지만, 그의 제자 중에는 샐러리맨이나 주부나 오페라에서 활약하고 있는 프로 가수 등도 있었다. 그 사람들 7~8명으로 작은 코러스를 만들어, 우리들의 피로연을 꾸며 주었던 것에 대해 정말 감사의 말씀을 전한다.

주재원(駐在員)으로
런던에

결혼 때부터 알고 있었지만, 런던 주재원 발령을 받아 분주하게 준비를 하고 한 달 정도 후에 출발했다. 어쨌든, 전후 12년 밖에 지나지 않은 시절이어서, 일단 안정되었다고 해도, 외지 부임은 드문 일이었고 그 당시의 영국 주재 일본인은 대사관 직원을 포함해 약 300명 정도라고 들었다(지금은, 1만 명 정도 되지 않을까). 대일(對日) 감정도 여전히 험준했고, 배수진(背水陣)은 아니었지만 「조심해라」라는 소리를 들으면서, 잡초가 자라고 있는 하네다(羽田) 공항을 이륙했다.

영국으로 출발하기 전의 일인데, 전후 처음으로 전(前) 황족이 장기 체류한다는 것 때문이었는지, 주영 일본 대사관에 부임하는 나카가와(中川) 공사와 함께 주일 영국 대사인 데닝 씨가 우리 둘을 치도리가후치(千鳥ヶ淵)를 마주하고 있는 대사공저에서의 만찬에 불러주었다.

또한, 우리의 결혼과 해외 부임의 송별이라는 뜻으로, 천황 양위(兩位)분(폐하 양위분)에, 아버지, 히가시후시미 지고우(東伏見慈洽) 양위분, 히가시쿠니 데루노미야 시게코 (東久邇 照宮 成子)님, 다카츠카사 다카노미야 카즈코(鷹司 孝宮 和子) 님 등과 함께 초대를 받고, 식사를 함께하면서 이런 저런 이야기를 나눈 것도 잊지 못할 추억이 되었다.

이이노 해운에는 외국 항공의 대리 부문(部門)이 있어서, 네덜란드 항공(KLM)의 대리점을 맡고 있었기 때문에 직원의 해외 부임이나 출장은 KLM 노선이 있는 한 KLM을 타게 했다. 당시에는 프로펠러기인 콘스텔레이션(별자리)이라는 비행기만 있었다. 그것으로 성층권(成層圈)은 날지 못해서 자주 흔들린다. 공기 주머니(air pocket)에 들어가면 급강하한다. 그리고 급유를 위해 몇 번이나 중간 착륙한다. 하네다 후에는 마닐라, 방콕(함께 일을 한 히로오카広岡 씨가 주재원으로 있어서 공항에서 바나나를 사주었다), 캘커타, 카라치, 베이루트, 로마, 뒤셀도르프, 암스테르담, 거기까지의 소요 시간은 무려 40시간 이상. 비행장에 도착할 때마다 비행기에서 내리고, 음료 티켓을 받고 대기했다. 정말 피곤했다.

암스테르담에서는 영국제 비행기(BOAC였던가?)를 타고 런던에 도착하니, 일주일 정도는 폭음이 귓전에 울리는 것 같았다. 다행히 나는 전술한 공항화물 검사장의 전 싱가포르 포로의 눈에 띄지 않았다.

런던 수석 주재원인 스기야마(杉山) 씨가 마중을 나와 주어서, 첫날밤은 켄싱턴 지구(地區)의 글로스터 로드에 있는 버킹엄 호텔이라는 협소한 호텔에서 묵었다. 3월이라고 하면 일본의 잔디는 아직 시들시들해 있지만, 영국의 벤트 잔디(bent grass, 유럽 원산의 잔디)는 푸른색을 띠고 있었다. 호텔 방 앞마당은 녹색 잔디로 매우 인상에 남았다.

그리고 다음날 아침 꽝꽝 노크 소리에 문을 열었더니, 통통한 아줌마가 「굿모닝」이라고 인사를 하고, 모닝 티를 침대에 올려 주었다. 이러한 서비스는 그 이후에도 거의 받은 적이 없었지만, 오래된 습관이었다.

잠시 쓰는 것을 잊었지만 런던 부임은 새댁 동반이었다. 당시 환율은 고정 환율이어서 영국의 파운드는 1008엔, 미국의 달러는 360엔이었다. 외화 소지가 엄격히 제한되어서 허가를 받는 것에 상당한 고생을 했다. 그리고 대사관 이외의 각사(各社) 모두, 수석 주재원을 제외하고는 대부분 단신 부임이었다.

소년 황족이 본 전쟁

나의 경우, 나의 아버지와 아내의 부모(장인, 장모) 모두 당연히 둘이서 가는 것을 희망하였고, 아버지가 아내의 비행기 값을 마련해 주셨다. 당시 아무리 외화가 부족하다고는 하지만, 아직 몇 명 안 되는 주재원(당시 영국 주재원은 전술한 바와 같이 대사관 직원을 포함해서 300여명 정도라고 했다)의 부임 비용이나 월급 정도는 별게 아니었는데, 정부와 회사에서 상당히 비인도적인 일을 한 것이다.

그러한 이유로 이이노 해운의 경우도, 수석 주재원 외에 다른 한 명인 고마쓰(小松) 씨는 단신이었고, 나도 단신 분의 월급밖에 받지 않았다. 고마츠 씨에게는 미안했지만, 생활이 편하다고는 말할 수 없었다.

고고학(考古學)을 공부하고 있는
노미망인(老未亡人)

호텔에서 하룻밤을 보낸 뒤 스기야마(杉山) 씨가 준비해 둔 영국식 아파트인 플랫(flat)에 들어갔다. 플랫이라는 것은 일본의 아파트와 비슷하지만, 타운 하우스가 연결되어 있는 것 같은 주택용 빌딩 1열의 상하(윗층과 아랫층)로 이어진 한 채 분의 구획을, 옛날에는 한 집에서 사용하던 것을, 각 층마다 손을 대어 간이 부엌, 침실, 욕실과 같이 한 가족으로 살 수 있도록 하고, 이를 대여하는 것이 일반적이었던 것 같다. 우리가 들어간 곳은 켄싱턴 가든에 가까운 퀸즈 게이트 39번이라는 집이었다. 다른 거주자 중에는 스위스인 부부로 네스카페(네슬레사 제품인 인스턴트 커피의 상품명)를 고안한 사람이 있었는데, 나중에는 친해졌다.

하지만, 이 플랫은 임대료가 비싸서 내 월급의 절반이나 지불되어서 다른 경비 등을 절약하는 생활을 하지 않으면 안 되었다. 수석 주재원인 스기야마 씨는 당시 내가 신적 강하(臣籍降下)하고 아직 10년 정도밖에 지나지 않아, 체면도 생각해서 좋은 위치의 숙소를 호의적으로 잡아 둔 것이겠지만, 좀 맛있는 음식도 가끔 먹고 싶어서 1년 후에 임대 계약이 만료되자마자 곧 바로 첼시로 이사했다. 첼시도 고급 주택가가 있어서, 로렌스 올리비에와 비비안 리 부부도 살고 있었다. 영국에서는 길 하나를 사이에 두고 집세가 저렴하다는 재미있는 곳이 있어서 그 싼 편에 있는 플랫을 찾아낸 것이었다.

이 퀸즈 게이트에서 1년 보내는 사이에도 몇 가지 추억이 있는데, 집 주인은 나이 많은 과부로 때때로 티타임에 불러 주었다. 그 집 주인은 정기적으로 친구들을 모아 고고학 공부를 하고 있었는데 참으로 놀라웠다. 텍스트를 정해서, 매번 순서대로 읽는 곳을 정하고 해설을 토론하는 데는 참으로 즐거운 것 같았다. 아마 70~80대의 할머니들이 고고학이라면 감각적으로 이해가 어려울 것 같지만, 공부하는 것이 재미있는 것 같았다. 대단한 것이라고 감탄했다. 영국에는 이런 노인들처럼 공부하는 사람이 많은 듯하고, 일반인이 모여 배우는 클래스가 여러 가지로 상당히 많이 있는 것 같았다.

**사투리는 중요한
역사 유산**

그리고 자동차에 대해서. 영국은 대중교통이 발달되어 있지만, 잠시 주말에 골프하러 가거나 드라이브라도 하려면 차가 없으면 불편하다. 가장 싼 소형차는 영국 포드였지만, 큰 차이가 없는 싼 차로 베이비 오스틴이라는 애칭으로 불린 오스틴의 소형차, 일본의 닷슨 같은 차가 있었다. 일단 4인승이고 작은 모리스와 대략 같은 가격이고, 월급의 5배 정도였다. 그 차를 할부로 구입했다.

나는 운전면허증을 가지고 있지 않았기 때문에 근처의 모터 학교에 갔다. 그리고 1파운드를 주고 1회 수업으로, 갑자기 크게 L마크를 붙인 학교차로 거리에 나섰다. 위태위태스럽게 학교에 돌아와서 물어보니, 면허를 가지고 있는 사람이 옆에 타면 L마크를 달고 운전할 수 있다고 한다. 아내가 일본 면허증을 가지고 있고, 프로비던트 조나르 라이센스(Provident Jonah Le license, 영국에서 운전하기 위한 일시적인 면허)를 받고 있었으므로, 아내를 옆에 태우고 운전을 했다. 골프장의 왕복이나 주말 나들이 등을 하다가, 반년 정도 후에 시험을 봤다. 하이웨이 코드라는 소책자를 받아서 대충 읽고 갔다.

시험관(試驗官)을 옆에 태우고 먼저 실기시험을 봤다. 거리의 가운데를 달리고 돌아다니고, 3점 턴, 백, 급정거하고 정지라고 말한다. 그리고 하이웨이 코드 안의 그림을 가리키며 이것은 무엇이냐고 묻는다. 뭘 말하였는지, 울타리 같은 그림을 '펜스'라고 하니까, 건널목이었는지 시험관은 하하하 웃으며 「이것은 …이다. 이 책을 읽었는가?」라고 물어서 「가지고 있습니다」라고 하니 「너는 운전이 능숙하니까 패스(합격)다. 이것을 줄 테니 제대로 읽어라」고 해서 하이웨이 코드 책 1권을 주면서 풀어 주었다.

이 운전면허를 취득하는 비용은, 처음에 모터 학교에서 치른 첫 번째 수업료인 1파운드뿐이었다. 당시는 고정 환율제로 1파운드는 1008엔이었고, 나중에 일본에 귀국하고 나서 일본은 아직 운전 면허의 국제조약에 가입되지 않았기 때문에 필기시험만 보게 되었다. 어쨌든 1파운드(1008엔)로 운전면허를 취득한 것이라고 나는 뽐냈다.

영국인은 실제적(實際的)이라고 할까 실용적(實用的)이라고 할까, 제대로 운전만 할 수 있으면 되고, 그 하이웨이 코드라는 소책자에 적혀있는 것은 대부분 상식적인 것으로, 나도 대강 읽고 머릿속에 집어넣었다. 면허 시험을 생각해 보면 영국답다고 할까, 일본이라면 어떻게 했을까 라고 생각했던 적이 있었다. 영국인은 실질적이고, 이것은 괜찮다고 판단되면 진행하는 기질이 있고, 그러한 편이 일이 잘 풀릴 것처럼 생각된다. 일의 내용에 따르겠지만.

이 베이비 오스틴은 나의 3년 반에 걸친, 영국 체류 동안에 상당히 잘 달려 주었다. 북쪽을 향하여, 스코틀랜드까지 A3라는 일반 도로(조금 넓지만 신호등이 많은 도로)가 있다. 아직 고속도로는 없었기 때문에 어쩔 수 없었다. 밤이 되면 돈이 없었기 때문에 도로 옆에 차를 멈추고 아내와 함께 웅크리고 잤다. 주말이고 시간이 없어서 결국 에든버러 밖에 구경을 못했다.

그 A3 도로를 달리다 보면, 스코틀랜드에 들어가는 경계에 팻말이 서 있다. 「Welcome to Scotland」라고 적혀 있었다. 돌아오는 길에는 「Haste ye back to Scotland」라고 적혀 있었다. 서둘러 돌아와라고 하는 것이지만, ye는 고어로 thou의 복수형이고 "너희들"이란 뜻이다. 현재의 고속도로에서는 볼 수 없다고 생각한다. 있다고 해

처음 런던 부임에서 최초로 살았던 플랫(flat)과 할부(割賦)로 구입한 베이비 오스틴. 이 플랫은 내 월급의 절반이 나가는 주거공간이었다.

도 못보고 지나칠 것이라고 생각한다. 참으로 재미있다고 생각했다.

그밖에 서쪽은 웨일즈(Wales)에서 콘월(Cornwall), 서쪽 끝의 랜즈 엔드(Land's End)에도 갔었는데, 가장 장거리 드라이브는 독일을 거쳐서 프랑스까지의 여행이었다. 젊은 주재원은 짧은 휴가밖에 취하지 못해서, 부활절 나흘의 휴식에 도버 해협을 페리로 건너, 모젤 강변에서 1박 하고, 다음날은 계속 달려서 라인강 강변을 거슬러 올라가서, 하이델베르그에서 짧은 휴식을 취하고, 다시 밤새 달려서 파리에 도착했다. 소르본에서 연구를 하고 있던 사촌을 찾아가 1박하고, 다음날 카레에서 도버 해협을 건너 영국으로 돌아왔다.

하이델베르그에서 파리로 가는 도중에, 잠시 졸음이 닥쳐와 덜

컥 정신을 차리고 보니, 가로수 바로 앞에서 급히 핸들을 잡아서 겨우 위기를 벗어났다. 나중에 차를 세워 좀 자고, 파리로 향했다. 아침에 비추어진 시골의 작은 교회가 인상적이었다. 파리에서 루아요몽이라는 수도원(Abbaye de Royaumont)의 정원이 예쁘다고 들어서 가보았더니, 저녁시간이라서 문이 닫혀 버려 매우 유감이었다.

잉글랜드, 스코틀랜드, 웨일즈, 북 아일랜드는 하나의 국가로, 그레이트 브리튼(Great Britain)라고 하지만, 역사적으로는 앵글로색슨이 켈트를 구축해서 잉글랜드(어원은 앵글의 나라)를 만들었기 때문에, 잉글랜드와 스코틀랜드는 민족이 다르다. 스코틀랜드(웨일즈, 아일랜드)는 켈트어(Celtic)도 사용되고 있다. 그리고 잉글랜드와 스코틀랜드의 축구경기는 국제 매치라고도 말할 수 있다고 한다.

스코틀랜드는 예전에는 다른 왕가(王家)가 있었지만, 독립 운동의 뉴스는 새로운 소식이다. 스코틀랜드의 정장(正裝)에서는, 남자는 치마와 같은 킬트를 입는다. 킬트의 무늬는 일본의 가문(家紋)처럼, 맥도날드, 스튜어트, 맥베스, 맛킨레 무늬 등등으로 정해져 있다. 그리고 킬트에 긴 양말, 곰 가죽 등의 모자, 병사(兵士)의 복장으로 백파이프를 연주하면서 행진하는 것을 테투(tattoo)라고 하는데, 스코틀랜드 행사에서는 반드시 볼 수 있다.

에든버러에서 칵테일파티에 참석한 적이 있는데, 스코틀랜드 영어는 이른바 즈즈벤(ズーズー弁, 일본 동북지방 사투리)으로, 날씨가 추우니까 입을 오므리고 발음하는 것이다. 덴마크 등 북유럽어도 입을 오므리고, 목구멍을 사용하여 독특한 소리를 내는데, 도

저히 일본인에게는 정확한 발음을 하기가 매우 어렵다. 즈즈벤이라고 하면, 지금은 차별어가 되는 것일까? 나에게 동북지방의 사투리는, 왠지 그리운 듯한 친근한 느낌으로, 전혀 차별 따위 같은 생각은 없지만.

영국에도 상당히 많은 사투리가 있는 것 같지만, 나는 사투리는 소중히 다루어져야 된다고 생각한다. 중요한 역사의 유산이고, 태어난 곳이 어디냐에 따라 다르게 말하겠지만, 사투리도 자꾸자꾸 말하면 좋은 것이라고 생각한다.

윗사람의 시선(視線)으로 본
문화 사업

이런 일에 관련하여, 자칫 잘못하면 차별감을 갖게 해서, 유색인종 차별 등으로 발전할 수 있는 것이지만, 나의 영국 체류 기간 동안의 경험에 대하여 적어 보자.

내가 영국에 건너가기 전 야마나시 전 원장(山梨 元院長)의 소개로 주일 브리티시 카운슬(영국 문화 협회라고 번역할까, 각국에 지부를 두고 영국 문화 소개를 하는 기관. 일본에는 없다)의 소장을 만났을 때에, 영국에 가면 본부에 들려서, 영국 문화에 친숙하도록 권고를 받았다. 그래서 영국 도착 후에 본 협회 본부에 가보니, 다양한 모임과 견학을 하고 있기 때문에 참여해 달라고 한다. 바로 모임에 가보니, 공부하러 온 젊은이가 한자리에 모여서 협회의 훌륭한 사람들의 이야기를 듣고 있었다.

「여러분은 영국이라는 오래되고 뛰어난 문화를 가진 나라에서 배울 수 있어서 정말로 행복하다. 반드시 공부를 열심히 해서, 자신의 나라에 돌아가서 여러분의 나라를 한 단계 위로 끌어 올려야 한다」고 말한다. 조금 지나치다고 생각했더니, 여럿 있던 흑인 중 한 사람이 나에게 와서「넌 동양인인가, 지금의 연설을 어떻게 생각하니? 나는 아프리카에서 왔는데 나의 나라도 오래되고 뛰어난 문화를 가지고 있어」라고 말한다. 나는「그렇다」고 말했다.

그리고 다른 때도, 역시 모임에 나가기로 되어 있었지만 회사 일이 너무 바빠서 열중하다보니, 깜박 잊고 있다가 아차하고 알았을 때는 이미 모임이 시작된 시간이었다. 말하지 않아도 되는데, 나는 모임의 회장에게 전화를 걸어「미안하다. 바로 간다」라고 했더니「늦는다고? 그게 무슨 소리야. 성실하지 않네요」라고 여성 부장에게 호통을 당했다.

나는 영국에 공부하러 온 학생이 아니라 주재원으로 일하고 있는 몸이다. 원래 이러한 외부 회의에 나오는 것 자체가 무리였던 것이다. 상대방도 알고 있었을 것이다. 주말 견학회 같은 것도 있었지만, 주말은 회사의 교제도 있고, 아내와 함께 보내고 싶어서 브리티시 카운슬 쪽은 탈퇴하기로 했다.

브리티시 카운슬의 훌륭한 분들은 성의를 가지고 대응하고 있다고 믿고 있을 것이다. 그러나 윗사람의 군림하는 듯한 자세로는 원활한 문화 사업을 기대하기는 어렵지 않을까. 물론 그 부분을 잘 알고 노력하는 사람도 있겠지만, 우리에게 외국을 향한 비슷한 활동이 있다면 유의해야 할 것이다.

아내는 마찬가지로 브리티시 카운슬의 소개로 로저스 씨라는 부인을 만났다. 그녀는 아내를 런던의 박물관이나 가까운 곳 여러 군데 데려다 주고 여러 가지 이야기도 해주어서 정말로 많은 신세를 졌다. 남편은 전 뱅크 오브 잉글랜드에 근무한 전형적인 영국인 신사였다.

「Big Bang」과 「Big Bun」

그 무렵은 아직 전후 십 수년 밖에 지니지 않아서, 대일 감정도 대체로 좋다고는 말할 수 없는 시대였다. 앞에서도 적었지만, 일본군의 잔학(殘虐) 영화 등이 인기가 있어서, 영화관 앞을 지나가던 일본인이 목을 졸리게 되었다든가, 술집에서 「일본인이야?」라고 물으면 「아니, 차이니즈」이라고 대답하는 것이 좋다는 말도 있었다.

한편 영일(英日) 동맹을 맺고 있던 시절에, 일본에 거주했었거나 어떤 관계를 가지고 있던 영국 노인들은 일본을 그리워하면서 우리를 자주 불러 주었다. 주일 영국대사관의 육군 무관(military attache)으로 근무했던 피고트 씨. 지금 여왕의 할아버지인 조지 5세의 메리 황후의 여관장(女官長)을 지냈던 스웨즈링 씨 (Dowager Lady) 등 여러 사람들. 피고트 씨의 컨트리 하우스에서의 하이 티 (High Tea)는 그리운 추억으로 남아있다.

하이 티라는 것은 보통 부인이 만드는 샌드위치와 스콘이라는 비스킷과 홍차를 준비하여, 주말에 컨트리 하우스의 넓은 정원에서 테니스를 하기도 하고, 대화를 나누면서 친구들과 즐거운 시간을 보내는 것이다(정원이라고 한정된 것도 아니다). 홍차와 신선한 우유, 그 분량은 각각 자신의 입맛에 따라 기준이 있다. 부인이 차와 우윳병을 양손에 들고 「하우 두 유 라이크?(How do you like?)」

라고 묻는다. 홍차와 우유의 비율을 말하면 넣어 준다.

홍차에 관해서, 나는 홍차는 영국에서 마시는 것이 가장 맛있다고 생각한다. 일본은 비싼 찻잎을 수입하는데, 정말로 감칠맛이 부족하다. 영국의 물은 경수(硬水)이고 철분이 많은 탓이 아닐까라고 생각한다. 일본에서 나는 커피냐 홍차냐고 권유를 받으면, 커피라고 답한다. 그것은 전적으로 내 개인적인 견해이지만.

그리고 스콘의 대형 비스킷인 방(bun)라는 것이 있다. 한가운데가 솟아올라서 분위기가 딱 가슴 모양이다. 일본에서는 1990년대, 금융관계「빅뱅(Big Bang)」이 끊임없이 화제에 오르고 있을 무렵에, 주일 외교관들 사이에서 다음과 같은 농담이 있었다고 들었다. 전혀 명예스럽다고 할 수 없지만.

「하토 버스(비둘기 버스, 도쿄에 온 관광객이 자주 타는 관광버스)에 미국인과 영국인의 부인이 나란히 앉고 있었다. 가이드가『지금 일본에서는 빅뱅이라는 것이 유행하고 있어』라고 했는데, bang을 bun으로 발음했기 때문에, 한 사람은 가슴을 움츠리고, 한 사람은 엉덩이를 꿈지럭거렸다」

이것을 듣고 모두 웃었겠지만, 방(bun)은 그 모양 때문에 미국, 영국에서는 어느 쪽이 어떠했는지 잊었지만, 가슴 또는 엉덩이의 은어인 것이다. 일본인이 bang 발음을 못해서 bun 발음으로 해버리는 농담이므로, 일본인에 있어서는 전혀 재미없는 것이지만.

뭐 그런 이유로, 한편에 일영 동맹 때문에 친구 같이 느끼는 사람이 있다고 한다면, 다른 한편에는 잽(jap)이라고 깔보는 사람도 있다(시드니에서도 나를 향해 작은 목소리로 잽이라고 말한 할머니가 있었다).

하지만 술집에서 귀찮게 생트집을 잡혔다고 해서, 화만 내고 있는 것이 좋은 것일까. 전쟁 중, 우리는 미국과 영국을 「귀축(鬼畜) 미·영」이라고 불렀다. 이건 좀 별종이라고 할 수 있을지도 모른다. 그러나 중국인을 「챤코로」라고 했다. 이것은 미국과 영국 사람들이 우리를 잽이라고 하는 것과 유사한 멸시하는 칭호다. 조선인도 한층 얕보고 있었던 것이 일반적이었다. 중국도 한국도 역사상 문명의 스승인데.

국제 관계에서도
「일시동인(一視同仁)」을

마찬가지로 전 세계 어디에서나 정도의 차이는 있어도, 이런 차별 감정이 소용돌이치고 있다. 일본 안에서도 따돌림이나 또한 왕따가 있다. 그리고 가벼운 마음으로 저 녀석은 시골 사람이라거나, 그는 스콧(스코틀랜드 인)이라거나, 미국에서 인디언(네이티브 아메리칸)이라고 말하거나.

영국 주재 시절에 느낀 것이지만, 일본인 그룹은 이와는 반대 심리라고 할까. 일본인끼리 모이는 경향이 있어서, 나는 유감스럽게 생각했다. 주말은 일본인끼리만으로 골프를 친다. 물론 그러한 교제도 회사의 일을 생각한다면 필요할 것이다. 일본의 해운회사는 쇼와 39년(1964년) 집약(集約) 합병 이전에는 상당히 많았고, 나도 일본의 해운회사의 매달 골프모임에는 거의 나갔다. 그러나 영국인이나 기타 나라 사람들이 섞인 골프모임 등의 교제도 유의할 필요성이 있었을 것이다. 모처럼 외지에 와 있으니까 그것이 자신을 위한 것이기도 하다. 최근에는 일본인이 늘어났기 때문에 일본인만 교제하고, 현지 일은 현지 직원에게 맡겨서 영어를 말하지 않고 있는 사람도 있는 것 같지만, 이것은 어찌 된 일인가.

또한, 이런 일이 있었다. 칵테일 파티에 참석했는데, 외무성 이외의 성(省)에서 파견된 참사관의 부인이, 외국인 사이에 들어가 이야기에 열중하고 있는 것을 보고「저 사람은 조금도 우리와는 교제를 안 한다」는 목소리가 들렸다.

이러한 것은 인종 편견이라고 할까. 차별감은 인간의 숙업(宿業)일지도 모르지만, 지혜가 열리고 도를 깨달은 고승(高僧)은 정말「일시동인(一視同仁)」인 것이다. 기본적 인권이나 남녀평등 등을 말해도, 이러한 숙업에 제한을 받는 한, 진짜 행복이나 평화는 오지 않는 것이다. 국제 관계에서도 일시동인의 마음으로 접근하고자 노력하고 대처해 나가는 것이 바람직하다.

다소 관련이 있을지도 모르기 때문에 적어 보지만, 신적 강하(臣籍降下) 후, 십 수년이 지난 일본인의 사회에서는 전(前) 황족이라는 인식이 강했다. 그와는 별도로 그냥 보통으로 대응하는 사람이 대부분이었지만, 그 중에는 일종의 반감을 가진 사람도 있었다. 영국인들은 당연히 유아어하이네스 (殿下, Your Highness) 라든지 프린스(Prince)는… 이라든지 하면서 말을 거는 사람이 있었지만, 일본 대사관 젊은 관원 중에「그 사람은 이제 아닌데 프린스라고 부르게 하고 있다」라고 말하는 사람도 있었다. 영국인에게 프린스라고 부르지 말도록 부탁하면, 왜 그래 라고 하면서 불가사의하게 느끼는 사람이 있었다.

30년이 지난 후, 두 번째 영국 체류할 때 이러한 일본인은 이미 없어졌고, 영국인도 모두 미스터 또는 퍼스트 네임으로 부르게 되었다.

영국에서
음악 수행(修行)

여기에서 내가 매우 좋아하는 음악에 관한 이야기를 해보자. 영국 런던에 큰 오케스트라라고 하면 필하모니, 런던 필, 런던 심포니, 로열 필이 있는데, 나는 필하모니를 특히 좋아했다. 오토 클렘퍼러(Otto Klemperer)가 자주 지휘를 했다. 그리고 미국과 유럽 각국의 오케스트라나 실내악단이 자주 와서 로열 페스티벌 홀 등에서 많은 음악회가 열렸다.

좋은 자리도 대략 1파운드, 코벤트 가든에서의 오페라는 좀 비쌌지만, 우리도 즐길 수 있었다. 월 평균 다섯 번 정도는 갔을까.

오스트리아 잘츠부르크(Salzburg, 오스트리아 사투리는 '살츠'에서 '잘츠'라고 탁음으로 발음하지 않는다)에서 8월에 모차르트 월간(月間)이 있었는데, 이것도 한 번 보러 갔다. 3일 동안으로 마티네(오후의 콘서트) 중 1번은 비엔나 필, 미트로풀로스(Dimitris Mitropoulos) 지휘로 프란체스카티(Zino Francescatti)의 바이올린으로 브람스의 협주곡 등이었다. 3일간 밤에는 오페라에서 베토벤의 「피델리오(Fidelio), 모차르트의 「코지 판 투테(Così fan tutte)」와 「피가로의 결혼(La Nozze di Figaro)」. 비엔나 필, 카를 뵘(Karl Böhm)의 지휘였다.

일일이 콘서트에 대해 작성하면, 한 권의 책이 되어 버리므로,

연주자의 일부의 이름을 적는 걸로 멈추자.

一. 지휘자, 스토코프스키(Stokowski), 카라얀(Karajan), 비참(Beecham), 콜린 데이비스(Colin Davis), 베이누무(Beinum) 등. 작곡가 스트라빈스키(Stravinskii), 코다이(Kodály)도 왔다.

一. 피아니스트 클라라 하스킬(Clara Haskil), 길레르스(Gilels), 데무스(Demus), 바두라 스코다(Badura-Skoda).

一. 비오리니스트 스턴(Stern), 슈나이더한(Schneiderhan), 메뉴인(Menuhin), 밀슈타인(Milstein), 오이스트라흐(Oistrakh) 등.

一. 첼리스트, 푸르니에(Fournier).

一. 기타, 세고비아(Segovia).

一. 실내악, 베를린, 비엔나 등 옥텟(octet, 팔 중주단), 스메타나(Smetana), 아마데우스(Amadeus) 등 쿼르테트(quartet, 사 중주단)

一. 실내오케스트라, 슈투트가르트 실내 오케스트라, 이무지치(I Musici) 등.

一. 가수, 슈바르츠코프(Schwarzkopf), 빅토리아 데 로스 앙헬레스(Victoria de los Ángeles), 피셔 디스카우(Fischer Dieskau), 티토 고비(Tito Gobbi) 등.

영국에서 작곡 공부를 계속하려고 당시 대표적인 음악 대학이었던 로얄 칼리지 오브 뮤직(The Royal College of Music)과 트리니티 칼리지 오브 뮤직(Trinity College of Music)과 길드홀 스쿨 오브 뮤직(The Guildhall School of Music) 세 곳에 가봤다. 직장인은 휴가 아니면 밤 밖에 시간이 없다. 길드홀 스쿨 오브 뮤직은 회사의 사무실 근처에 있고, 부교장(副校長)으로 작곡 주임(主任)인 윌슨 선생이, 그렇다면 점심시간에 오라, 30분만으로도 괜찮다면 봐줄게 라고 하여서, 주당 한두 번, 샌드위치를 한 입에 넣으면서 달려갔다.

3년 사이에 영국 음대에서 사용되고 있는 하모니(화성학, 和聲學), 카운터 포인트(대위법 對位法), 푸가(둔주곡, 遁走曲) 등 교재는 일단 끝냈다. 윌슨 선생은 오페라를 작곡 중이었는데, 자신의 집이 있는 지방 도시에서 아마추어 오케스트라를 조직하고 지휘를 하고 있어서 들리러 가기도 했었다.

포일(W & G Foyle Ltd.)이라는 서점에는, 음악 섹션에는 우선 영어의 음악서는 빠짐 없이 놓여 있었다. 자주 음악 책을 구하러 여기저기 다녔다. 기타 해운 관련 서적 등도 자주 샀다.

주말 시간을 보내는 방법 중
골프가 가장 쌌다

여기에서 골프의 이야기가 나오지 않을 수가 없다. 영국은 골프 발생지인 만큼 정말 많은 코스가 있다. 모든 도시와 마을에 최소한 하나의 코스가 있고, 유명한 코스도 방문자를 거의 1파운드(pound)로 받아들인다. 스스로 골프백을 올려 놓고 끌고가는 도구(영국에서는 트롤리라고 한다)를 구입해 차량에 실어 둔다. 이 1파운드 이외의 비용으로는 술집에서 마시는 한 잔의 맥주(영국에서는 '비타'라는 것을 잘 마시고, 일본의 맥주와 비슷한 '라거'도 있다) 뿐이고 저렴하게 플레이할 수 있다.

당시는 근처의 리치몬드 파크에 있는 퍼블릭(공용) 골프장에 아내와 자주 갔다. 2실(실링shilling의 약자) 6펜스(Pence)를 하프 크라운이라고 했는데, 1파운드의 8분의 1, 130엔 정도로 몇 라운드도 할 수 있었다. 1파운드는 20실링, 1실링은 12펜스이고, 하프 크라운(half crown, 영국에서 쓰이다가 1971년에 폐지된 통화 단위)이라는 말 이외에 기니(guinea, 1파운드 1실링, 영국에서 쓰이다가 1971년에 폐지된 통화 단위)라는 표현도 자주 사용되었다. 그 무렵 영화를 봐도 최소 3~5실 정도 들었으니 주말 생활은 골프가 가장 쌌다.

이 리치몬드 파크의 퍼블릭 골프장은 상당히 즐길 수 있는 코스로서, 중간에 산토끼가 구멍에서 깡충 깡충 뛰어나와 놀기도 했다.

런던에서 50마일(80킬로미터) 이내의 골프장을 망라한 해설서가 있지만, 1페이지에 6개 정도에, 200페이지는 되었을 것이다. 수천 수백 개의 골프장이 있는 것이 아닌가. 해설서를 분실해서 부정확하지만 어쨌든 많은 것은 사실이다.

일본에서 골프는 1조 4명이 보통이고, 그 이유는 골프장의 수입과도 관계가 있을 수도 있다. 영국에서는 1조 2명이 보통이고, 3~4명으로 돌고 있어도, 뒤에서 2명의 조가 따라오면 바로 먼저 통과시킨다. 「땡큐」라고 손을 올리고 빨리 지나간다. 초보자나 노인 등 느린 조는 자꾸 통과시켜 기분이 좋다.

메이페어(Mayfair, 도쿄 야마노테 같은 곳)에서는 신사만(여자는 현관에서 한 걸음도 들어가지 못함)의 클럽이 많이 있었다. 그 당시 세인트 앤드류스(St · Andrews)의 오래된 석조의 훌륭한 클럽하우스에는 여성은 출입 금지였고, 길을 사이에 둔 곳의 간단한 탈

의실을 사용하게 되어 있었다. 아내는 거기에서 「오늘의 게임은 어 땠어?」라고 친절하게 말을 걸어오기도 했다.

여름 휴가는 영국인은 최소 2주 정도 취하는 것이 일반적이었지만, 일본인 주재원은 그럴 수가 없었다. 첫 해는 겨우 5일간 휴가를 받아 일주일 노르웨이를 여행했다. 영국인 친구들은 왜 그렇게 짧은가라고 하지만, 저렴한 단체 여행은 모두 최소 2주의 설정(設定)이므로 무척 비싸다. 뭐 어쩔 수 없다. 짧았어도 아내와의 노르웨이 여행은 즐거웠다. 아름다운 피요르드. 해안 어느 피요르드에 접한 호텔의 오래된 숙박부에는, 아사카 야스히코(朝香鳩彦) 작은할아버지의 서명이 있었다. '카운트 아사'라고 적혀 있었지만, '프린스 아사카'라고 하면 눈이 뗜다고 생각했는가. 사실 '프린스(황족)'인데, '카운트(백작)'라고 쓴 것이다. 작은할아버지는 잠시 파리에 있었는데 그렇게 자칭하고 있었던 것이다. 나중에 본인에게 이야기하니 「아, 그랬어」라고 회상하는 것 같았다.

아내가 아들을 임신한 1959년에는 둘이서 1주일 이탈리아를 여행하려고 계획했지만, 아내는 그만두는 편이 좋을 것 같다고 말해서 나도 그만두려고 했다. 그러나 아내는 혼자라도 모처럼이니까 다녀오라고 말해서, 혼자서 기차 여행을 했다.

빨리빨리 서두른 여행이었지만, 나폴리 산타 루치아 해안의 생선 요리점에서 저녁식사를 하고 나서, 역으로 가려고 걷기 시작하는 순간에, 거처가 없는 일본인 같은 사람이 이쪽으로 걸어오는 것이 눈에 들어왔다. 「어떻습니까?」라고 물으니 「아니, 로마에 가고 싶은데」라고 답한다. 마침 나도 가려는 참이었기 때문에 야간열차를 함께 탔다. 그는 모치다 제약의 모치다(持田) 사장이고, 사진 촬영을 위해 다니고 있다고 한다. 감사한 마음으로 헤어지고 런던에 돌아왔는데, 손님과 함께 햄프턴 코트를 걷고 있다가, 또 다시 우연히 그를 만났다.

모치다 씨는 귀국하고 나서도 가끔씩 만났다. 나에게 사진집을 주어서 받아 봤더니 나의 것도 적혀 있었다. 비교적 빨리 돌아가셨다는 것이 아쉬운 일이다. 그 당시 유럽에서의 일본인 여행자는 적었고, 모치다 씨 밖에 보이지 않았다.

영국 요리는 맛이 없어?

영국 주재원이 된 후, 바로 대리점인 램버트 브라더스에 연수생(인턴)으로 1년 남짓 파견되어, 오후 5시까지는 그 대리점의 다양한 부서에서 일하고, 5시 이후에는 대리점 직원들이 시간 엄수로 귀가하기 때문에 이이노 해운(飯野海運) 사무실에 가서 일을 도왔다. 이 대리점은 주로 유럽의 많은 선박 회사의 대리점을 맡고 있고, 그 선주의 아들들을 연수생으로 받아들였다. 연수생 동료는 정기적으로 오찬을 하면서 친해져서, 영국 근무 후에도 일본 등에서 만나거나 크리스마스 카드를 교환하기도 하면서, 몇 명 사이에서는 관계가 계속 이어졌다.

점심 때 가자고 해서 퍼브(술집)에 가면 대개 파인트 (pint, 0.57리터) 비터(bitter, 맥주)를 마시는 것이지만, 한 잔 마시면 다음은 내 차례라고 해서 다른 사람들에게 한 잔씩 사준다. 8명이 있으면 8잔 마시니까 상당히 취한다. 물론 마실 수 없다고 해도 되지만, 득

의양양해서 마시곤 했다.

운송 계약을 취급하는 브로커 부문에서는, 발틱 익스체인지라는 회관(Baltic Exchange, 발트 상업 해운 거래소)에서 하주(荷主) 측의 대리인과 협상해서 운임 기타를 정하지만, 구두(口頭)로 이러이러하다고 말하고, 결정 후에 계약서 없이 픽스처 노트라는 종이 한 장만으로 처리하는 것이 일반적이다. 신용 장사가 철저하게 관습화되고 있는 것에 놀랐다.

선박 방문 일도 공부가 되었다. 일본에서도 각 항구에 지점과 출장소와 대리점이 하고 있는 것과 같은 일이지만, 대리점을 맡고 있는 선박 회사의 크고 작은 선박(내항선의 중소형 선박이 많았다)이 런던 항구에 입항하면 방선(訪船)하고 연락 사항을 전달하고 요구를 듣는 일이다. 여러 가지 세세한 일이지만, 억양이 강한 영어, 특히 외국 선박 선원의 영어는 알아듣기 어려웠다. 담당 구역은 둘이서 하고 있어 꽤 바쁜 것 같았다.

그 둘 중 한사람은 이탈리아 이민자인 폴리 씨고, 또 한사람은 전형적인 코쿠니(Cockney)였다. 코쿠니는 런던의 서민층 계급의 말이다. 투데이(오늘)가 투다이(죽을)라고 들린다. 때때로 꼼꼼히 생각해 보지 않으면 잘 알아들을 수가 없다. 플랫 창 청소하러 와주는 사람이나 주유소 직원 등에 많은 코쿠니 말투의 사람들은 대개 사람이 좋고 기분 좋은 사람들이었다.

영국에는 저녁 재킷(턱시도)은 가지고 갔지만, 모닝코트와 테일코트(연미복)는 사용할 일은 없을 것이라고 생각해서 가지고 가지 않았다. 그랬더니 1년에 한번 여왕 주최의 버킹엄 궁전에서 가든파티에 몇 안 되는 주재원 중에서 매년 몇 명이 대사의 소개로 참석하는데, 어느 해에 우리 순서가 돌아와 참석하게 되었다. 이 파티에 남자는 회색 모닝에 실크해트(모자)로 정해져 있다.

또한 길드(장인 조합, 이 경우 해운업 조합이라고 할까) 대회가 길드 홀에서 개최되어, 대리점 사장이 나를 불러 주었다. 또한 일본과 거래가 많은 오래된 상사 세일 상점의 세일 사장이 아룬델(Aarundel) 성에서의 야회(夜會, 밤 모임)에 권유하여 동행했다.

이 두 번은 연미복을 입어야 되는데, 영국에서는 이럴 때 예복 대여 가게인 모스 브라더스가 있고, 거기에는 참 많은 크기의 옷을 가지고 있기 때문에 나도 찾아갔다. 거기서 실크해트와 함께 예복을 빌린 것이지만, 아룬델 성에서 무도회 때, 세일 씨가「요즘은 모스 브라더스에서 빌려 오는 사람이 있다」고 말했기 때문에 흠칫했던 기억이 있다.

영국 체류 3년 반 중의 끝 무렵에는 텔렉스가 보급되었지만, 토요일에는 텔렉스 오퍼레이터(조작원)인 여성은 출근하지 않아서, 본사와의 통신은 여전히 전보였다. 전보국을 호출하여 'A포 애플', 'B포 브라더', 'C포 찰리', 'D포 도버' 등과 같이 전문용어로 전화로 말하기 때문에, 모두 기억했었지만 좀처럼 힘들었던 것도 그립게 기억이 난다.

영국의 레스토랑에 관해서 젊은 사람은 상상할 수도 없겠지만, 당시 일식 레스토랑은 한 집도 없었다. 근처에 간단한 중화 요리, 이태리 요리가 있고, 드물게 폴란드 요리가 있어서 가끔 먹으러 갔다.

영국 음식은 맛이 없다고 하는 사람이 많았지만, 때때로 고급 영국 요리점에서 대접받으면 맛도 있었고, 와인도 서비스(무료)였다. 영국이 EC에 가입하기 전에, 그때는 높은 관세 때문에 대륙 와인은 일반 상점에는 거의 없었고, 주로 맥주(비터 중심)였다. 스카치 위스키는 스코틀랜드의 민속주라고 해서 (반 농담) 맥주가 많았던 것 같다.

장남의 탄생과
아버지의 죽음

쇼와 34년(1959년) 10월 30일에 장남이 태어났다. 영국의 내셔널 헬스 서비스는 당시에는 꽤 훌륭한 활동을 하는 곳으로 많은 신세를 졌다. 건강 보험료를 징수하는 관청은 따로 있었기 때문인지, 외국인에게는 전혀 청구가 없어서 미안한 일이지만, 그대로 되었다(보험료를 지불하지 않았다).

임신 후에 정기적으로 검사가 있는데도, 우리는 첫 경험이어서 비교적 태평하게 생각하고, 마침 로열 페스티벌 홀에서 열린 뉴욕 필하모닉 연주회에 갔다. 마지막 곡인 브람스의 교향곡 제1번 2악장이 연주될 무렵부터 통증이 시작되었는데, 아내는 태평스럽게 뭔가 나쁜 것을 먹었는가라고 했다. 귀가 후 통증이 멈추지 않았기 때문에 병원에 전화를 하니, 즉시 데려오라고 했다. 구급차를 부를 카드도 받고 있었지만, 병원이 골목을 사이에 두고 건너편(세인트 스티븐스 병원)에 있었기 때문에, 호우(豪雨) 중에 우산을 쓰고, 가만 가만히 걸어가서 병원의 문을 열었더니, 「잘 왔어요, 남편은 돌아가요, 태어나면 전화를 하겠습니다」고 한다.

자지도 못하고, 밤을 꼬박 뜬눈으로 보내는데도 전화가 없어서 그냥 출근하여 근무하고 있는 동안의 오후 5시 반을 지나 전화가 와서 아기가 태어난 것을 알게 되었다. 뷰티플 보이(예쁜 아들)라고 한다. 급히 병원으로 달려갔지만, 산실에서 나오지 않아서, 못 보다가 그날 밤 10시경이 되어서 겨우 아기를 잠시 만나게 해주었다. 행복한 아내의 얼굴을 바라보며, 아기와 대면하게 되었다. 소등 후의 큰 방 병실에서 손전등을 가진 간호사의 안내를 받아서 만난 것이었다.

이제부터는 이러한 행복이 계속되겠지 라고 생각했더니, 한 달 후에 이번에는 아버지가 위독하다는 전화가 걸려 왔다. 당시의 국제 전화는 신청해도 연결할 때까지 몇 시간이나 걸리거나, 또한 찍찍거려 목소리도 잘 들리지 않는 상태였다. 나는 깜짝 놀라 처음에는 어떻게 해야 될지를 잘 몰랐다. 큰일이 났다고 회사에 연락했더니, 일시 귀국 허가가 내려졌다. 감사히 받고 귀국했다.

당시는 북극으로 돌아가는 항공로가 시작되어서, 부임 때보다는 상당히 빨리 귀국할 수 있었다. 그리고 일본 적십자 병원으로 달려갔더니, 아직 아버지의 의식이 있어서 아들의 출생을 보고했는데, 매우 기뻐하시는 것 같았다. 손주의 사진을 유심히 바라보고 있었다. 그리고 아이 이름 아래의 글자를 존(尊) 증조부 아사요시 친왕(朝彦親王, 法名 尊融 法親王)의 한 글자를 취했다고 했더니 가냘픈 목소리로「집을 재건할 아이구나」라고 말하시던 것을 잊을 수가 없다.

고우준(香淳) 황후도 문병 와서, 오랫동안 아버지의 손을 잡고 이마에 수건을 올려놓고 가만히 바라보고 있었다. 아버지와 고우준 황후는 사이좋은 남매였고, 아버지가 해군사관학교 방학 때는 하늘을 바라보며 저것은 무엇이라는 별이라고 가르쳐 주었다 등의 이야기를 해 주었다.

아버지는 12월 7일에 영원한 잠이 들었다.

술은 마시지도 않는(마실 수 없는)데 간경변(肝硬變)이라는 병명이었다. 58세였다.

가와사키 기선(川崎汽船) 이적(移籍)과
음대(音大) 다니기

다시 런던에 돌아와, 주말은 아들을 유모차에 태우고 공원을 걷는 나날을 보냈다.

이듬해 쇼와 35년(1960년) 8월에 전근 명령을 받고, 아내와 캐리콧(손으로 운반하는 아기 바구니. 영국 친구가 이것에 들어간 아들을 번데기 같다고 말했다)에 넣은 한 살도 안 되는 장남과 셋이서 하네다 공항에 내렸다.

본사에서는, 정기선부(定期船部) 호아과(濠亜課, 호주와 아시아의 뜻)라는 곳에서 과장 보좌로 서호주(西濠州) 항로를 담당했다. 왕항(往航, 일본에서 갈 때)은 잡화, 복항(復航, 일본에 올 때)의 중심은 양모(羊毛)였는데 넣는 공간이 대부분 모자라 고생했다. 화장실에라도 넣어 보내지 않겠는가라고 말할 정도였다.

본사가 부지를 구입해서 사옥을 신축 이전했기 때문에, 이이노 빌딩으로 지금까지 남아 불황 때 큰 도움이 되었다.

마침, 이 무렵 쇼와 36년(1961년) 8월에 차남이 태어났다. 차남은 초등학교 1학년의 중간에 외국에서 일본으로 돌아와, 좀처럼 공

아직 어린 나의 큰 아들이 나의 막내 동생과 놀아주고 있다.

부나 학교생활에 적응하지 못해서 고생했지만 착하고 익살스러운 아이였다. 머리를 부딪칠 때, 「아, 머리에서 ☆(별)이 나왔다!」라고 말하거나, 내가 드물게 집에서 저녁 식사를 한 후에 아이들과 말잇기 놀이(しりとり)나 수수께끼 놀이(なぞなぞ)를 했을 때, 내가 「위에서 넣고 아래에서 나가는 것은 뭐야?(우체통으로 생각)」라고 하면 눈을 빛내면서 「사람!」이라고 외친 것을 기억한다.

1960년 런던에서 돌아와, 가스미가세키(霞が関) 컨트리클럽에 입회할 무렵, 골프장도 골프 인구도 아직 적어서 시작은 도착 순서대로, 일요일 8시 이후에 시작하면 오전에 전반 1라운드, 오후에 후반 1라운드 해서 편하게 오후 4시경에 마칠 수 있었다. 드물게 2라운드 하프를 하는 경우도 있었다. 60년 동안의 친한 친구인 니시무라 히데호(西村日出穗) 씨에 의하면, 초가을의 날에 나와 골프했을 때, 끝날 무렵에는 어둑어둑했는데도 퍼터를 했다든가 하는 좋은 시대였다(그 때가 좋았다). 작곡 공부를 계속하려고 예대(藝大) 프랑스계 작곡학의 전문가인 이케노우치 토모지로우(池内友次郎) 선생이 매주 토요일 오후에 일・불(日・仏) 회관에서 개인 교습을 하고 있다는 것을 알아서, 이치가야(市ヶ谷)의 일・불 회관에 다녔다. 유명한 테오도르 뒤부아의 「대위법과 푸가의 연습」(Th. Dubois:Traité de contrepoint et de fugue, HEUGEL)이라는 텍스트를 사용하여, 일주일에 1~2항목을 한다기에, 이 정도면 좋다는 생각을 하고 갔지만, 결코 좋다는 평가를 못 받았다. 그리고 첨삭 받고 보니, 납득할 수밖에 없는 능력 부족을 통감한다. 정말로 소리가 가지는 깊이, 뉘앙스의 미묘함에 눈을 뜬다는 느낌이 들었다. 이케우치 선생의 제자는 마유즈미 토시로우(黛敏郎) 등 현대 일본의 유명 작곡가가 많지만,「마유즈미 군 따위는 숨어 다니며 좀처럼 오지 않는 거야」라고 했다. 알 것 같았다.

또, 음악공부에 대하여 이야기 하자면, 일본에서 음대에 다닌 적은 없지만, 어떤 모습인지 시험해 보고자, 무사시노 음대(武蔵野音大)의 2부(야간) 입시에 합격해서, 뭐가 이뤄질지 모르겠지만 하여튼 해보자고 마음먹고 입학하게 되었다. 당시 2부가 있는 음대는 무사시노(武蔵野)와 구니타지(国立) 뿐이었지만, 무사시노 캠퍼스 쪽이 가까웠기 때문에 무사시노를 지원한 것이었다.

마침 이 무렵, 쇼와 39년(1964년) 즉 도쿄 올림픽의 해에 해운업 집약(集約) 합병이 이루어져, 여섯 핵심체(核心體)라는 것이 생겼다. 이 경위는 생략하지만, 이이노 해운(飯野海運)은 정기선 부문을 분리하여, 가와사키 기선(川崎汽船)과 부분 합병을 했다. 나는 이이노 해운에서 정기선 부문에 있었던 적도 있어서, 4월 1일에 가와사키 기선으로 이적했다.

가와사키 기선에서는 우선 경리부 정리과(整理課)라는 과에 배속되어 주임이 되었다. 보통 과장대리(課長代理)라든지 과장보좌(課長補佐)라는 직계(職階)이지만, 가와사키 기선에서는 주임(主任)이라는 이름이었다. 정리과라는 부서는 선박마다 주로 정산(精算)하는 것이 주된 일이었다. 마침 4월 1일부터 무사시노 음대 수업도 시작되었다. 회사에서는 우선 반드시 초과 근무하지 않으면 안 되기 때문에 보통은 통학이 불가능했다. 일반 대학을 나왔기 때문에 전문(專門) 과목만 수강하면 된다고 해서, 부득이하게 결석한 경우도 상당히 있었지만, 2~3교시 수업이 많아, 어떻게 해서든지 진행해 나아갈 수 있었다. 이 정리과에는 또 다른 주임이 있어서 그 사람에게 사정을 말해두고, 조금 눈치를 보면서 회사를 벗어나는 경우도 있었다. 1년이 지나서, 이번에는 경리부 경리과(經理課)로 옮겨져, 주임으로 은행 관계를 주로 담당했다. 가와사키 기선은 당시 본사는 고베(神戸)에 있었고, 본사 경리부만큼 어려운 사무 처리는 아니었지만, 주력 은행 삼사(三社)와의 접촉은 항상 유지되어야 하며, 월말이 되면 그 중 1사(一社)의 마루노우치(丸の内) 지점 차장이 내 자리 앞에 주저앉아 「오늘 하루라도 좋으니까, 어딘가에서 이만큼을 염출(捻出)해서 입금해주세요」라고 말해서 꼼짝도 못했다. 그 사람과는 술집에서 자주 마셨다는 기억이 새삼 떠오른다.

칠레에서
스페인어 실패담

쇼와 41년(1966년) 봄에, 갑자기 칠레로 부임해 달라는 이야기를 들었다. 남미 서안(西岸) 항로는 전쟁 전부터 기와사키 기선 독점 항로로 이어진 중요한 항로이며, 수도 산티아고에 단독 주재 사무소가 있었다. 최근에는 「외지는 싫습니다」라고 거절하는 사람도 있다고 들었지만, 그 당시는 오히려 외지 주재는 좋은 경험으로 즐거워하면서 갔다.

나는 스페인어는 물론 처음 배운다.『스페인어 4주』등의 교재를 샀지만, 매일 밤마다 인수인계 및 환송회로 관계 부처나 단골 거래처와 시간을 보내고 심야에 귀가해서, 도저히 공부할 틈도 없이 한 달 후에 칠레에 부임했다.

그런데, 부임 직후에 큰 실수를 저질렀다. 기록하지 않는 편이 좋을지도 모르지만, 실화이고, 또한 젊은 사람들에게 도움이 될지도 모르기 때문에 작정하고 적어 보기로 하자.

도착해서 며칠은 회사 옆에 있는 호텔 판 아메리카노(Hotel Panamericano)에 묵었는데, 첫날 아침에 최상층의 레스토랑에서 아침 식사를 하였다. 보이(웨이터)가「토스타다 도스우에보스아라코파 카페」라고 해서, 아무 말 없이 고개를 끄덕였다. 토스트와 두 개의 반숙계란을 와인 잔에 올린 것과 커피가 나온 셈이다. 그런데 다음날 아침에「토스타다 도스우에바스아라코파」라고 절반의 자신감으로 말을 꺼내자 보이는 깜짝 경직해서, 손으로 더 이상 말을 하지 않아도 된다는 뜻으로 중지를 시켰다. 식사는 나왔지만, 주변의 테이블 손님들은 순간 뭐라고 말할 수 없는 듯한 얼굴로, 나를 응시하는 사람, 모른 척하고 손을 쉬고 있는 사람 등. 왠지 이해 못한 상태로 출근해서, 대리점의 영국계 칠레인에게 이야기했는데, 크게 웃으면서「네버 세이 댓 어게인(Never say that again)」라고 말했다. 뭐야,「우에보」는 계란이라는 의미이지만,「우에바」가 되면 여성 국소의 은어라고 한다. 스페인어로는 나중에 알게 된 사실이지만, 명사(名詞)의 마지막이 o의 경우는 남성 명사, a의 경우는 여성 명사가 될 경우가 많다. 니노(남자), 니나(여자)처럼. 이 경우는 상상에 맡기자. '도스 (둘을) …을 원하다'고 말했던 셈이다.

유사한 실패담을 들은 적이 있으므로 나온 김에 공개하기로 하자.

어느 메이커의 윗사람이 이탈리아에 출장을 갔다. 공항에서 짐 검사가 있었다. 친구인 일본인 주재원에게 주려고 가지고 온 가츠오부시(가다랭이 고기를 가열한 후 건조시킨 일본의 저장 식품)를 가리켜 "이것은 뭐냐?"고 묻는다. 가다랭이의 영어는 물론 이탈리아어도 몰라서「도라이(dried)도 가쓰오」라고 했더니, 검사관은 깜짝 놀라서 꼼짝 안하고 잠시 침묵을 지키다가, 잠시 후에 통과해 주었다고 한다. 알고 보니 그 뜻은 뜻밖에도 남성 물건의 은어였다고 한다. '말린…'이라고 말했으니 놀라는 것은 당연하다. 그 이야기는 당사자로부터 직접 들은 이야기다.

이러한 깜짝 이야기는 아니지만, 비슷한 이야기를 하자. 장인이 이태리에 출장갔을 때, 식후에 감(柿)이 나왔다. 거래처의 이탈리아인이 감을 이태리어로 뭐라고 하는지 아는가 묻기에, 영어로는 '퍼시먼'이니까 '페루시모네'인가라고 했더니, 웃으며 '가키(감의 일본어)'라고 하므로 찍소리 못했다고 한다. 옛날 일본에서 전해간 것일까. 언어의 수출입은「덴프라」가 포르투갈어이고, 이와 같은 경우가 다양하게 있다.

세계에서
가장 높은 곳에 있는 골프장

그럼, 일에 관한 이야기는 재미없을 것 같으니까, 앗! 하고 놀라는 이야기를 두세 가지 해 보자.

볼리비아의 수도인 라파스에 출장 갈 때, 비행기는 안데스 산맥의 정상에 있는 좁은 비행장에 내렸다. 4,000미터 이상 된다고 하는 만큼, 춥고 산소가 적기 때문에 호흡이 힘들게 된다. 초원에 라마나 알파카라는 소형 낙타 같은 것이 달리며 놀고 있다.

차로 조금 내려가면 라파스 시내에 들어간다. 호텔에 체크인하고 대리점을 방문했다. 그런데 엘리베이터가 고장이 나서 4층 사무실까지 계단을 걸어 올라가야 했다. 심장이 심하게 두근거려서, 계단의 4~5단을 오를 때마다 휴식을 취했다. 고객에게 돌면서 인사를 마치고, 저녁 식사에 물 탄 위스키(水割り)를 마시며, 비틀비틀거리며 휴식을 취했다.

일찍 호텔에서 쉬었지만, 출장자는 대개 도착하면 호텔에 체크인하고 바로 자든가, 또는 침대가 높아서 바닥에 누워 자든가 하는 사람이 많다고 한다. 첫날부터 일을 하고 술을 마시는 사람은 드물다고.

다음날은 고객들을 순회하고, 그 다음 날은 골프를 했다. 세계에서 가장 높은 자리에 있는 골프장이라고. 후지산(富士山)보다 훨씬 높다. 잔디도 드문드문해서, 티를 꽂고 친다. 공기가 희박하기 때문에 잘 날아간다던데 그것은 주민의 이야기다. 심장은 방망이질을 하는 것 같아서 겨우 걷는 정도이고, 골프 클럽을 치켜들 수가 없다. 찔끔찔끔 쳐서 겨우 한 라운드를 돌았다. 출장 온 사람으로 한 라운드를 돈 사람은 들어본 적이 없다고 했다.

훗날에 영국에 두 번째로 주재했을 때, 아프리카 나이지리아에 출장을 갔다. 일본인 주재원 그룹의 골프 모임에 참가했는데, 그 곳은 모두 모래다. 페어웨이(골프 코스. 짧게 잘 손질된 잔디로 구성되어 있으며, 치기 쉬운 지역)에서는 대개 티업으로 했다고 생각하지만, 그린(골프장에서 홀 주변의 잔디를 짧게 깎고 정비한 지역)이 모래 그린이어서, 큰 접시 정도 크기의 홀과 볼 사이를 갈퀴로 고르게 하고 친다. 공은 비교적 잘 들어갔다. 참으로 신기한 골프의 이야기.

라파스는 골짜기에 있고, 작은 언덕이 몇 개 있고, 주민의 대부분은 인디오다. 중산모자(中山帽子)를 쓰고 코카를 씹고 있다. 택시는 합승해서 타고, 손님들을 계속 타고 내리게 했다. 요금 계산 방법은 잘 몰랐다. 택시 안은 일종의 독특한 코카 냄새로 가득 차 있었다.

인디오는 우리와 같은 몽고계 인종으로, 오래전에 땅이 이어져 있던 북극을 거쳐 남하해 남극에 가까운 남미 최남단까지 도달했다. 아르헨티나 남단의 인디오는 전염병이 들어와 약간 남았던 사람들도 최근 멸종했다는 것이다. 칠레 인디오는 아라우까노(Araucano)라는 종족으로 용감하게 침입자인 스페인과 싸운 후에 거의 몰살되었다는 것. 순종의 아라우까노는 거의 없다.

칠레에 대해서는 3(three)W라는 것을 자주 말한다. 첫째는 날씨(Weather). 여름(일본의 겨울)은 우선 비가 내리지 않고 새파랗게 맑음. 둘째는 와인(Wine). 포도는 아주 맛있다. 모두 껍질과 씨앗까지도 먹는다. 셋째는 우먼(Woman). 칠레는 스페인계가 많지만, 각지의 백인 이민자의 혼혈로 다양한 타입이 있다. 미인이 많다고 하는데, 그럼 어떤 것인가.

칠레의
희귀한 요리

포도 이야기가 나왔기 때문에 칠레의 과일에 대하여 살펴보자. 살던 집 마당에는 맛있는 살구(다마스코, Damasco)가 맺혀 있고, 길가 여기저기의 오두막집 안에서 수박이나 멜론을 쌓아놓고 팔고 있다. 멜론을 사와서 일본식으로 잘라 나누어 가족 5명이 먹고 있었더니, 카르멘이라는 메이드가 놀란 얼굴로 중얼거리고 있다. 물어 보니 칠레 멜론은 메이드의 점심이고, 한 사람이 한 개씩을 먹는다고 한다. 멜론 한 개는 일본의 엔으로 약 40엔이니까 과연 그런 셈이다. 수박은 조금 비싸다. 차 트렁크에 산더미처럼 높게 쌓을 정도로 사서, 간식 등으로 한 사람 당 한 개씩 자주 먹었다.

칠레 특별한 요리를 예로 들어 보자. 아내의 기억이기 때문에 이름의 착오가 있을지도 모른다.

우선 「포로토(Poloto)」. 완두콩 같은 녹두(겨울에는 건조한 것을 사용)의 수프인데 약간의 쇠고기와 양파, 당근, 호박, 옥수수 등을 넣는다. 이 콩 수프는 힘센 칠레인의 힘의 근원이라고 한다. 매우 좋아한다.

「코차유요(Cochayuyo)」. 다시마는 일본인만 먹는다고 생각했지만, 원통형(왜 그렇지 원통형? 통 모양의 다시마를 그 주변에서 채취할 수 있을까?)의 다시마를 10센티미터 정도의 길이로 잘라 토마토 맛으로 스튜를 한 것. 그다지 맛있다고는 생각하지 않았다.

「우미타(Humita)」. 옥수수를 갈아서, 마늘과 아히(ají amarillo, 남미 안데스 지역의 식용인 노란 고추)로 양념하여, 옥수수의 얇은 껍질에 네모나게 싸서 삶은 것.

「쏘빠이뻬야(Sopaipilla)」. 호박을 쪄서 고운 채로 내리는 것에 밀가루를 조금 더 넣고, 작은 팬케이크 모양으로 한 것을 튀겨, 오렌지를 짠 즙으로 끓인 것. 비오는 날에 먹는 것으로 알려져 있다. 몸이 따뜻해진다. 이것은 매우 맛있다.

기타 「카수엘라(Cazuela)」라는 닭, 채소류에 쌀을 넣은 스프 상태의 것(스튜)이 대표적이다.

칠레는 콘차 이 토로(Concha y Toro, 칠레 최대 와인 메이커)의 레드 등 와인이 맛있다. 또한 와인이 되기 전의 치차(Chicha, 바구니에 들어간 큰 병에 넣고 있다. 신주新酒의 계절 밖에 없음)도 정취가 있고 참으로 희귀하다. 피스코(Pisco)라는 투명한 독한 술도 있다. 레몬을 짜서 마신다(피스코 사워, Pisco Sour).

카지노의 철칙(鐵則)

또 한 가지는, 카지노에 대한 이야기. 회사의 정기선이 거쳐 가는 주요 항구에 발파라이소(천국의 골짜기라는 뜻)라고 하는 곳이 있는데, 바로 인근 마을인, 비냐 델 마르에 유명한 카지노가 있다. 그 시절은 아직 컨테이너 선이 없어서 잡화 화물 처리에 시간이 걸려서 며칠 정선(停船)하고, 또 다른 항구를 거쳐 복항(復航)이 수일(數日) 걸린다. 그런 식으로 정선하기 때문에, 매일 2시간 정도 산티아고에서 항구까지 차로 다니는 것은 꽤 힘든 일이었다.

선원의 음식을 대접받고 돌아오는 길에, 선장 등을 카지노에 데려가는 경우가 많았다. 솔직히 나는 별로 관심이 없고, 집에 가는데

2시간이나 걸리므로, 카지노의 요령을 가르쳐주고 집으로 돌아간다. 어느 때는 사무장이 있는 돈을 전부 칩(대용화폐, 종이돈)으로 바꿔, 순식간에 한 곳에 전부를 걸었다. 룰렛은 처음이었다고는 하지만, 그것이 신기하게 맞아 떨어져 버렸다. 기적이라고 해야 하나, 36배로 되어서, 순식간에 일본 엔으로 수백만이 되어, 기적 같은 일로 모두 다 입을 딱 벌렸다. 나는 이제 그만하고 배로 돌아가라고 말하고 집으로 돌아갔다. 다음날 또 선박을 방문했다. 모두에게 물어보니, 나의 조언을 듣지 않고, 끝까지 해서 모두 탕진하고 채무액도 상당했다는 것이었다. 어쩔 수 없지만, 도박이라는 것은 끝날 무렵의 철칙이 중요하다는 것을 명심하세요.

지금 떠오른 이야기를 하나 더 첨가할까 한다. 대리점 해운 담당 부장과는 때때로 점심을 함께했다. 칠레는 생선 종류가 많아서, 맛이 조금 덤덤한 경향이 있지만(바닷물이 너무 차갑기 때문이라는 설도 있다), 그래도 상당히 괜찮아서 주로 생선 요리가게에 갔다. 성게와 왕새우는 비싸기 때문에 될 수 있으면 피했다. 부장은 자주 작은 전복을 권했다. 일본인은 모두 좋아한다.

그런데 「이것은 뭐라고 하는지 알고 있나?」라고 물어서, 「모른다」고 하니 「로코스(locos)라고도 하고, 미치광이라는 뜻이다」라고 한다. 통칭(通稱)일 것이다. 그는 영국계였지만, 특별히 일본인을 미치광이라고 하고 싶은 것은 아니었다. 마음을 터놓은 사이였으니까, 단순한 우스운 이야기지만. 전복이 왜 「정신이 돌다」라는 뜻인지 이해가 안 간다.

시간대로 가는 사람은 「세련되지 않다」

일본과 다른 것은 여러 가지가 있지만, 초대를 받아 카드에 9시에 오라고 적혀 있어서 9시에 가면 그것은 세련된 매너가 아니라고 한다. 부인이 식사 등의 준비가 아직 되어 있지 않은 것이다. 적어도 30분 늦게 가는 것이 상식이고, 그것을 흔히 칠레시간이라고 한다. 술을 마시고 10시 이후에 식사를 시작해서, 12시가 지나서 춤을 추기 시작한다. 칠레에는 쿠에카(cueca)라는 독특한 춤이 있고, 닭이 사랑을 나누는 것을 남녀 2명으로 표현하는데, 대개 2명이 중앙에서 춤을 추고 모두 함께 소리를 높게 지른다.

유쾌한 시간을 보내고 새벽 2시나 3시에 돌아간다. 출근은 평소와 같은 시간. 물론 매일 밤은 아니지만 에너지가 넘치는 데는 정말로 놀랍다. 옛날에는 시에스타(siesta, 낮잠)라고 해서 오후 두세 시간 쉬었다고 하지만, 그 당시의 기독교 민주당의 프레이(Frei) 대통령은 시에스타를 금지해, 상점은 쉬는 곳이 많았지만 관공서나 회사는 정상적으로 일을 했다.

칠레 남쪽으로 가면, 작은 후지산과 같은 산이 많이 있고, 화산 호수도 많아서 경치가 매우 아름다운 반면, 북쪽으로 가면 계속 사막이고, 폭은 별로 넓지 않지만 길이가 길다. 동쪽의 국경은 안데스 산맥의 정상이고, 그 산맥을 넘으면 아르헨티나다. 북쪽은 적도에 가깝고, 남쪽은 남극이 바로 옆이어서 기후가 크게 다르다. 지진도 많지만 먼 곳의 지진은 산티에고에서는 잘 느끼지 못한다. 그러한 지진이 일본에서 보도가 되면 본사에서 「일에 이상이 없나?」라는 전보가 들어오기도 했다.

겨울에는 안데스의 이 산 저 산이 하얗게 되어서 무척 아름답다. 뽀르띠죠(Portillo)라는 유명한 스키장이 있다.

당시, 닛산(日産) 자동차가 칠레 북부의 아리카(Arica)라는 지역에서 블루버드(차종의 하나)의 현지 생산을 하고 있었다. 산티아고 이토츄(伊藤忠, 일본의 종합 상사) 지점 안에 사무소를 두고 있었으며, 와다(和田) 씨와 아라키 (荒木) 씨 2명의 주재원이 있었고, 아라키 씨는 전 해군 76기생으로 친하게 지내고 있었다.

칠레 아리카(Arica) 근처에서. 고속도로 주변에는 황량한 土漠(흙의 사막)이 펼쳐진다.

어느 날, 휴가를 이용하여 둘이서 드라이브하자는 이야기가 나와서 내가 사용하던 오래된 칠레제 블루 버드로 팬아메리칸 하이웨이를 남하(南下)하여, 힘껏 달렸던 기억이 있다. 팬아메리칸 하이웨이는 이름은 좋은데, 아직 포장이 일부밖에 안 되었고, 폭은 넓지만 곧은 자갈길이어서, 120 킬로미터 이상의 속도로 자욱한 모래 먼지를 피우면서 일로(一路) 남진(南進)했다. 어디서 묵었는지 명확한 기억은 없지만, 남단(南端)은 시냇가에 접한 푸에르토 몬트 (Puerto Montt)라는 도시였고, 그 근처에는 로스 산토스(Los Santos, 선인仙人들)라는 화산호(火山湖)가 있었다. 그 곳에서 페리로 건너가면 아르헨티나 측의 고명(高名)한 바릴로체(Bariloche)라는 휴양지가 있다.

페리로 왕복해서 다녀왔는데, 그 호수가 얼마나 아름다운지 몽환적이라고 해야 할까. 바닥을 알 수 없는 진한 파란색의 아주 깊은 색조, 작은 후지산과 같은 산과의 형언할 수 없는 조화, 내 생애 최고의 경치라고 해도 좋을 만큼 아름다웠다. 그 절반의 무모한 롱(long) 드라이브에 대한 충분한 보답을 받았다고 말해도 좋을 것이다.

그리고 칠레에서 잊을 수 없는 것은, 소수의 재류(在留) 일본인과의 교제다. 일본인의 직접적인 이민은 허용되지 않아 다른 남미 국가를 통해 들어온 사람들인데, 어렵게 생활을 시작한 사람들의 이야기는 재미있고, 좋은 인생의 공부가 되었다. 그 중에서도 장난감 제조를 하고 있던 호리우치(堀內) 씨의 이름을 올려 두자. 신세를 졌고, 우리 아이들도 많이 귀여워해 주셨다. 아직 나올 만한 이야기가 많이 있지만, 칠레 시절의 이야기는 이 정도로 하자.

음대를 마치고

쇼와 43년(1968년) 전근 명령이 내려져서 귀국했다.

무사시노 음대(武蔵野音大)는 6년까지 졸업할 수가 있었다. 정확하게 2년을 칠레에서 보냈기 때문에 앞으로 2년을 더 다니면 된다. 여전히 다니고는 있었지만, 고생한 것은 피아노. 부과(副科)라고 해서 피아노와 다른 한 가지 악기를 해야 한다. 작곡과에서도 피아노는 중시되었고, 기말시험 출제는 피아노과(科)와 같은 곡이다. 출제곡 중 쉬운 것을 선택해서 아주 열심히 연습했다. 담당 선생님은 예대(藝大)를 졸업한 우수한 분이지만, 시베리아에서의 억류로 망가

졌다고 말하고 있었다. 잘 가르쳐 주셨는데, 끝나면 「잠시 함께 갑시다」라고 말해서, 분명히 기억하는데 에치고야(越後屋)라는 선술집에 갔다. 맛으로 유명한 집이었다.

또 다른 한 가지는 편안한 첼로를 계속했다. 3년과 4년의 기말 시험은 보케리니(Boccherini)의 B♭장조 협주곡 제1악장과 바흐의 무반주(無伴奏) 조곡(組曲) 제1번을 연주했다.

작곡 담당 교수는 클라우스 프링스하임(Klaus Pringsheim) 선생. 말러(Mahler)의 제자로 누나가 토마스 만(Thomas Mann)의 부인. 90세 가까운 나이고 유명한 분이었다. 열심히 가르쳐 주셨는데, 내용은 내가 오랫동안 공부한 고전화성학(古典和聲學)이 중심이 되어서, 현대기법을 배우고 싶은 나에게는 조금 불만이었다.

어쨌든 무사히 졸업했고, 즐거우면서 고생했던 추억이 새삼스럽게 떠오른다.

휴일에는 골프. 매일 같이 야학이나 직장 일로 귀가 시간이 늦어서 어린 아이들과는 얼굴을 마주하는 일도 거의 없는 나날이었다. 지금 회고하면 도저히 용서할 수 없다는 생각이 든다.

덴마크 근무 점묘(點描)

회사 일은, 좀처럼 가입할 수 없는 유럽 정기 항로에, 덴마크 A.P. 몰러-머스크 라인과 공동운항이라는 조건하에서 가입이 인정되어 힘을 합쳐 운항을 시작했다. 머스크 라인의 대표와 가와사키기선 대표와의 가와사키 머스크 헤드 쿼터라는 조직이 만들어져, 작은 사무실에서 양사의 연락 조정 등의 일을 시작했다.

여러 가지의 일이 있었지만, 1년 정도 지나 이 일의 연장으로 내가 머스크 라인의 코펜하겐 본사에 가와사키 기선 대표로 나가기로 되어서, 머스크 본사의 작은 방을 빌려 집무를 하게 되었다.

머스크 라인의 사람들은 물론 영어는 능숙하지만, 돌아오는 회람(回覽)이나 문서는 덴마크어가 많았고, 단신 근무 시절에 지냈던 하숙집 아저씨나 펜션 아줌마는 덴마크어만 (하숙집 아저씨는 독일어를 좀 말했다. 노인은 영어보다 독일어 쪽을 잘 말하는 것 같았다) 사용했다. 쇼핑을 갈 때 영어가 통하지 않는 경우도 많았고, 덴마크어를 모르면 생활이나 업무에 지장이 생겨서, 조속히 어학원 벌리츠(Berlitz)에 다녀 텍스트 읽기를 겨우 마쳤다.

덴마크어는 북유럽 3국(덴마크, 노르웨이, 스웨덴)에서는 유사해서, 언어학에서는 북방 게르만라고 한다. 입을 오므리고 발음하는 이른바 즈즈벤(ズーズー弁, 일본 동북지방의 사투리)이고, 또한 목이나 코를 사용하기 때문에 좀처럼 발음하기가 어렵다. 내가 체류한 3년 반 동안 어떻게든 해냈지만, 이후 거의 사용할 기회가 없어서 완전히 잊어버렸다.

덴마크인의 지인에게 들은 이야기. 오래된 이야기로 정확히 기억하고 있지 않기 때문에 요점만 적는다. 덴마크에서는 성년이 되면 1년인지 2년인지 군대에 들어가 교육 훈련을 받아야 한다고 한다. 어떤 이유로 군대 가기가 불가능한 사람, 아니면 군대를 거부한 사람은 같은 기간 병원에서 봉사하지 않으면 안 되다고 한다. 다른 나라에도 이런 경우가 있는 것 같지만, 이것도 청년 교육이라는 점에서 하나의 방법일 것이다.

집필의 부담을 좀 줄이는 목적과, 덴마크에서의 체류 모습을 비교적 요령 있게 썼다고 생각하기 때문에, KLA라는 가와사키 기선의 집하(蒐貨, 화물을 수집함) 자회사의 계간지에 작성된 문장을 요약해 두자.

물거품의 기록

바쇼(芭蕉)

枯枝に烏のとまりけり秋の暮
시든 가지에 까마귀가 앉아 가을 해질녘의 쓸쓸함을 나타내고 있네

10월 중순이 되면 북쪽나라의 추운 바람에 나뭇잎이 흩어져 내 얼굴을 스친다. 일주일 사이에 황량(荒凉)한 가을 풍경이 된다. 단풍이 아니라 황풍을 감상하는 기간도 극히 짧다. 집에서 가까운 공원 안에 있는 골프장도, 클럽 하우스만 불이 밝혀지지만, 코스에는 그림자 하나 없다. 혼자 모피를 둘러쓰고 걷고 있으면, 왠지 쓸쓸함을 깊이 느낀다.

자녀 교육 때문에, 즉, 국제학교가 프랑스계이기 때문에, 영어·프랑스어 이외에 덴마크어, 집에서는 일본어라는 4가지 언어 학습이, 어린 머리에는 부담도 많았고, 또 일본의 교육을 따라갈 필요성이 있어서, 3자녀 중 장남과 차남은 장인, 장모님에게 맡기고, 단 한 명 데리고 있던 딸과 함께 아내가 귀국하고 나서 반 년 남짓, 중년의 몸으로 강한 척하며말하고는 있지만, 타격을 안 입었다고 하면 거짓말이다. 40대 중반 주재원의 숙명이지만, 언어 문제와 일본의 학교교육 등을 생각하게 되었다.

장모와 딸　　　　장인·장모와 아들. 교토의 아사히코(朝彦)
　　　　　　　　친왕(親王) 묘소에서.

하는 김에, 이 공원에는 각종 사슴이 삼천 마리 정도 있었는데, 골프공에 잘 맞는다. 인간이 맞으면 큰일지만, 사슴은 태연한 얼굴을 하고 있다. 봄에 태어난 새끼 사슴이 성장할 무렵에 마리수를 증가시키지 않게 하기 위해서, 공원의 문을 완전히 닫고, 사냥을 해(왕의 사냥 오두막집이 있다), 일정한 숫자까지 줄인다고 한다. 그래서인지, 레스토랑에 들어가면, 자꾸 사슴 요리를 강요당하기도 했지만 나는 먹을 생각이 없었다.

태양은, 12월 말에 가까워질수록 매일 3분 정도의 속도로 짧아진다. 아침에 별을 보며 출근하고, 저녁에는 달을 보며 퇴근하는 그 무렵, 덴마크 인들은 각각 소규모로 모여, 벽난로에 둘러앉아, 맥주나 고구마 소주로 수다를 즐긴다. 도서관도 시즌을 맞이한다. 덴마크인은 부끄러움이 많아, 부모·형제·가족, 그리고 소수의 친구끼리만 왔다 갔다 하고, 외부인은 상업적인 관계가 특히 있는 등의 예외를 제외하고는, 그다지 그룹에 들어가게 하지 않는다. 그것은 이전에 체류한 영국과 비교해도 눈에 띄게 달랐던 것으로 보인다. 골프장 등에서의 배타성도 상당하다. 그러나 표면적으로는 대다수의 사람들이 매우 친절하고, 길을 잘 모르는 여행자를 자세하게 안내하기도 하고… 즉, 내부에 들어오지 않는 한, 친절함은 철저하다는 것이다. 이것은 이것대로 배우는 것이 당연할지도 모른다. 사람은 본래 고독한 것이니까.

부손(蕪村)
春の水すみれつばなをぬらしゆく
봄 강물이 제비꽃이 띠를 적셔가네

    여름에서 가을로의 변화가 순간(瞬間)의 일이라고 생각되는 것처럼, 겨울에서 봄으로의 변화도 대단히 빠르다. 순식간에 나무는 잠에서 깨는 것 같은 녹색 옷을 입고, 정원의 화단이나 집의 창가나 공원의 관목 등의 일면(一面)이 꽃들로 가득 차게 된다. 일본의 봄과는 달리, 더 큼직하고 화려한 느낌이 있지만, 그것은 나름대로, 긴 겨울에서 해방되어 청춘의 숨결이 가득차서 모두를 들뜨게 한다. 티볼리(Tivoli)라는 작은 유원지는, 어린이들의 동반으로 분위기가 무르익고, 비둘기나 참새나 갈매기 등이 내려와 빵부스러기를 달라고 졸라댄다.
    덴마크에서 산이라고 하면 높이가 140미터 정도이고, 일면(一面)의 평지로, 목장에 적합하다. 졸졸 흐르는 개울에 맞닥뜨려서 깜짝 놀라는 일도 있었다. 그래도 산이 많은 일본에 태어난 나로서는,

적어도 언덕이라도 어느 정도 보고 싶은 것이다. 베토벤이 산책한 다뉴브 강의 지류 쪽이 딱 떠오르는 것 같지만, 어떨까.

이 무렵부터 관광객이 많아진다. 일본인의 단체여행객도 자주 만난다. 스트뢰에(Strøget, 보행자 거리, 쇼핑 거리로 유명함)의 은 그릇(銀器) 가게, 민예품 가게, 도자기(陶器) 가게 등으로서는 좋은 고객이다. 운하(運河)에 면한 인어 상, 시에란(Sjælland, 코펜하겐이 있는 섬)의 북단, 스웨덴을 바라보고 선 크론보르 성(Kronborg Slot) 등에는 각국의 여행자로 넘친다. 나도 몇 번 손님을 모시고 갔던가?

여기서는 덴마크의 교묘한 관광 대책에 놀라게 된다. 「이런 작은 것입니까?」라고 여러분이 놀라게 되는 인어는 안데르센의 동화 이야기이다.

오니츠라(鬼貫)
夏の日のうかんで水の底にさえ
더운 여름날에 물 위에 떠 있지만 물 바닥까지 가고 싶네

이러한 느낌은 덴마크에는 없다. 모두 그러한 것들을 찾아 남쪽 나라로 간다. 수영하고, 엎드려 일광욕을 해서 새까맣게 되어 돌아온다. 그런 사람들을 대상으로 하는 전세기가 많고, 게다가 가격도 싸다. 밤새 빈자리를 기다리다 보면 공짜 같은 가격으로 갈 수도 있다고 한다. 덴마크 해안은 수영하기에는 너무 차지만, 그래도 많은 사람들이 간다. 알몸의 남녀도 많다. 6월말 노르웨이 북단에 있는 노르카프(Nordkapp)의 한밤의 태양(Midnight Sun)도 아름답

다. 또한 그 무렵이 되면, 대륙의 각지에서는 음악 축제가 열리는 시기이다. 빈(Wien, 오스트리아의 수도, 영어로 Vienna비엔나)으로 시작하여, 바이로이트(Bayreuth, 독일 남부의 도시), 잘츠부르크(Salzburg, 오스트리아의 중북부의 주) 등 그밖에도 많이 있다. 티켓은 미리미리 구입하지 않으면 안되지만, 한꺼번에 좋은 음악을 들을 수 있기 때문에 음악 팬에게는 고마운 일이다.

남부 독일부터 오스트리아까지는 상대적으로 황폐하지 않은, 소박한 자연으로 둘러싸여 있어 유쾌하게 즐길 수 있다. 그런데 덴마크에는 변형된 실내악의 모임이 있었다. 금녀(禁女), 두 번째 곡목(曲目)부터는 흡연의 자유라는 재미있는 모임으로 권위가 있는 것 같다. 도쿄 예술대학의 전 교수인 바이올린 선생님의 소개로 들어갔지만, 일본인으로서는 내가 처음이었던 것 같다.

덴마크에는 유명한 음악가는 적지만, 바흐가 오르간을 듣기 위해 먼 거리의 뤼베크(Lübeck)까지 걸었다는 북스테후데(Buxtehude)가 있다. 그리고 철학자 키르케고르(Kierkegaard)와 몰트케(Moltke) 장군이 덴마크인이라는 것을 많은 사람들이 모르는 것 같다. 코펜하겐 현 항만 국장(現 湾港湾局長)도 몰트케 백작이라고 한다.

음악 이야기가 나왔지만, 일본적인 시(詩)적 정취나, 일본의 예술 일반에 대해서 생각하게 된다. 일본을 알고 있는 서양 사람들에게는, 일본 문화의 특이성과 매력이 다양한 뉘앙스로 파악되고 있지만, 명쾌하지 않는 무언가가 있는 것 같다. 그 분야의 전문가뿐만 아니라 일반적인 일본인도 더욱더 자신의 문제로, 국제화의 과정에서 생각해 나아가야 하는 것은 아닐까.

기토우(几董)

冬木立月骨髄に入る夜かな

달빛이 선명한 밤의 겨울에 시든 나무 사이로 들어오는 달빛이 골수에 스며들 것 같네

코펜하겐은 대체로 사할린과 같은 위도에 있지만, 걸프스트림(Gulf Stream, 멕시코 만류)의 머나먼 영향으로, 생각했던 것만큼 춥지는 않다. 그럼에도 불구하고, 섭씨 영하 15도 정도까지 내려가는 경우도 있고, 11월에는 눈이 내리기 시작하여, 보도에는 봄까지 녹지 않은 눈이 남아있다. 시내의 땅을 파서 만든 수로(水路)까지 얼어붙어서, 모두 스케이트를 즐긴다. 대안(對岸)인 스웨덴 말뫼(Malmö)까지 스케이트로 갈 수 있는 겨울도 있었다고 한다. 그것은 조금 과장된 말이지만, 범선(帆船) 시대에는 그렇게 했을지도 모른다. 카테가트(Kattegat) 해협은 발트함대(Baltic Fleet) 이후, 러시아 선박의 통로였기 때문에 얼음을 깨기도 했을 것이다. 옛날 러시아와 북유럽의 나라에서 대륙으로 가는 가도(街道, 큰길)는 덴마크를 통과하고 있었으며, 집하(蒐貨) 출장 시에는, 이윌란반도(Jylland) 기부(基部)의 작은 마을에서 국경호텔이라고 하는 곳에 머문 적이 있었는데, 15세기 스웨덴 국왕 구스타프 몇 세인가가 묵은 방에서 잤다. 박물관 같은 커튼이 있는 침대였다. 대리점주(代理店主)의 방은 코사크(Cossack) 장군의 방이었다. 북국(北國)의 겨울은 대단히 침울하다. 다가올 봄을 연모하면서 모두 조용히 산다. 크리스마스의 시기에는 쇼핑으로 활기차거나, 남국(南國)에 휴

식을 취하러 가는 사람도 많지만, 마지막 겨울인 나는 나의 하숙집(pension)에서 크리스마스를 보냈다. 대부분 각국의 독거노인이었는데, 크리스마스 트리를 둘러싸고 앉아서 각 나라의 노래를 부른다. 조용한 향수가 떠돈다.

유럽 항로의 덴마크 머스크 라인과 공동 운항 계약이 종료되고, 가와사키 기선 독자 배선 시작의 해가 되었지만, 새로운 설치를 완료하고 귀국했다. 사이좋게 지내던 일본인들이 비행장까지 와서 언제까지나 손을 흔들어 주었다. 생각하면 지점(支店)을 열고 다시 닫고 했던, 지난 과거 3년간은 참으로 감개무량했다.

덴마크에서의 근무도 집하(蒐貨)나 운영상의 협의 등으로 유럽의 내륙을 뛰어다녔지만, 당시 동유럽 공산 국가는 비자를 얻는 것이 매우 어려웠고, 또 전화는 도청되기 때문에, 고객이 있는 곳으로 직접 가서 이야기하든지, 길을 걷다보면 달러 암매(暗賣) 꾼이 슬쩍 몰려와서 무심코 행동하다 보면, 상당히 위험한 상황이 되는 시기였다.

고객의 각사(各社)는 동유럽과의 거래는 대개 빈(비엔나)을 통해서 하고 있었기 때문에, 빈 출장도 많았다. 일은 낮에 끝내고 밤에는 오페라와 콘서트를 보러 자주 갔다.

코펜하겐 시대에
음악을 통해 만난 사람들

무사시노 음대(武蔵野音大)의 후쿠이 나오히로(福井直広) 학장이 코펜하겐에 거주하는 2명의 선생, 즉 피아노의 바사리헤리

(Vasarhelyi) 씨와 바이올린의 홀스트(Holst) 씨를 소개해 주셔서 정말 즐거운 시간을 보낼 수 있었다.

바사리헤리 선생은 계속해서, 무사시노 음대의 하기 대학(夏期大学, 여름 계절학기)에 반드시 왔는데, 홀스트 선생은 예대(藝大)와 무사시노 음대(武蔵野音大)에서 오랫동안 지도하였고, 전쟁 전에는 베를린 필의 콘서트 마스터를 맡았고, 당시 피아티고르스키(Piatigorsky)가 첼로의 탑 푸르트벵글러(Furtwängler)가 지휘하고 있었다.

가족들 모두 함께 교제를 했는데, 두 분 모두에게 정말로 많은 신세를 졌다. 홀스트 선생 주최로 매주 금요일 밤의 실내악 모임에는 대부분 참석했다. 독신인 바사리헤리 선생 댁에 갔을 때는, 나도 싱글 생활이어서 혼자 방문했다. 큰 그랜드 피아노 2대가 놓여진 거실에서, 가정부가 만든 닭구이 한 마리를 두 쪽으로 잘라 먹은 것이 참으로 그립게 생각난다.

여기에 내가 세계적인 피아니스트 중 한 사람으로서, 존경해 마지않는 빌헬름 켐프(Wilhelm Kempff)에 대해 정리해 두자.

나의 아버지는 전쟁 전에, 일본에 연주 여행으로 온 음악가 중 상당수를 집에 초대하였고, 아직도 사인북(sign book)이 남아 있다. 나는 어려서 자리에 함께 앉아 있지 않았기 때문에 잘 기억이 안 나지만, 그 사람이 샬랴핀(Chaliapin, 오페라 가수)이라는 분이었다는 인상은 남아 있다. 켐프 씨도 왔었지만, 인상이 깊었던 것 같다. 전후 쇼와 29년(1954년) 무렵의 연주 여행 시기에 당시 살고 있던 니시오치아이(西落合) 집에 왔었다. 아버지가 초대했는지는 기억이 없지만, 아버지의 취미인 장미정원에서 함께 찍은 사진이 아직도 남아 있다. 나는 회사에 출근해서 만나지는 못했지만, 8살 아래의 여동생이 마침 피아노를 배우고 있었기 때문에, 전술한 업라이트 피아노로 베토벤의 피아노 소나타「비창(悲愴)」을 연주해 주었다는 것이었다. 나와 켐프 선생과의 만남은, 내가 무사시노 음대에 다니던 시기에, 학교에 와서 후쿠이 학장 선생 댁에 초대되었을 때, 말을 걸어 주어서 한동안을 보낸 것이 최초였다.

그 후에 코펜하겐 시절에 회사의 점심시간에 근처의 음악 상점을 들여다보고 있을 때, 사모님과 함께 있는 켐프 선생을 우연히 만났다. 잠시 이야기하는 동안 우리 집에 초대를 했더니, 며칠 후, 연주회 사이에 두 분(켐프 선생 부부)이 우리 집까지 와 주었다.

홀스트 선생과 바사리헤리 선생에게도 이야기를 해, 셋이 모여 매우 행복한 시간을 보냈다. 차와 안주, 그리고 샌드위치 정도를 준비해서, 2시간 정도의 시간을 보냈지만, 주로 음악 이야기를 했다. 홀스트 선생이, 독신으로 순발력이 강한 바사리헤리 선생에게「자네라면 5대의 그랜드 피아노가 필요하겠군」이라고 하니, 바사리헤리 선생이「아니, 아니, 나에게는 파이브 와이브즈(five wives, 5명의 아내) 쪽이 좋다」고 말해 크게 웃었다고 기억한다.

다음으로 만난 것은, 아내와 딸과 셋이서 독일에서 드라이브할 때, 뮌헨 근처 아마루제라는 호수 옆의 한적한 선생의 댁을 방문했을 때이다. 3명 각각에게 선물이라고 한 곡씩 연주 해주었다. 딸에게는 모차르트의「터키 행진곡」이었다. 초등학생이었던 딸의 손을 잡고, 이 손으로 모차르트를 연주라도 하게 되는 것일까라고 애착의 미소를 띄웠던 것이 매우 인상적이었다.

이 밖에 몇 사람의 외국인 연주자와의 만남이 있었지만, 작곡가 파울 힌데미트(Paul Hindemith)와 첼리스트 피에르 푸르니에 (Pierre Fournier)에게도 잠시 동안 조언을 받을 수 있었던 것은 매우 소중한 경험이었다.

그리고 색다른 경험으로는, 하지(夏至) 날에, 스웨덴을 내려다보는 해안을 통과할 때, 사람들이 해변에서 불을 피우고 무엇인가를 하고 있었기 때문에 물었더니, 청어(鯖魚)의 풍어를 기원하는 고유의 축제를 하고 있다고 한다. 하지에는 청어뿐만 아니라, 하나님께 풍부한 성과를 기도하는 것이 오래된 행사라고 한다. 유럽에 기독교 이전, 아니면 외부에서 전해져온 이런 행사가 남아있는 것은 참으로 재미있는 일이라고 생각한다. 이 밖에도 여러 가지 있는 것일까.

코펜하겐에서 3년 반 지내는 동안, 아이들의 여름 방학 때 두 번의 유럽 대륙 여행을 했다. 첫 번째는, 카쿠슈인(学習院) 중등과와 초등과에서 공부하고 있던 장남과 차남이 왔을 때, 영국까지 페리로 가서 도버 해협을, 또한 페리로 프랑스의 칼레를 거쳐서 파리, 스위스의 후루카 패스(Furka pass, 후루카 고개)를 지나 엥겔베르크(Engelberg), 루체른(Luzern)을 찾아갔다. 바젤(Basel)에서 기차에 차를 싣고 함부르크(Hamburg)까지 돌아와 집으로 돌아왔다. 아이들은 지금도 생각이 날 때마다 즐거웠다고 이야기하고 있다.

두 번째는, 아내와 딸이 일본에 돌아가 단신생활을 하고 있었을 때, 현재는 도이체 그라모폰(Deutsche Grammophon, 음반사)의 사원(社員)이고 전에 마루베니(丸紅, 일본의 종합 상사)에 다녔다는 독일인과 일본인의 젊은 화가 등 셋이서, 애차(愛車) 볼보를 몰고 잘츠부르크에 갔다. 농가에 머물 때에 신선한 계란을 반숙(半熟)으로 해서, 검은 빵과 함께 먹었던 생각이 떠오른다. 모차르트 축제의 월간(月間)이라고 하더라도, 거의 매일 콘서트와 오페라가 상연(上演)되고 있어서, 매우 열심히 감상했다. 이삼일 휴가를 받아 아내와 딸을 태우고 (이번에는 볼보), 함부르크를 경유해 로맨틱 가도(로맨틱 슈트랏세)를 통해서, 남쪽 독일의 미텐발트(Mittenwald)는 일본에서는 그다지 알려져 있지 않은 것 같지만, 크레모나(Cremona, 이탈리아의 도시)와 같은 바이올린 등 현악기를 만드는 오래된 마을에 간 적이 있다. 여기에 악기 제작 학교가 있고, 혼마(本間) 씨라는 일본인이 여기서 마이스터(Meister)의 직함을 가지고 있어서, 혼마 씨 부부를 찾아가 즐거운 저녁시간을 보내고 밤늦게까지 이야기를 나눴다. 쿠레모나 제품이지만 적당한 가격이고, 완전히 마음에 든 첼로가 있어서 조금 무리해서 구입했다.

모스크바에서
일본 항공기 추락사고

어느 날, 본사에서 나카무라 마사쥬우로우(中村正十郎) 씨라는 통신 과장이 출장을 왔다가 용무를 마치고 공항에서 둘이서 저녁식사를 하고 아슬아슬하게 체크인해서 출발했다. 당시 북쪽 항로, 모스크바 경유 항공편이 생기고 얼마 지나지 않을 때라고 생각한다.

그날 밤, 새벽 4시경에 독일 뒤셀도르프(Düsseldorf)의 야마시타(山下) 주재원으로부터 전화가 걸려왔다. 지금 야마구치(山口) 인사부장으로부터 전화가 걸려왔는데, 일본 항공기가 모스크바에서 이륙 직후 추락했다는 보도가 있었는데, 나카무라(中村) 군이 타고 있을 테니까 조속히 조사해 달라는 것이라고 한다.

큰일이 났다고 생각해서 일본 항공(JAL)에 조회를 했지만, 생난리로 좀 기다려 달라고 한다. 잠시 후 전화가 걸려 왔는데, 정말 죄송하지만 나카무라 씨라는 사람이 3명 타고 있는데 한 사람만 살아 남았다고 한다. 그러나 아래의 이름을 확인 못하니까 잠시 기다려 달라고 한다. 한 잠도 못 자고 기다리고 있는데, 아침에 마사쥬우로우(正十郎) 씨는 살아 있다는 연락이 와서 불행 중 다행으로 일단 안심하고, 야마구치 인사 부장에게 보고하였다.

나중에 나카무라 씨 본인에게 물었더니, 자신이 체크인 마지막 손님이고, 가장 앞자리 밖에 비어있지 않아서 그 곳에 앉았다. 사고 당시 눈앞의 칸막이가 쓰러져서 거기로 탈출하여 달리는데, 뒤에 불길이 오른 것을 봤다고 한다. 비행장에서 식사를 천천히 한 덕분이고, 그가 「쿠니(久邇) 씨(나) 덕분」이라고 하여서 뭐라고 대답을 못하면서 곤란해 한 일이었다. 이것을 무엇이라고 하는지, 뜻밖의 공명(功名)이라고 할까. 나카무라 씨는 척추 등 골절로 장기요양하고, 휠체어를 이용하게 되었지만, 죽을 때까지 사사건건 「쿠니 씨의 덕분」이라고 하니 참으로 곤란하였다.

나카무라 씨는 회사를 퇴직하고 스님이 되어, 동승(同乘)하고 있던 승객과 승무원의 명복을 빌면서 여생을 보냈다. 나의 코펜하겐 시절의 큰 추억 중 하나이다.

또한 스톡홀름에서 레닌그라드(지금은 상트페테르부르크)에 비행기로 가는데, 또 한사람의 승객(나의 친구)이 늦어져서, 한 시간이나 기다렸지만, 실제 승객은 나와 나의 친구 두 사람 뿐이었다든지, 유럽 각지에서의 경험담도 여러 가지가 있지만, 너무 길어지므로 여기까지로 한다.

이 마사코(李方子) 씨를
방문하여

쇼와 48년(1973년)에 귀국, 집하(集荷) 부문 수입 부(副)부장이 되었다. 한국의 서울과 부산에 출장을 갔을 때, 그 당시의 대사(大使)인 가나야마(金山 政英) 씨가 칠레에 있을 때의 대사였고, 신세를 진 사람이었기 때문에 예방했다.

그랬더니「오, 잘 왔네요」, 그리고 기뻐해 주고,「내일은 어떤 예정입니까?」라고 나에게 물었다.「고객을 방문할 계획을 짜고 있습니다」라고 했더니「될 수 있으면 변경해서 골프를 하지 않겠습니까? 한일 협회에 걸맞은 사람들이 오기 때문에 재미있는 이야기도 들을 수 있을 것이요」라고 말하기 때문에, 고객에게 연락을 했더니 다행히 다음날로 변경할 수 있다고 해서, 대사와 두 명의 한국 사람과 함께 골프를 즐겼다. 그리고 그날 밤은 대사관저(大使館邸)에서 대접을 받아, 마침 통산성(通産省) 파견 참사관이 동급(同級, 같은 학번?)이었기 때문에 식사가 끝난 후에, 둘이서 거리로 나섰다. 당시는 야간외출금지(夜間外出禁止)가 있어서, 8시까지 호텔에 돌아가지 않으면 안되지만, 외교관 번호의 차량이라면 상관이 없다는 것이었다.

가나야마 대사는 가톨릭 신자로, 자식이 많은데 그 중 한 따님은 한국인과 결혼하여 한일 외교를 위해 매우 애쓰면서 평판이 좋왔다. 게다가 매우 상냥하고 내가 아주 좋아하는 사람이었다. 다음 날 고객 순회 사이에 이 마사코(李方子) 씨의 댁을 방문했다. 이 마사코 씨는 아버지의 사촌이고 나시모토노미야 가(梨本宮家)에서 태어나 이은(李垠) 씨에게 시집 가신 분이다. 전후 잠시 후에 몸이 아픈 남편과 함께 한국에 귀국하여, 마사코 씨 자신은 간소하게 살면서, 고심해서 자금을 모아 자선 사업에 몰두했다. 고아 수용 시설도 세워 잘 보살폈다고 한다. 가끔씩 일본에 와서 황궁에서 만났을 때는 자주 치마 저고리(한국의 민속 의상)를 입고 있었다.

이날은 대리점의 부사장과 함께 고객 순회를 하고 있었는데, 이 부사장은 미국에서 교육을 받았다는 것으로, 그때까지는 영어로 이야기했지만, 마사코 씨 댁을 나오자마자 일본어로 바뀌었다. 나에게 경계심을 품는 것인지, 아니면 그만큼 마사코 씨가 한국에서 평가받고 있는 것일까 하는 느낌이었다.

나는 마사코 씨의 아들인 구(玖) 씨와는 계속 친하게 지내왔다. 그는 미국 예일 대학과 메사추세츠 공과대학에서 건축을 배우고, 한국에서도 큰 프로젝트에 관계하기도 했는데 만년에는 불쌍했었다. 나는 이왕가(李王家) 일가, 특히 구 씨와는 친하게 지내고 있었기 때문에 제대로 된 한국의 귀족 아가씨와 결혼하고, 고국에 뿌리를 내리는 것이 좋았을 텐데라고 안타깝게 생각했다.

젊은 황태자인 이은(李垠) 씨가 한일병합 후 일본에 와서 황궁에 인사하러 갔을 때, 메이지 천황과 황후가 껴안고 위로를 했다고 들었다. 또한 황실에서도 그 일원(一員)으로서 차별 없이 교제해 왔다. 일가(一家) 여러분의 명복을 축원한다.

호주에서의
3년 반

쇼와 51년(1976년)부터 54년(1979년)까지 호주 시드니에 주재했다. 가와사키 기선에는 이이노 해운에서 이어받은 서(西) 호주 항로 외에 동(東) 호주인 시드니와 멜버른을 주요 기항지로 하는 정기 항로가 있었으며, 시드니, 멜버른, 서쪽 프리맨틀의 세 곳에 주재원 사무소가 있었다.

시드니 항구의 북쪽이고, 바다를 사이에 두고 오페라 하우스가 잘 보이는 곳에 집을 마련했다. 눈 아래에 묘지(錨地, 닻을 내리는 곳)가 있어 입항한 회사 선박이 임시 닻을 내린다. 그것을 보고 접안(接岸) 장소(berth)에 가면 된다.

가구가 딸린 집이 아니어서, 가족이 오기 전에 가구를 사 모았다. 식탁은 간소한 것이지만, 신품이므로 더럽히고 싶지 않아서, 신문을 2~3센티미터 두께로 깔아서, 간장 등이 넘쳐흐르면 한 장씩 떼었다. 나는 굿 아이디어라고 득의(得意)의 미소를 지었지만, 점검하러 온 사촌이 깜짝 놀라 크게 웃었고, 그 다음에 선발진으로 온 장남이 발견해서 지금도 때때로 화제(話題)가 된 추억이다.

시드니에서 돌아가기 1년 전에 집주인인 거래 은행 멜버른 지점장이 시드니에 돌아가므로 비워달라고 해서 급히 더 북쪽으로 이사했다.

이사 오고 며칠 지난 후, 길 건너편의 집주인이 와서, 며칠 몇 시에 음료수라도 마시러 놀러 오라고 했다. 아내와 둘이서 그날 저녁에 가보니, 주변 사람들이 수십 명이 모여 있었고, 음료수와 샌드위

시드니 주재 시절에 가족 여행으로 간 뉴질랜드에서.

치 등이 나오고, 1~2시간 떠들썩하게 대화를 나눴다. 그리고 뭔가 곤란한 일이 있으면 언제든지 오라고 한다. 그 후로는 길에서 만나면 「안녕하세요」라고 할 정도였지만, 기분 좋게 잘 지냈다.

일본으로 눈을 돌리면, 요즘 매일 같이 부모가 아이를 죽였다고 뉴스가 나오는데, 그 사건이 일어난 집 주위 사람들이 아이의 울음소리가 자주 들렸는데도, 꺼려해서 아동 상담소나 경찰에 신고하지 않았다. 신고했더라면 좋았을 것이라고 코멘트를 한다. 시드니라면 아마도 이런 사건이 일어나기 전에 잘 처리되었을 것이다. 아동 학대는 외국에서도 늘고 있다는 뉴스를 보았지만, 이제 어떻게 할 것인가. 충분히 생각해야 할 일이 아닐까.

전후 일본의 민중 의식에 대해서 생각할 때, 전쟁 전의 국가주의에서 탈피하여 민주주의가 되었지만, 그 본질이 침투하는 것이 아니고, 민주주의를 잘못 인식해서, 자신만 좋으면 괜찮다고 하는 이기주의가 널리 퍼진 면이 있지 않을까. 자신의 아이만 안전하면 남의 아이는 상관없다는 둥. 말이 지나칠 수도 있지만, 민주주의라는 것은 이타(利他主義)를 유의할 때 일어나는 것은 아닐까. 노블레스 오블리주(noblesse oblige, 재산이나 권력이나 사회적 지위의 유지에는 책임이 수반한다는 사상)라는 것도 역시 이 정신의 발로(發露)에 의한 것으로 생각된다. 현재의 여러 문제를 생각할 때, 깊이 명심해야 하겠지만.

시드니의 3년 반 동안 다양한 추억이 떠오르지만, 해운신문에 기고했던 기사가 재미있을 것 같아 그것을 간단히 요약해서 삽입하기로 하자.

젊고 부유한 나라
― 양식이 있는 국가 만들기, 오지(Aussie)에게 기대

애버리지니(aborigine, 원주민)에 대해

딸이 학교 도서관에서 빌려 온 애버리지니 민화집 (영문 번역)을 들여다보았다. 하나님과 거인(巨人)의 이야기, 달의 난쟁이 이야기, 캥거루 가족의 이야기 등은 일본이나 유럽의 설화, 전설과 동교이곡(同巧異曲: 기술과 기량이 동일하더라도, 파악하는 방법, 맛과 멋은 다양한 것. 또한 다른 것 같은데 실은 대체로 유사한 것.)이면서, 그 천진난만한, 또한, 우화(偶話)의 그림자에 숨어있는 기지(機知)가 풍부한 말투 등에 감탄했다. 우리의 세금으로 오두막집을 짓고, 갱생(更生) 자금을 내놓아도 모두 술을 마셔 버리는 사람도 있는 반면에, 부메랑이라는 새를 잡는 훌륭한 기구를 만들어, 유럽의 해당 단계와 비교할 때 결코 뒤지지 않는 문화 수준

을 민화집에서 나타내고 있는 이들이, 본래 그런 삶을 살 것 같은 사람들이었을까. 오히려 대처(對處)를 잘 못한 일반 호주 사람 쪽에 책임이 귀속된다고 말할 수는 없는 것일까.(아마 일반 호주인이 책임이 있다는 뜻.)

멸종한(멸종당한) 태즈메이니아의 원주민에 대한 TV 프로그램을 봤다. 가져온 전염병이 확산한다는 이유로, 원주민 감소(減少)에 손을 빌려준 것, 더 심한 경우도 있었다고 들었지만, 일면에는 기독교의 포교를 열심히 하고 있는 것을 보면, 왠지 모순을 느끼지 않을 수 없다. 이민족에 대한 문화 종교의 강요가 좋은 결과를 낳은 예는 역사상 찾아 볼 수 없다고 생각하지만, 애버리지니의 경우도 석기시대적인 생활양식을 가지고 있는 문화를 나름대로 지키고 키워가도록 해야 할 것이다.

분별이 있는 호주 사람들은 문제의식으로 가지고 있지만, 애버리지니의 뛰어난 영적 능력을 파악하고, 근본적인 것부터 이 문제를 다시 생각해가는 것이, 이 나라를 위해 바람직한 방향이다.

오지(Aussie)와 메이트쉽(Mateship)

미국인의 양키라는 호칭을 닮은, 오히려 공통된다고도 말할 수 있을 호칭으로, 오지(Aussie)라는 것이 있다. 일종의 자랑, 동붕감정(同朋感情, 친구, 한패의 감정)의 영향이 있다. 그리고 이 동붕감정을 단적으로 나타낸 것이 메이트쉽(Mateship)(우정, 여기서 발음은 마이트 쉽)이라는 개념일 것이다. 이 외진 곳에 간신히 도착한 컨빅트(Convict, 유배인)의 동료가 서로 도와 삶을 개척해, 골드러시의 광소(狂騷) 중에서도 수확을 나누는 등 위기공동체 감정이라고도 말할 요소가, 호주 사람의 정신적 지주 중의 하나로 자리매김 하고 있다고 말할 수 있을 것으로 생각한다.

호주의 인구는 도쿄도(東京都) 정도이고, 역사도 200년이 채 되지 않은, 완전한 아이덴티티를 아직 가지게 되지 않은 젊은 국가이다. 그리고 지하자원이 풍부하고 가능성이 큰, 이미 상당히 풍부한 나라이다. 호주는 사람이 느리고, 책임감이 없다고 한탄하는 외국인이 많지만, 이민자들을 융합하여 영국인의 도움을 요청하지 않고, 메이트쉽(mateship)의 국가, 분별의 나라로 만들어가는 것을 오지들에게 기대하고 싶다.

시드니의 곳곳

내가 호주에서 살고 있던 곳은, 항구 북쪽 후미진 곳 중의 하나인, 뉴트럴 베이(Neutral Bay)에 접해 있다. 여기서 두개의 곶(岬:갑)을 건너면 동물원이 있고, 밤이 되면 사자의 으르렁거리는 소리 등이 들려온다. 여기서 호주 특산인 코알라 베어(koala bear)나 오리너구리(anatinus) 등을 볼 수 있다. 또한 이른 아침의 비치는 햇살에 눈을 떠 보니, 고요함 속에서 다양한 새소리가 들린다. 팡파레 같은 것, 우물쭈물 비웃는 놈, 웃음 물총새(쿠카바라)의 복받치는 것 같은 웃음소리, 갸—라는 소리는 앵무새일 것이다. 그리고 베란다에 나오면, 사우스 헤드 (항구의 입구), 마린 비치, 남쪽의 주택가, 킹스 크로스 호텔 등을 배경으로, 요트의 흰색 세일, 페리, 때로는 컨테이너 선박과 여객선도 볼 수 있다.

통근할 때는 반드시 하버 브리지를 통과한다. 나보다 아마 2살 연하(쇼와 6년, 1931년)인 이 다리는 아침저녁의 러시아워 때는 차선을 조정하여, 한쪽 4-5차선으로 하기 때문에, 붐비지만 어떻게든 통행의 차를 처리하고 있다. 또, 한 차선을 늘릴 수 있는 능력을 가지고 있다든가? 다리에서 잘 보이는 독특한 모양인 오페라 하우스도, 수용 인원에 상당한 여유를 갖게 되어 있다고 들었지만, 시간은 걸린다고 해도 견실한 것에 감탄한다. 앵글로색슨의 깊은 집념은 배워야 할 부분이 있을 것 같다. 장기 비전에 입각한 경제 진흥책이나, 국민 내부에서의 힘을 활용하고, 그리고 신뢰받는 정치가 일본에도 바람직스럽게 보인다.

시드니의 기후에는 불평할 수 없다. 임대료 등 여러 물가가 올랐지만, 고기만 먹고 있으면 어떻게든 되고, 스트레스를 해소하기 위한 스포츠는 손쉽게 할 수 있다. 조용하고 깨끗한 퍼스(Purse), 차분한 멜버른, 아담스러운 브리즈번과 애들레이드도 좋지만, 나는 잠시 살았던 탓인지, 여기 시드니가 뭐니뭐니 해도 가장 좋은 곳 같다.

시드니에는 일본 수출입 은행의 주재원으로 시마즈 히사나가 부부 (島津久永, 부인은 나의 사촌)가 있었고, 여러 가지 조언을 받아 많은 신세를 졌다. 두 아들은 사립 보딩 (기숙) 학교에 소개를 받았고, 딸은 런던 시절의 오랜된 친구인, 데 라 사라 씨의 소개로 사립 여자 중학교에 편입해, 각각 교내 생활을 즐긴 것 같았다. 나는 주말에는 일본인 학교에서 수영 연습을 도왔다.

호주는 골프가 활발한 국가 중 하나다. 시드니에서는 오스트레일리안이라는 코스에 들어갔지만, 다양한 코스에서 자주 플레이를 했다.

시드니에서 귀국 후는, 전술한 대학 동창인 하세가와(長谷川) 씨가 찾아와, 비어 콘벤투라는 독일에서 발상한 클럽의 일본 지부가 있는데, 맥주 4개사(아사히, 기린, 삿포로, 산토리) 등 관계 회사가 중심으로 회원이 되어 있는 재미있는 클럽이므로 가입하지 않겠냐고 한다. 나는 맥주에 직접 관련된 일을 하고 있는 것은 아니어서, 좀 더 이야기를 듣고 나서 가입하기로 했다.

비어 콘벤트 일본 지부장으로, 여러 사람들의 신세를 잘 돌봐준 스즈키 토모 유키(鈴木智之) 씨와 함께. 이 사진은 1980년대 베를린 장벽 앞에서.

오사카의 맥주 양조기계 수입회사인 스즈키 인터내셔널의 스즈키 토모 유키(鈴木智之) 씨라는 분이, 일본 지부장. 클럽(모임)을 합치고 모두를 보살펴 오고, 그 이후 35년 동안 매우 친하게 사귀고 있다.

연 1~2회 총회는 대부분 유럽의 어딘가, 가끔은 다른 나라에서, 일본에서 도 이세(伊勢) 등에서 열린 적이 있는데, 런던 주재 때에 오스트리아나 이탈리아 등에 몇 차례 참석했다. 독일에는 수많은 맥주 양조 회사가 있고, 잡담을 하면서 즐겁게 맥주를 마시곤 했다.

임기응변(臨機應變)과
획일적(劃一的) 규칙

쇼와 54년(1979년)에 귀국해 업무부 이사(取締役) 부장이 되었다. 업무부는 선박 보험과 화물 손해 배상(claim) 처리, 연료 계약

등을 하고 있었는데, 해운 회사 부서 중 유일하게 머리를 숙여 주는 부서라 할 수 있을까? 하지만 보험 회사와의 협상은 쉽지는 않았다.

쇼와 58년(1983년)에 영국 런던에 부임했다. 쇼와 62년(1987년) 초에 귀국 할 때까지 여러 가지 일이 있었지만, 회사의 업무 이외의 것으로는, 웬트워스(Wentworth)라는 유명한 골프 코스 중의 하나에 가입 신청을 했을 때, 이사장인 아치 씨가 함께 돌고 테스트한다고 했다. 그 날은 운이 따라서, 37~40으로 돌았다. 끝나고 나서 바(bar)에서 한 잔 하면서 다양한 이야기를 했지만, 골프도 더할 나위 없었고, 이야기도 재미있어서, 가입 OK로 되었다(가입 허가를 받았다).

아치 이사장은 대화를 하면서 무릎의 상처를 보여 주며, 이것은 일본군의 총알 파편이다, 싱가포르에서 포로가 되었다, 그렇지만 먼 옛날의 일이다, 우리는 사이좋게 지내야 한다고 했다. 아치 씨와 그때부터 사이가 좋게 되어, 골프장의 바에서 마시기도 했다. 그런 사람을 교양인, 문화인이라고 하는 것일까, 개중에는 이러한 사람도 있구나 라고하는 기쁜 발견이었다.

골프에서 로열 윔블던이라고 하는 코스에서 홀인원을 했다. 나는 거기의 회원이기도 했지만, 돌아와서 바에서 맥주 한 잔 하려고 하는데 모두 몰려와서 「축하해, 어서 마셔라 마셔」라고 해서 상당히 마시게 되었다. 일본과는 반대지만, 사실은 축하하는 것은 홀인원을 한 사람을 축하해주는 것이 당연한 것은 아닐까.

또한 런던 브리지의 곁에 홀인원 클럽이라는 사무실이 있고, 두꺼운 책에 사인을 하면 퍼터가 2개 교차된 무늬가 붙은 넥타이를

로얄 윔블던에서 마이크 파울러 씨와 함께 플레이. 자신이 골프백을 메고 플레이하는 스타일.

준다. 이야기 중에 일본에서도 한 번 홀인원을 했다고 하니, 두 번 이상이면 이것도 준다고 하며, 교차로 한가운데에 세로줄이 들어간 것을 주었다. 다른 다양한 홀인원 관련 소품을 판매하고 있었기 때문에, 조금 구입하고 집으로 돌아왔다. 넥타이는 지금도 애용하고 있다.

가와사키 기선 대리점 몇 백 년이라는 축하회가 있을 때, 가와사키 기선의 쿠마가이 사장(熊谷社長)이 와서, 대리점 사장인 트레버 레인 씨 등 함께 골프 모임을 가졌다. 나는 두 사장과 함께 플레이를 했지만, 왠지 컨디션이 좋지 않아, 죽을 쑤고 있을 무렵, 숏 홀에서는 드물게, 홀 근처에 공이 가서 걷기 시작하니, 때마침 거기에 있던 찻집으로부터 골프장 직원이 날아와 「미스터 쿠니, 일본에서 걸려온 전화다, 뭔가 좋지 않은 것(Something wrong) 같다」라고 해서 전화를 받으니까, 처형(아내의 언니)의 전화였다. 대학생인 차남이 오토바이 사고를 당했으니, 즉시 돌아오라고 한다.

순간, 아내를 보내려고 했지만, 아내는 사장 부인을 따라가 있고, 영국 사무소의 영국인 최고(CEO)인 파울러 씨의 부인과 호텔에서 만날 예정이라고 한다. 파울러 부인에게 겨우 연락을 취했더니, 행선지를 알고 있으니까 자신에게 맡겨달라고 한다. 그리고 아내를 만나서 사장 부인을 그대로 둔 채 공항으로 직행했다. 아내는 여권을 소지하고 있지 않았지만, 출국 심사 담당관은 상관없으니까, 바로 가라고 통과해 주어, 출발 직전의 일본 항공기에 좌석이 하나 남아 있어서 출발할 수 있었다.

그런데, 일본 항공 지점장이 도쿄와 연락을 해서 사정을 이야기 했는데, 아내 본인을 확인할 수 있는 사람이 맞이하러 오지 않으면, 입국시킬 수 없다고 나리타 담당관이 말하고 있다는 것이어서, 가와사키 기선 비서 과장이 나와 주어서 겨우 입국할 수 있었다.

그 후에 차남은 여러 사람들로부터 도움을 받아 완쾌해서, 지금은 회사 근무하고 있지만, 영국의 상황에 맞는 응급 처치와 일본의 융통성이 없는 태도는, 매우 차이가 났다.

페어니스(Fairness)를
특히 소중히 하는 영국인

이 밖에 특필(特筆)할 만한 것은 아니지만, 업무 이외에는 가급적이면 재미있는 것을 하면서, 영국인과의 교제를 늘리기 위해 노력했다. 그 중 하나를 적어 둘까.

일·영 협회의 회장으로 영국 해운관계의 중진(重鎭)이라는 사람과 가끔 골프를 했다. 그는 반드시 애견을 데리고 있었다. 똑바로 100야드를 날리는 것은, 영국인들은 실로 능숙하지만, 영국의 골프장의 러프(Rough, 페어웨이와 그린 주변의 잔디가 길게 뻗은 부분)는 1미터 정도나 되는 높이의 소나무(這松, 가지 모양이 땅을 기고 있는 듯한 소나무)덩어리가 많아, 실수라도 해서 러프에 들어가면 로스트 볼이 많다. 하지만 그 사람이 애견에게 신호를 보내니까 기어들어가 공을 가지고 온다. 이런 사람은 처음 봤다.

마지막으로 하나만, 영국인의 존중하는 덕목(德目)에 대해 적어두자.

사람으로서 지켜야 할 덕목에는 여러 가지가 있지만, 그들은 페어니스(공명정대함)라는 것을 특히 신경쓰는 것 같다. 넌 페어가 아니다 등으로 지적받게 되면, 대단한 기세로 반박한다. 감탄하지만, 지금의 일본은 어떤가, 수치(恥)의 문화라고 일컬어졌지만, 지금은 어떨까.

여기서 조금 첨가하면, 영국인은 회사 관계의 교제나 고객의 접대는, 주로 점심시간에 하고 근무 시간이 끝나면 바로 귀가한다. 이러한 교제 때, 친구끼리 등 개인의 교제도 교제의 중심은 대화이다. 어쨌든 대화를 즐긴다. 그리고 우선 반드시 일본의 역사와 풍습, 전통 문화 등에 대해서 질문을 한다. 또한 음악과 회화(絵画)라도 자기가 갖고 있는 온갖 지식이나 기능을 내려놓으면, 분위기가 고조되고 존경도 받게 된다. 업무나 골프의 이야기도 좋지만, 그것만으로는 조금 허전하다. 영국인과의 대화는 즐거운 것으로, 충분히 즐겼다.

여기에서, 일본과 서양 국가와의 노동에 대한 생각이나 문화에 대해 생각해 보자.

일본에서는 그것이 유교에서 온 것인지, 어떤 경과로 생겼는지는 자세하지 않지만, 일한다는 것은 좋은 것이라고 하는 문화가 있다. 경영자 측에서는 형편이 좋기 때문에 미덕으로 여겨진다. 반면 서양에서는, 미국의 노예 노동이나 유럽의 탄광노동(일본에서도 사도佐渡 금광 등에서 동일하게 말할 수 있지만)등에서도 명확하게 알 수 있듯이 노동은 고통이라고 생각한다. 따라서 노동은 될 수 있으면 짧게 마치려하고, 기업 측은 이윤을 올리지 않으면 안 되기 때문에, 효율성을 높여 업무 시간 내에 끝내려고 한다. 잔업 등은 가급적 하지 않고, 오후 5시가 되면 날렵하게 퇴근한다.

일본에서는 일하는 것 자체에 가치가 있는 것이기 때문에 잔업은 당연한 것으로 된다. 옛날을 생각하면, 과장이 돌아가지 않으면 과원(課員)은 돌아갈 수 없고, 노동도 반드시 효율적으로 좋게 작동하지도 않는다. 잔업도 서비스 잔업(무급)이 되어, 잔업 시간도 정확하게 기록을 안 하기도 한다.

기업의 실적도 서구식 근무 방식이 올리기 쉽다고 생각할 수 있고, 그렇게 해서 생긴 자신의 시간을 사용하여 여러 가지 공부나 취미에 충당할 수 있을 것이다. 나의 경우도 잔업이 매일 밤늦게까지 이어져 가정의 단란한 시간을 갖기 어려웠던 것을 후회하고 있다. 영국 할머니들의 고고학 모임과 교제할 때의 대화도, 이렇게 할 수 있는 시간이 있어야 가능하다고도 말할 수 있다. 회사의 일하는 방식도 바뀌어 왔다고 들었지만, 이러한 일본의 전통적인 근로에 대해서 일고(一考)할 가치가 있지 않을까.

더 말하면, 유급 휴가를 얻는 것은 떳떳하지 못하고, 뭔가 죄책감을 느끼는 풍토가 있다. 구미에서는 2주간 동안 여름휴가를 얻는 것은 당연하고, 호주에서는 2주간의 여름휴가는 강제로, 취하지 않으면 고용하는 회사가 벌금을 물게 된다. 내가 젊은 주재원 시절이었던 첫 번째 영국 근무 때는, 주말을 포함해 겨우 1주일의 휴가를 얻었는데, 영국인들은 '왜 1주일이야', 좀 모욕적으로 불가사의하게 보는 것이었다. 단체 투어는 2주 이상이 보통으로, 당시 1주일이라는 투어는 없었기 때문에, 개인 예약으로 비싸게 먹혔다. 그런 비싼 돈을 써서라도 가야 하는지 잘 이해가 안 되는 지경이었다.

또한 노동 자체에 가치가 있다고 생각하는 일본의 경우, 노동을 비싸게 사는 것이 아니라, 노동은 당연한 것이기 때문에 잔업 수당도 지불하지 않을 뿐인가, 인건비를 싸게 하기 위해 비정규직 근로자를 늘릴 수 있게 된다. 노사관계는 본래 대립관계로, 사용자는 노임을 될 수 있으면 싸게 하려고 한다. 그럴 때 일본의 노동 문화 측이 더 쉽다는 것이다. 명목 임금은 올라도 실질 임금은 하락하고 있는 현재의 상태는, 반드시 뭔가를 어떻게 해서라도 고치지 않으면 안 되는 것이다.

나는 일본 중소기업 사람들의 훌륭한 업적과, 공예 등에 있어서 끊임없는 수련 등에 마음으로부터 경의를 표하는 것이며, 그것은 일본의 근로에 대한 문화의 산물이라고 할 수 있다고 생각한다. 노동의 가치에 대한 존중이라는 일본의 문화를, 사용자의 자의적인 남용이 아니라, 본연의 모습, 즐기는 자부심을 가지고 일한다는 본래의 모습으로 가져가면, 생산성도 올라가고, 비정규 노동자도 없어져서, 실질 임금도 상승하는 방향으로 가는 것이 아닌가. 그것이야말로 일본의 모습이 아닐까. 페어(Fair)라는 것은 이러한 것이 아닐까 생각하지만 어떠한 것인가.

쇼와 62년(1987년) 초에 귀국해, 약 15년에 이르렀던 외지 근무는 끝나게 되었다. 여러 가지 추억이 차례차례로 떠오르는데, 힘든 일도 상당히 있었지만, 여러 가지로 공부가 되었음을 감사하게 생각하고 있다.

귀국 후 약 3년 동안은 가와사키 항공 서비스(현 K 라인 로지스틱스)라는 자회사의 대표이사로 일했다. 이 회사는 에어 포워더(Air Forwarder, 이동 항공 운송 사업, 항공화물 혼재 사업자) 업체로는 대기업의 일단(一端)에 이어져 있고, 여행 대리점으로서는 많은 동업사(同業社) 중에서 뛰어난 실적을 가진 회사로 활약을 하고, 가와사키 기선 그룹 중에서 수익에 많은 기여를 하고 있다.

로타리클럽에서
「즐겁게 하자」

쇼와 62년(1987년)에 귀국하여 곧 로타리클럽에 가입하여 지금도 계속 회원이다.

로타리 활동은 미국에서 시작된 운동으로, 요컨대, 각각 다른 업종의 사람들이 모여 절차탁마(切磋琢磨)하고, 공동으로 사회봉사에 노력하는 것을 목적으로 한다고 할 수 있겠다.

일본에서는 도쿄 클럽이 전쟁 전에 설립되어, 전쟁 중은 휴면하고, 전후에는 도쿄 남과 북에 클럽이 생겼다. 차차로 아이 클럽, 손자 클럽이 생겨, 클럽 수가 증가함에 따라 지구(地區)로 정리되어, 현재는 일본 전체에서 34지구로 구성되어 활동하고 있다.

도쿄는 내가 들어가는 쇼와 62년(1987년)의 조금 전까지는 한 지역이었지만, 회원의 숫자가 너무 많아져서 북쪽과 남쪽으로 양분되어, 북쪽이 2580지구, 남쪽이 2750지구로 되어 있다. 내가 가입한 도쿄 남쪽 클럽이 2750지구에 속한다. 전후 도쿄에 처음 생긴 두 클럽 중의 하나로, 회원의 숫자는 증감이 있어서, 최다 220명 정도였고, 현재는 200여 명이다.

매주 1회, 점심식사 때 회의를 갖고, 식사 후 30분 정도 각계의 유명 인사들에게 부탁해서 탁화(卓話, 이벤트의 개최 시간 중에 참가자 중의 한사람이 다른 참가자들을 앞에 두고, 자신의 의견을 발표하는 것)를 듣는다. 식사 테이블에서 회원과 담소하고, 때때로는 자리를 바꾸어, 여러 다른 회원들과 다양한 이야기를 나눌 수 있기 때문에 도움이 되고, 또한 즐겁다. 로타리에서는 기회가 있을 때마다 기부를 하지만, 회비의 일부도 충당된다. 클럽 단독으로 또는 다른 클럽과 (특히 외국 클럽과) 연합해서 다양한 봉사 활동을 하고 있다.

회원이 되면 어느 위원회에 속하지만, 7월부터 이듬해 6월까지 1년 동안을 로타리 연도로 해서 1년마다 역할이 바뀐다.

나는 여러 임원을 거쳐서, 2001년부터 2002년 연도 때에 회장을 지냈다. 회장은 클럽 활동 전반에 책임이 있어서, 좀처럼 쉽지는 않지만, 정례회(定例會)의 활성화에는 항상 노력했다고 생각하고 있다.

모토(motto, 표어)를 표명하는 것이 보통으로, 나는 「즐겁게 하자」라고 하는 것으로 결정했다. 단순한 모토이지만, 회의에 나와 친한 친구들끼리만 이야기해서는 재미가 없다고 해서 그만둔 사람이 있었기 때문에, 회의 등에서는 다른 사람과 즐겁게 이야기를 나누는 것, 그리고 활동 전반에 대해서도 동일하고 즐겁게 할 것을 목표로 한 것이다. 실제로 어떠했는지는 비판을 앙청(仰請)해야 되지만.

「좋아, 1달러」

다음에, 2009년에서 2010년의 연도에 거버너(Governor, 지구간사)라는 것을 하게 되었다.

거버너는 국제 로타리 회장 직속 임원으로, 자신의 클럽이 속한 지역, 즉 나의 경우 2750지구의 활동을 책임지고 관리해야 한다.

2년 전에 거버너 노미니(Nominee)에 임명되고, 이듬해는 거버너 일렉트(elect), 그리고 그 다음 해에 거버너라는 순서다.

노미니 때부터 다양한 회의, 세미나 등등에 참석하여 교육을 받고, 거버너가 되는 해의 2월에는 태평양 연안의 샌디에고(San Diego)에 전 세계의 거버너들이 모여 갇혀서(통제되어) 교육을 받아야만, 비로소 거버너가 될 수 있다.

이 교육은 꽤 힘들다고 한다. 10일 정도 사이에 휴일은 1회 반나절(半日)뿐이다. 또한 미국인들은 들떠서 법석대는 것을 좋아하는지, 어느 날 하루는 국가 그룹별로 춤을 추거나 노래를 부르기도 하는 것으로 되었다. 그 해, 일본의 그룹은 아와 춤(阿波踊り, 아와는 현재의 도쿠시마 縣德島縣을 발상으로 하는 춤)을 췄는데, 그 연습 시간으로 지정된 것이 마침, 반나절 쉬는 휴일 시간이어서 모두 충격을 받았다.

기분 전환도 못 했기 때문에, 어느 날 짧은 점심시간에 점심을 빨리 먹고, 몇 사람이서 항구에 정박해서 사람들에게 공개되고 있는, 퇴역한 항공모함 미드웨이를 보러 갔다.

그 항공모함은 태평양 전쟁에서 싸운 미 해군의 유력함(有力艦)이어서 이름은 기억하고 있었다. 입장표 판매처에는 아주머니가 앉아 있고, 게시판에는 성인은 10달러, 아이는 얼마고, 군인은 1달러라고 적혀 있었다.

나는 시험 삼아 「I was a naval officer.(나는 해군 장교였다)」라고 말해보았다. 그랬더니 「US Navy?(US. 해군?)」라고해서 「No, Japanese Navy.(아니오, 일본 해군)」라고 하자 「OK, 1 dollar.(좋아, 1 달러.)」라고 말했다. 군인이라는 것은 미군을 칭하는 것이라고 해석되기 때문에, 정말로 재미있는 일이라고 생각했다. 미국인이나 영국인의 센스에 기분이 좋아졌다.

친일(親日)의
남태평양 섬에서

2750 지구에는, 일본의 다른 33 지구에는 없는 유일한 예외로서, 퍼시픽 베이슨 그룹이라고 부르는데, 남방의 괌, 사이판, 폼페이, 팔라우, 트럭에 총 8개의 클럽들이 2750 지구에 속해있다.

8개의 클럽이 하나의 지구를 구성하기에는 너무 작은 것이지만, 제일 가까운 곳은 필리핀 지구일 것이다. 그것이 왜 일본의 지구에 속해 있는가. 들은 바에 의하면 어느 섬이었든가, 아마 펠렐리우(Peleliu) 섬이라고 생각하지만, 태평양 전쟁 중에 미군이 눈앞에 와 있을 때, 일본군의 수비 대장이 섬 주민을 모아 「우리들은 여기서 옥쇄(玉碎)하지만, 너희들에게 이 섬에 있는 배를 전부 줄 테니 도망쳐라」고 말하고 섬 주민들을 대피 시켰다고 한다. 이 이야기가 전해져, 전후 로타리클럽이 만들어질 때, 아무래도 일본지역의 일원이 되고 싶다고 입을 모아 말했다고 한다.

괌을 제외한 섬들은, 일본의 위임 통치령이었던 관계로, 지금도 일본계 사람이 많고, 아이에게 일본 이름을 붙이는 사람이 많다고 한다. 옛날을 그리워하는 노인도 상당히 있는 것 같지만,「중국이나 한국은 힘을 기울여, 상당한 투자를 하고, 중국 대사관은 각 섬나라마다 있는데, 일본 대사관은 한 곳 뿐이다. 투자 프로젝트는 얼마든지 있는데, 일본은 눈을 돌리지 않는다. 안타깝다」고 말하는 회원도 있었다.

**산에는 녹음을,
유아에게는 예의범절을**

거버너에게는 여러 가지 의무가 있고, 일일이 적지 않겠지만, 가장 힘든 것은 앞에서 이야기한 샌디에고에서의 교육과 한 해 한 번의 지구 대회, 그리고 각 클럽을 공식 방문하는 것이다.

공식 방문은, 지구 내 모든 클럽의 정기 모임에 한 번씩 공식 방문을 실시하고 탁화(卓話)를 하지 않으면 안 되게 되어 있다.

2750지구의 경우, 내가 거버너였을 때, 91개의 클럽이 있었는데 여러 클럽들이 합동해서 모일 경우도 있기 때문에, 91번 한 것은 아니지만, 매일 같이 간담회와 탁화를 하는 것은 만만한 일이 아니다. 특히 퍼시픽 베이슨(태평양 해역)에는 5개의 섬에 여덟 개의 클럽이 있는데, 옆으로의 항공편은 거의 없고, 일일이 괌에 돌아와서 갈아타야 되는데, 한밤중 2시에 나오는 항공편 밖에 없었다. 그러므로 열흘 동안에 끝낼 수 있으면 괜찮은 편이었다. 그렇지만 모두 열심히 맞이해 주는 것은 참으로 기뻤다.

탁화에서는, 당시의 국제 로타리 회장인 존 케니 씨의 테마가 「로타리의 미래는 당신의 손에(The future of rotary is your hands)」라는 것이었는데, 그것을 회원에게 설명, 이해시켜 받아들이도록 하는 것이 나의 의무이고, 그 후에 내가 무언가의 이야기를 이어가는 것이다.

거버너도 각각 테마나 모토(motto)를 지니는 것이 습관이라고 하는데, (나는 사실 별로 모토 등은 좋아하지 않지만)「산에 녹음을, 유아에게는 예의범절을」이라는 것으로 했다.

나무는 CO_2를 마시고 산소를 배출한다. 빗물을 빨아올리고 신록에 보수(保水)한 후, 시내에서 큰 강으로 가서, 관개용수(灌漑用水)가 되고, 그리고 바다로 흘러가서는 건강하고 맛있는 수산물을 기른다. 지금 강하게 주장되고 있는 대기 오염 대책에는, 산에 나무들을 키우는 것이 제일 우선이다.

또한, 전후에 소위 민주주의를 잘못 해석하여 자신만 좋으면 된다고 하는 경향이 널리 퍼져있는 것을 볼 수 있는 것이 아닐까. 부처님의 깨달음에 「제법무아(諸法無我)」라고 하지만, 모든 것은 그냥 존재하는 것이 아니다. 또한 그저 존재할 수는 없는 것이다.

탁화(卓話)에서도 때때로 거론되는 예로, 영국에서는, 기차에서 아이가 앉아 있는 앞에 노인이 서있는데, 그 아이가 자리를 양보하지 않으면, 성인이 그 아이의 목덜미를 잡고 서게 한다는 이야기다.

나의 아이도 비슷한 경험을 했는데, 요컨대 자녀의 예의범절은 성인의 공동 책임이라는 생각이 철저하게 깔려 있다는 것이다. 그 아이의 부모가 있었으면, 미안합니다, 하고 사과했을 것이다.
　이것이 일본의 경우라면 어떨까. 요즘은 가끔 자리를 양보해주는 젊은이도 있지만, 노약자 보호석에 앉아, 자는 척하거나 모른 척하는 경우도 적지 않다. 아이를 일어서게 하면 함께 있는 어머니로부터 눈치를 보게 될 것 같아서, 좀처럼 손이 나오지 않는다.
　요즈음 보육원이 너무 시끄럽다고 건설을 반대한다든지, 공원에서 어린이들이 시끄러우니 조용하게 시켜라든지 하는 이야기를 듣지만, 콘서트홀도 아닌데 자녀 교육에 있어서 야외활동으로 건강하게 놀도록 한다는 중요성을 잊는 생각으로, 구미의 육아 공동 책임감과는 정반대이다. 정말로 한심한 일로, 일본의 미래를 걱정하지 않을 수가 없다. 예의범절은 침묵시키는 것이 아니다.
　나의 테마「산에 녹음을, 유아는 예의범절을」이라고 하는 것은 쉬운 것 같지만, 상당히 어려운 여러 가지의 문제를 안고 있다. 그러나 이것을 추구해 가면, 반드시 언젠가는 훌륭한 나라가 완성된다고 생각한다.
　나는 영국이 이러한 이상을 달성했다고 반드시 생각하지는 않는다. 다양한 문제가 있어도, 역시 나는 일본이 좋다. 모노노아와레(もののあわれ, 대상객관對象客觀과 감동주관感動主觀이 일치하는 곳에서 생기는 조화적 정취의 세계)를 이해하는 것은 일본인 이외는 조금 생각하기 어렵다. 그러나 오늘날의 일본인에게 사람의 행복을 생각하는 마음이 충분한지, 어떠한지 반성해볼 필요가 있는 것은 아닐까.

평화 펠로를 키우다

거버너를 마치면 패스트 거버너(Past Governor, 前 거버너)가 되는 것이지만, 좀처럼 패스트가 되지는 않아, 다양한 역할을 맡게 된다.

국제 로타리는 소아마비 박멸(撲滅) 운동을 하고 있으며, 또 다른 중요한 활동으로 평화 펠로(fellow)를 키우는 운동을 하고 있다. 평화 펠로라는 것은 세계를 평화롭게 하려면 어떻게 하면 좋을까라는 평화학(平和學)이라는 것을 공부하는 학생을 가리킨다. 국제 로타리는 세계 5개 대학에 3년 이상 사회에서 일한 사람을 각각 10명까지 위탁 해오고 있다. 아시아에서는 일본의 국제기독교대학이 유일한 대학으로 2002년에 시작된 이후, 지금까지 13기생의 교육이 이어지고 있다.

그 대학은 도쿄 미타카(三鷹)에 있고, 내가 속한 2750 지구 내에 있다. 주변의 여섯 지역을 호스트 영역으로 해서, 한 사람 한사람의 펠로에게 카운슬러 (상담 상대)를 회원 중에서 부탁해서 2년간 돌보는데, 나는 이 호스트 지역의 코디네이터라는 것을 담당하고 있다.

세계 5개의 센터에서, 매년 50명 정도의 졸업생이 연구 성과를 발표하고 자립해 나아가, 유엔(UN) 등 평화 활동에 관련된 단체에 취직해서 훌륭한 활동을 하고 있다.

나는 이것이 로타리 운동 중 가장 가치 있는 활동이라고 생각해 노력하고 있는 바이다.

제5장

이세伊勢의 신궁神宮

대궁사로서 접했던 신도의 마음

제5장

이세伊勢의 신궁神宮

대궁사로서 접했던 신도의 마음

**파란 하늘의
천둥번개에 놀랐지만**

헤이세이(平成) 원년(1989년) 끝이었던가, 다음 해 초였던가. 히가시조노 장전장(東園 掌典長, 掌典長-황실 제사에 봉사하고 직원의 사무를 관장하고 직원을 감독한다)으로부터 전화가 걸려왔는데, 잠시 할 이야기가 있어서 만나고 싶다는 것이었다.

신궁이라고 하면 이세의 신궁, 앞에 아무것도 붙지 않고 부르는 신궁은 하나밖에 없다. 그러므로 이세伊勢신궁의 통칭은 사실은 오류 또는 이세의 신궁이라고 하는 것이 옳다. 그밖에는 가시하라 신궁(橿原神宮), 헤이안 신궁(平安神宮), 메이지 신궁(明治神宮)과 같이 이름이 붙어서 천황이 신을 모시는 신궁. 이세신궁(伊勢神宮)이라고 하는 통칭은 널리 알려져 있기 때문에 특별히 반대는 하지 않지만. 장전장을 만나 뵈었을 때 이세신궁의 하타카케 소궁사(幡掛少宮

司, 少宮司는 대궁사大宮司를 보좌함)와 사카이 첫째 네기(酒井 筆頭禰宜, 筆頭禰宜-총무부장)도 동석해 있었다. 이야기는 「현재의 신궁은 대궁사(大宮司, 제사 및 행정 사무를 총괄함)가 결여(缺如) 되어 있고, 당신이 가장 적임자라고 모든 사람이 인정하고 있기 때문에 반드시 고려하시기 바란다」라 하는 것으로 파란 하늘의 천둥 번개를 만난 것처럼 놀랐다.

대궁사라고 하는 직책은 역사적으로 보면 교토(京都)에 있는 상위 쿠게(公家)가 해왔다. 메이지(明治) 이후에는 쿠게라고는 한정되지 않았지만, 화족(華族, 공작·후작·백작·자작·남작의 작위를 가진 사람)이 이어 왔다. 모두 신직(神職)의 경험자가 아니고 이른바 초보자였다.

우리 집에서는 증조부인 아사히코 친왕(朝彦親王)이 메이지 이후 초대 제주(祭主)이고, 그 아들 3명이 황족으로서 제주를 잇고 있다. 대궁사는 없지만, 전후 현재 황실 가까이의 구(舊) 황족이 대궁사가 되는 것은 충분히 생각할 수 있는 것이고, 그 중에서도 연장자인 내가 그 경력으로 봐도 가장 적당하다는 논리다.

우리 집 정원 숲에 조상을 모시는 영전(靈殿, 죽은 영혼을 모신 곳)과 이나리(稻荷, 벼를 상징하는 곡물 靈神 농경 신)가 있어서 가끔 참배하러 가기도 하고, 단(壇)에 올렸던 곡물을 내려서 때로는 실례하기도 했다. 가미(神)는 결코 먼 곳에 존재하는 것이 아니었지만, 오랜 회사생활로 잠시 멀어져 있었다. 어린 시절에는 정좌(正坐)를 하고 식사를 했으나, 그 이후 의자생활을 해서 조금은 어려울 것이라고 대답했지만, 히가시조노 장전장(東園 掌典長)은 좀처럼 포기하지 않았다.

그 이후 몇 번 만나기로 했었는데, 서서히 회사생활을 마칠 무렵도 되었고 앞으로의 여생을 신직(神職)에서, 지금까지 깊이 생각하지 않았던 신도(神道)를 포함한 종교에 친숙해지고 싶었다. 그리고 신도를 통해서 많은 사람들에게 도움을 준다면 그것 또한 좋은 일이겠지. 그렇게 생각하게 되었다. 그리고 헤이세이 2년(1990년)에 임시 주주총회를 열어서 퇴사(退社)하고, 같은 해 5월에 칙령(천황의 허가)을 받아서 신궁 대궁사로 취임했다.

대제(大祭)에서
노리토(祝詞, 축사)를 올리고

5월에 취임해서 신궁사청(神宮司廳), 공작장(工作場), 가구라전(神樂殿, 신神을 모시는 데 진상하는 가무의 장소) 등등의 시설(施設)을 일순하고, 중심이 되는 큰 신사(大社)에 인사차 순회하는 등등 바쁜 나날을 보내면서 6월의 월차(月次) 제사를 맞이했다. 이것은 제주(祭主)와 함께 대궁사가 주최하는 5대 제사 중 하나이다.

이것 이외에 대궁사가 우두머리가 되어 거행하는 크고 작은 제사가 몇 개 있지만, 대제(大祭)를 올릴 때에는 제관(齊館)에 이틀 동안 거주하고, 그 이외는 하루를 거주한다. 그리고 육식을 끊고(생선과 닭고기는 가능), 하오리하가마(羽織袴, 일본의 전통의상)를 입고 제관(齊館)에 들어가서, 기상(起床) 시에는 제사 일에 몰두하고, 제사의 앞뒤로는 청결한 물로 머리부터 발끝까지 온몸을 씻는다.

그런데, 아무것도 모르는 나는 제관(齊館)에서 모든 의식의 리허설을 하면서 배웠다. 신궁 앞에 깔려져 있는 조그마한 흰 돌. 이 돌은 미야 강(宮川)에서 주워온 흰 돌을 천궁(遷宮) 전에 신령민(神領民, 이세의 신궁이 있는 이세 시伊勢市에 사는 사람들)들이 정전(正殿)의 부지에 흰 돌을 전면에 까는 행사로 깔려지는데 그 흰 돌 위에 돗자리를 깔고 그 위에서 정좌를 한다. 그 때부터 제사 방식으로 정해진 시간에 일어나 신전(神前)으로 가서, 정해진 자리 위에서 노리토(祝詞, 신도에서 매우 중요한 영력을 가진 문장)를 올리는데, 그 노리토 전후의 절을 올리는 방식도 정해져 있다. 큰 제사에서는 이러한 노리토가 대궁사의 커다란 임무이다.

신궁의 노리토는 신에게 올리는 것이기 때문에 다른 사람들에게 들리게 할 필요가 없이 낮은 소리로 올린다. 죄송하지만 그(낮은 소리) 덕분에 제관(齊館)의 리허설 때 배운 것으로, 수십 번 정도까지 암통(暗通)해 외웠다고 생각하지만, 정식으로 올릴 때는 노리토가 생각이 잘 안 나기도 한다.

오쿠리가나(送り仮名, 예를 들면 '帰る'의 'る' 따위)가 모두 한자로(に-邇 'の-乃) 작게 써 있고, 또한 제사는 거의 밤에 거행된다. 저녁에 오오미케(大御饌, 아침과 저녁 두 차례 외궁 미케 전에서 밥과 물과 소금 등을 아마테라스 오오미카미天照大御神께 드리고 국가와 백성의 편안을 기도하고 감사를 드리는 제사)에 나가는 것이 밤 10시이고 귀착(돌아오는)이 12시이다. 다음 날의 오오미케는 2시에 나가고 4시에 돌아온다. 전등(電燈)이 없이 횃불과 초롱불로 밝히고, 대궁사가 노리토를 올리는 옆자리에는 권네기(權禰宜, 신관의 직계의 하나로, 네기의 하위 직계) 한사람이 횃불을 들고 있지만, 오쿠리가나나 그 이외의 것들이 좀처럼 읽기 어렵고, 게다가 바람에 날리는 가운데서 노리토의 종이와 횃불도 흔들려서 척척 읽어

내려가기가 매우 어렵다. 처음 보고 막히지 않고 읽을 수 있는 사람은 거의 없을 것이다.

막히면 「가미 사마(신령님) 용서하세요」라고 마음속으로 사죄하고 다음 부분으로 건너뛴다. 아마테라스 오오미카미도 먼 후손의 자손에게 「괜찮아, 괜찮아」라고 말씀하시지 않을까.

노리토는 제사 때마다 조금씩 다르지만, 골격은 같아서 몇 번 반복하는 사이에 암기하게 되었다. 암기하고 있지 않으면 도저히 할 수 있는 일이 아니다.

하카마(袴, 일본의 전통의상)와 나막신

제사 일로 초기에 곤란했던 것은, 신궁의 독특한 팔배(八度拜)라는 절(拜)이다. 그것은 먼저 네 번 일어났다가 앉고, 매번 깊은 마음으로 절을 하고 여덟 번 손뼉을 친다. 그리고 다시 한 번 같은 동작을 한다. 대궁사의 시동(始動)에 칙사(勅使)와 수행원(隨行員) 이외에 옆에 디귿자 모양으로 앉아 있는 소궁사(少宮司), 네기(禰宜), 권네기(權禰宜), 구죠(宮掌, 신관의 직계의 하나로, 권네기의 하위 직계)라는 신직(神職) 20여명이 함께 앉았다 일어서기를 반복하는 것이다.

처음에는 하카마(袴)에 익숙하지 않았기 때문에 소매를 밟아서 비틀비틀거리기라도 하면, 모두가 나를 기다리고 있다. 당연히 당황하지 않을 수 없다.

나 이외의 신직 사람들은 처음부터 경험을 쌓아온 사람이 대부분이어서, 스스로 의복을 잘 입지만 나와 소궁사의 옷 입기는 신궁에 갓 입소한 슛시(出仕)라는 견습생들이 연습을 반복해 입혀준다. 능숙한 사람과 능숙하지 못한 사람이 있는 것은 당연한데, 신참인 나에게는 여기를 이렇게 해달라는 생각도 없다.

대궁사의 하카마는 보기 좋게 길게 입도록 되어 있기 때문에 길게 입으니 옷자락이 밟히기 쉽다. 익숙해지고 나서는 일어날 때에 조금 뛰는 것같이 하니까 능숙하게 할 수 있게 되었다.

이세(伊勢)의 신궁의 다이구지(大宮司)로 예복에 몸을 싸고.

여러분이 알고 있듯이 간누시(神主, 神社의 神官)가 신고 있는 나막신(木沓)인 아사구쓰(浅沓, 오동나무를 얕게 파서 검은 칠을 한 옛 관원의 신)는 신는 방법에도 요령이 있다. 익숙해진 간누시는 가볍게 달리기도 하지만, 나는 익숙할 때까지 잠시 시간을 요했다. 특히 데굴데굴한 작은 돌 위에서의 걷기는 어렵다. 돌계단의 오르내림에도 좋은 방법이 필요하다.

한 시간 가량
무릎 꿇고 정좌(正坐)를 한 후

어린 시절 이후 오랫동안 정좌를 하지 않고 의자 생활에 익숙해져 온 몸으로서, 제사 때에 무릎을 꿇는 정좌(正坐)는 잠시 동안은 고통이었다.

　5대 제사를 봉사할 때, 신전(神前)에서 노리토를 올린 다음에, 네기(禰宜) 등 신직들은 공양물을 올리고 내리고, 또 술을 세 번 올리고 내리고를 하기 위해 일어났다가 앉았다가를 반복한다. 그동안 대궁사와 소궁사는 계속 앉아 있어서 팔배(八拜) 등 절을 할 때 조금 다리를 뻗을 수 있는 뿐이고, 흰 자갈 위에 얇은 돗자리에 앉아 있는 것은 상당히 힘들었다. 처음에는 앉는 요령이 나빴던 탓일까, 무릎 관절에 물이 차기도 했다.

　이 외에도 정월(正月)의 첫 번째 카구라(神楽, 가미神에게 제사지낼 때 연주하는 무악)로 11일 미케(1월 11日 御饌, 일 년에 한번 가미神들이 한자리에 모여, 오오미카미大御神와 함께 새해를 축하함) 때에는 오랫동안 정좌하는 것이 있다. 특히 첫 번째 카구라는 일반인을 뒤로하고 대궁사와 소궁사가 거행하기 위해서 앉는다. 이 첫 번째 카구라는 제야(除夜)의 종과 동시에 시작하는데, 정궁(正宮) 앞에 돌계단 아래에서 기다리고 있던 참배객들이 일제히 돌계단을 올라 참배한다. 참배 길에는 큰 화롯불 등의 여러 화롯불을 피우고, 가설천막을 세워 백주(白酒, 단술의 일종)로 대접하며 대단히 활기차다. 사람들은 떡을 지참해 화롯불에 구워먹으며 그 해의 무병장수(無病長壽)를 빈다.

　우리는 첫 번째 카구라 후, 세단 제(歲旦祭, 1월 1일에 궁중 및 신사에서 황실과 국민의 번영과 농작물의 풍작을 기원하는 제사) 봉사, 1월 3일에는 원시 제(元始祭, 1월 3일 궁중 삼전궁中三殿, 賢所와, 皇霊殿과 神殿에서 천황 스스로 황위皇位의 원시元始를 축하해 황조皇祖, 다음 조영祖霊을 모시는 제사), 11일에는 미케(御饌, 1월 11일에 가미 사마의 신년회) 등등, 4일에는 총리대신(總理大臣) 이하 여러 대신(大臣, 한국의 장관) 참배, 또는 연일 참배하는 분들의 안전에 관한 최고 책임자이니까 1월 15일까지 매일 카구라 전(神樂殿)에 출근하고, 직사(職舍)에서 쉬는 1월의 휴식은 15일 이후이다.

약 한 시간 앉은 후에 대궁사에게 먼저 「아무쪼록 퇴장해주세요」라고 하니까 모든 사람(다른 사람은 편안한 자세로 앉음)이 보는 앞에서 제일 앞 열에서 벌떡 일어서야 한다. 상상해보라. 다른 대부분의 신사는 걸상(床几, 쇼기)에서 제사를 지내고 있지만, 신궁은 고대의 의식(儀式)을 지키고 있다. 나는 그 방식을 바꾸면 안 된다고 이것을 평가하고 있고, 11년간 봉사를 하면서 조금씩 익숙해질 수가 있었다.

정좌 외에 몸을 낮춰 쪼그리고 앉는 준거(蹲踞) 자세에도 요령이 있다. 삼절제(三節祭, 6월과 12월의 월별 축제, 11월의 간나메제神嘗祭, 이세의 신궁에서 행하여지는 행사. 한국의 추수감사절)의 경우, 내궁정궁(內宮正宮)의 미니에 조사(御贄調舍, 돌계단 아래 초목이 우거진 담―외래자에게 눈가리개를 위한 칸막이―뒤에 있는 판자 지붕의 건물)에서 권네기(權禰宜)가 전복을 맑고 깨끗한 젓가락과 칼로, 도요우케노 오오미카미(豊受大御神, 아마테라스오오미카미의 식사를 맡는 미케쓰카미御饌津神, 음식을 주관하는 가미, 외궁정궁外宮正宮이 모시는 가미)가 보시는 앞에서 요리한다. 그 동안 옆에서 준거 자세로 지켜보고 있으면, 6월의 월별 축제 때 남쪽을 흐르는 가미지 강(神路川, 가자히노미노미야 다리風日祈宮橋 아래를 흘러서 다키마쓰리노미야瀧祭宮에서 이스즈 강五十鈴川에 합류) 쪽에서 가지가(河鹿, 개구리의 일종)의 목소리가 들리는 경우가 많다.

그리운 생각이 난다.

가미지 강(神路川)에서 비취(翡翠, 비취옥의 준말)를 볼 수도 있다. 내궁 제사 때 앉아 있는 눈앞에 반딧불이 날아오고, 휴식하고, 또 날아가기도 했다.

천궁(遷宮) 봉사

내궁(內宮)의 진좌(鎭坐)는 『일본서기(日本書紀)』에 의하면, 「아마테라스 오오미카미(天照大御神)가 야마토노히메노 미코토(倭姬命)에게 가르치면서 다음과 같이 했다. 이 가미카제(神風)의 이세(伊勢) 나라는 영원불변(永遠不變)의 파도, 끊임없이 파도가 밀려오는 나라다. 중심에서 벗어난 곳에 있는 나라(傍國)인 만큼 아름다운 나라다. 이 나라에 있고 싶다」고 말했다고 되어 있으며, 스이닌 천황(垂仁天皇) 26년 가을 9월 갑자(甲子) 일이라고 되어 있다.

서기 1996년의 해가 마침 내궁진좌(內宮鎭坐) 2천년에 해당하는 해로 축하 행사가 열렸다. 내궁진좌는 그리스도 탄생인 서기 원년(4년 다르다는 설이 있지만)보다 4년 이른 셈이다. 외궁은 약 500년 후에 미케쓰카미(御饌津神, 음식을 주관하는 가미)인 도요우케노 오오미카미(豊受大御神)를 모시고 창립되었다.

신궁의 신전(神殿)이 쌀 창고를 기반으로 한다든가, 건축의 세세한 검증, 일 년에 천 수백 번 있는 제사, 신궁을 구성하는 야시로(社, 조직) 125개, 천 수백 개의 의복과 신보(神寶) 등등을 적으면 한 권의 책으로 되지만, 다양한 책들이 나와 있기 때문에 기술(記述)은 그쪽에 양보하고, 제사 봉사 중 가장 인상에 남는 제61회 천궁봉사

(遷宮奉仕)에 대해 적어두자.

천궁(遷宮)[1]은 텐무 천황(天武天皇)의 발안으로, 치토 천황(持統天皇) 4년(690년)에 시작하여 1300여 년이 지났다. 도중에 전국(戰國) 시대 약 150년간은 중단했지만, 20년마다 실시되어 헤이세이 5년 (1993년) 10월에 제61회가 거행되어 봉사했다.

헤이세이 25년(2013년) 제62회 때는 신궁 고문(顧問)으로서 실무용원(供奉員)으로 봉사를 했다. 전(前) 대궁사이고, 두 번이나 봉사에 임한 사람은 나 한 사람뿐이라는 것 같다.

천궁(遷宮)의 제사는 8년 전에 산구제(山口祭, 산 입구에서 열리는 산신의 축제, 목원제木元祭, 정전正殿의 기둥용 전나무를 자를 때 하는 제사)를 시작으로 32개 제사가 있고, 용재를 운반하는 행사(御木曳), 정전의 부지에 흰 돌을 전면에 까는 행사(お白石持ち), 우지 다리(宇治橋 渡り初め, 宇治橋, 이스즈五十鈴 강에 있는 일본 최대 목조다리) 첫 건너기 등이 있으며, 헤이세이 5년(1993년) 10월 2일에 내궁에서, 10월 5일에 외궁에서 천어(遷御, 신체神體를 옮겨 모시는 행사)가 각각 다섯 밤 동안 틀어박힌 채 거행되었다.

시원하게 밝은
분위기 속에서

우지 다리의 첫 건너기(宇治橋 渡り初め)에 대해 좀 적어 두자.
옛날부터, 내궁 참배 길(內宮參道) 앞에 이스즈 강(五十鈴川)에 걸려있는 우지 다리(宇治橋)는 천궁(遷宮)마다, 그 해에 새로 놓아 첫

---
[1] 천궁(遷宮) : 새 신전을 지어 이전의 신전으로부터 신령을 옮기는 의식.

신궁의 참배 길. 중앙이 이케다 아쓰코(池田厚子) 제주(오른쪽에서 두번째). 조금 떨어져 왼쪽이 나, 그 왼쪽이 사카이 이츠오(酒井逸雄) 쇼구지(少宮司).

정천궁(正遷宮) 다음 해에 봉납 행사의 일환으로 열린 독일 오케스트라의 연주회 때 나도 함께 첼로를 연주했다.

건너기가 이루어지고 있었지만 쇼와 24년(1949년)이 천궁의 해였는데, 쇼와 천황이 국민의 생활이 어려운데 돈을 들여 천궁을 하는 것은 괴로운 일이고 가미의 마음(神意)에 맞지 않는다고 말해 지연이 되었다.

적어도 우지 다리만은 새로 바꾸려고 해서, 다리만 쇼와 24년에 새로 바꿔 첫 건너기 식은 행해졌지만, 그것을 들은 요코야마 타이칸(橫山大觀) 등의 화가(畵家)들이 자작화를 봉납하고, 이것을 처분해서 일부라도 천궁을 해주십시오라고 요청했더니, 그 소식을 들은 많은 사람들이 헌금하여 4년 뒤에야 천궁이 이루어졌다. 그래서 첫 건너기와 천궁은 이후부터 4년 간격이 되었다.

천어(遷御, 천궁 행사) 전날 저녁에 가와라 오오하라이(川原大祓)라고 하는 신체(神體)를 납입하는 가리미히시로(仮御樋代, 신체를 놓는 임시 그릇), 가리미후나시로(仮御船代, 御樋代를 놓는 배 모양의 임시 그릇), 천어(遷御)에 사용하는 용구(用具)나 의복 신보(神寶), 그리고 봉사자 모두의 불제(祓除, 가미에게 빌어 죄·부정不淨·재앙 등을 떨쳐버림)가 거행되고, 당일 낮에 장식한 후, 천어(遷御)가 시작된다.

천어 때는 특설 화장실도 만들고 있지만, 아무래도 장기전이 되고, 또 이러한 의복을 입으면서 좀처럼 화장실 가기가 어렵기 때문에 아침부터 수분을 취하지 않는 것으로 했다. 실제로 긴장 때문인지 그러한 생각은 일어나지 않았다. 약 5시간 상쾌한 기분으로 봉사할 수 있었다.

오후 1시에 일반 참배는 중지시키고, 참배 길에 물을 뿌리고, 삼나무(神杉)의 울타리도 새로운 푸른 대나무가 되고, 봉축의 술통(酒

樽)도 쌓아 시원하고 밝은 분위기가 된다.

2시에는 전국에서 모인 정장 특별 배례(奉拝)자 약 3천 명의 입장을 시작으로 자리에 앉는다.

이미비야 전(忌火屋殿)에서는 신관이 불을 비벼 일으켜 촛불을 붙인다. 이 불은 천어의 행사에서 건물 내와 정원의 등불, 횃불의 불씨가 될 정화(浄火)다.

우리 봉사자들은 충분히 시간적으로 여유를 가지고 정장의 의복을 입는다. 당일에는 대궁사와 소궁사는 속대 흑포(束帯黒袍, 쿠게公家의 정장, 검은 윗도리), 명의(明衣, 신도神道의 특수한 제사용 흰 정의浄衣), 삼베의 부분 가발(木綿鬘, 모자에 꽂는 가발, 木綿, ゆう, 유우라는 것을 쓰지만, 실제는 삼베를 썼다. 木綿ゆう에게는 몸과 마음을 정화하는 뜻이 있다), 삼베의 어깨띠(木綿襷)에 옷자락을 당긴다. 네기(禰宜)는 검은 윗도리가 아니라 붉은 것이다. 이 복장은 꽤 무겁다. 가벼운 골프백을 메는 정도일까?

정암(浄闇)에 무겁게 울리는
경필(警蹕)의 목소리

그리고 6시에 땅거미가 내리는 신사 경내(境內)에서 제사 행렬의 출발을 알리는 북소리가 울린다.

자갈을 밟는 저벅저벅 소리가 일사불란하게 울린다. 행렬은 선두부터 칙사(勅使)와 수행원, 다음 제주(祭主), 대궁사, 소궁사, 네기, 다음 신관(神官)이나 직원들 순으로 총 백 오십 여명이 반짝이는 횃불 속을 삭삭 지나간다.

다마구시(玉串, 신전에 바치는 종이 수직이나 무명을 붙인 비쭈기 나무 가지) 행사장에서 칙사(勅使, 천황 등이 보내는 사자), 제주, 대궁사, 소궁사, 네기는 다마구시를 양손에 받아 옷자락을 당기고 앞으로 나아가, 우치타마가키 고몬(內玉垣御門) 아래에 다마구시를 바치고, 문(門)과 신궁(新宮) 사이(中重)의 자리에 앉는다.

다음에 칙사가「新宮にお遷りを請奉る(신궁에 옮기십니다)」는 취지의 제사문(祭祀文)을 말씀드리고 대궁사와 소궁사가 문을 연다.

담당 역(役)이 낭독한 소환장(召立文)에 따라 의복 신보(神宝)를 신관들이 받아 받쳐 들고 늘어선다.

출어(出御, 가미가 아랫사람 앞에 나타남)를 맞이하여, 정원의 등불(庭燎), 야간등(夜間燈), 높이 내걸은 초롱의 불빛이 꺼지고, 정암(淨闇, 더러움이 없는 어둠)의 침묵에 폐쇄된다.

아마노이와토(天岩戶, 일본 신화에 등장하는 바위로 된 동굴)를 여는 고사(故事)에 따라 닭 울음 역(役)이「카케코」(외궁은 "카케로")라고 세 번 외치면 칙사가 계단 아래로 나아가「슈쓰교(出御)」라고 세 번 올린다.

이것이 8시 정각이지만, 대궁사와 소궁사, 수 명의 네기가 바치는 신의(神儀, 가미의 본체)는 백포(白布)의 막이(行障)와 실크 장막(絹垣)에 둘러싸여 출어로 된다.

악사(樂師) 12명이 따르는 도악(道樂, 아악의 연주 형식 중 하나)이 행렬 주위에 따라가며, 가끔 칙사 수행원의「오―」라는 경필(警蹕, 임금님의 거둥 때 경호를 위하여 통행을 금함)의 목소리가 무겁게 정암(淨闇)에 울려 보통 때는 3~4분도 걸리지 않는, 옆의 신궁(新宮)에 이어지는 바위 계단을 많은 시간에 걸쳐 천천히 천천히 간다.

주변의 참배 자리에서 배례의 박수를 친다.

흰 빛깔의 나무 막대기를 어깨에 둘러메고 한 걸음 한 걸음 천천히 나아간다. 도악(道樂)과 박수, 그리고 나무에 둘러싸인 더러움이 없는 어둠, 정말 표현할 수 없는 기분이다.

신궁에서는 신체(神体)의 입어(入御, 쥬교) 후에, 의복 신보(神寶)도 계속 전내(殿內)에 안치되어 문을 다시 닫는다.

그리고 옷을 입은 후 5시간 정도 지나 재관(斎館)으로 돌아오면 이날 임무가 끝난다.

바람을 타고 비곡(秘曲)이 희미하게 들린다

다음날 아침 6시에 신궁에서 최초의 공물(大御饌, 오오미케)를 미즈가키 고몬(瑞垣御門) 앞에 바치고 대궁사가 노리토를 올린다.

10시에 천어(遷御) 때와 같은 복장으로 봉폐(奉幣, 오오미카미께 공물을 바침)의 의식으로 동보전(東宝殿)에 폐백(幣帛, 공물)을 봉납 후, 칙사들과 함께 코조전(五丈殿)에서 옛날식의 식사를 한다.

오후 2시에 구전(旧殿, 옛전)에 남겨진 신보류(神寶類)를 서보전(西宝殿)에 이송하고, 오후 5시에 미카구라(御神楽, 오오미카미께 봉헌하기 위한 가무)와 비곡(秘曲)이 봉납되는 것을 오오미카미에게 보고하는 궁중 음악의 공물(御神楽御饌)을 하고, 오후 7시에 요조전(四丈殿)에서 궁내청(宮内庁)의 악원(樂員)에 따른 미카구라와 비곡의 연주가 시작된다.

우리는 악원 옆의 가까이에서 미카구라를 듣지만, 비곡(秘曲)이 시작되기 전에 퇴장하고 미하리(見張, 일반 봉배奉拝, 소 옆에 있음)의 장소에서 대기한다. 오오미카미 이외에는 들려주지 않기 때문에 비곡(秘曲)이고, 천궁 때 이외에는 연주하지 않는 곡이지만, 바람을 타고 희미하게 들린다. 오래된 나무를 스치는 소리와 함께 뭐라 말할 수 없는 분위기로 여전히 귓속 깊이 남아있다.

10월 5일에 유사한 제사가 외궁(外宮)에서 거행되고, 14개 별궁(別宮) 중의 아라마츠리노미야(荒祭宮), 다카노미야(多賀宮)는 올해 안에, 남은 12개 별궁은 이듬해부터 그 다음 해의 3월까지 진행된다. 별궁의 천어(遷御) 때는 대궁사가 경필(警蹕)을 「오―」라고 외친다. 그 정암(浄闇) 속의 경필(警蹕)은 뭐라고 말할 수 없는 것이다.

두 가지의 불가사의한 사건

이 천어(遷御) 때 두 가지 사건이 나를 놀라게 했다.

하나는 실크 장막(絹垣)에 싸여 조용히 고전(古殿)의 돌계단을 내려, 신궁의 돌계단을 올라 도리이(鳥居, 신역과 인간이 사는 속세를 구획하는 산사 입구의 문 : 역자주) 밑을 지나갈 때, 내 옆에 흰 빛깔의 나무 막대기(棒)를 어깨에 둘러메고 있던 사카이 소궁사(酒井少宮司)가 갑자기 쓰러질 뻔했던 것이다. 내가 서둘러 옆을 걷고 있는 한 네기에게 「빨리 교대하라」고 말을 건네고 나서 무사했지만, 나중에 사카이 씨는 「그때 갑자기 무거워졌어요. 반드시 오오미카미가 맑은 신궁에 들어가는 것을 기뻐했던 것이라고 생각합니다」라고 했다.

같은 막대기(棒)의 반대편을 어깨에 둘러메고 있던 나는 느끼지 못했고, 사카이 씨는 나보다 3~4살 위이지만 아직 67~8세여서, 신체(身體)의 이상함은 아닐 것이고, 신기한 사건이라고 생각했다.

다른 하나는 천어 때에는 정원의 등불(庭燎) 봉사라는 것이 있어서, 정원의 등불은 정전(正殿) 앞의 자갈이 깔려 있는 곳(齋庭)에 있는 돌로 둘러싸인 항아리에서 장작을 지펴서 빛을 취하는데, 천어로 출어(出御)를 시작하면 끄는 것이다. 이 정원의 등불 봉사는 언제부터인지 모르지만, 문화인(文化人) 분들에게 부탁하는 것으로 되어 있다는 것이다. 신궁에 있어서는 화가나 공예 작가는 잘 알고 있어서 부탁한 적이 있지만, 음악가는 잘 모르기 때문에 나의 지인 누군가를 찾아달라고 한다. 참고로 지난 60회(쇼와 48년 1973년) 때는 작곡가 마유즈미 토시로(黛敏郞) 씨에게 부탁했다고 한다.

그런데 저명한 작곡가 등에게 물어 봤지만, 모두다 컨디션 등의 이유로 받아주지 않았다. 그래서 내가 카쿠슈인 오케스트라에서 함께 하였고, 나중에 예대 타악기과에 들어가서, 후에 지휘자가 되어 세계적으로 활약하고 있는 이와키 히로유키(岩城宏之) 군에게 부탁을 하니,「재미있을 것 같다, 시켜주세요」라고 바로 말했다.

그런데 내궁 천어의 날에, 행렬을 위해 재관(齋館) 앞에 줄 지어 있으니, 날아갈듯이 뛰어와서「이런 것 입었어요」라고 만면의 웃음. 수이칸(水干, 쿠게公家 사회에서는 남자아이의 정장, 또는 하인의 의복으로 사용)이라는 것을 입고 기뻐하고 있다.

그리고 천어가 끝나고, 내가 직사(職舍) 건물에 잠시 돌아왔을 때 전화가 걸려와서, 그가 갑자기 흥분한 목소리로「가미 사마라는 것은 있네요」라고 말한다.「무슨 일이야」라고 하니까, 천어 때 출어

(出御)가 실크 장막(絹垣)에 둘러싸여 신의(神儀, 가미의 본체)가 정전(正殿)을 나온 순간, 매우 엄숙한 정전이 황폐한 집으로 되었다고 한다. 그리고 자신은 무신론자였지만, 조금 생각을 바꾸겠다고 한다(물론 자신이 무신론자라고 생각하는 일본인이 있지만, 진정한 무신론자 등은 좀처럼 없다. 일본인의 종교 의식에 대해 말하는 것에 대해서는 나중에 생각하자).

그리고 대담(對談)에 응하게 되어, 폐간(廢刊)되었던 지난 잡지에 실리거나, 또한 그에 대해서는 로타리클럽이나 다른 클럽 등의 다양한 장소에서 탁화(卓話) 대담에서 이야기했던 것 같다. 그는 이제부터 활약이 기대되는 참에 아깝게도 죽어 버렸다.

천어에 대해 다시 생각할 때마다, 떠오르는 이 두 사건은 신기하다고 하면 신기하게도 잊지 못할 추억이다.

최근, 나의 2대 뒤의 대궁사인 다카쓰카사 나오타케(鷹司尚武) 군과 이야기할 때, 헤이세이 25년(2013년)의 천궁 봉사 때의 이야기가 나왔다. 대궁사가 장막(絹垣) 안에서 신의(神儀)를 어깨에 둘러메고, 고요히 걷고 있을 때, 이 초저속도(超低速度)로는 흔들릴 리가 없는데, 교차한 막대기(棒) 위에 얹은 신체(神體)가 가마처럼 흔들렸다고 한다. 장막(絹垣) 안에 동석한 사람도 그랬다고 말했다.

비슷한 이야기가 생각나지만, 사루타히꼬 신사(猿田彦神社)의 우지토코 궁사(宇治土公 宮司)가 전쟁 중에 야스쿠니 신사(靖国神社)에 봉사하고, 전사자의 위패(霊璽, 霊代, 가미나 사람의 영혼 대신에 모시는 것)를 어깨에 둘러메어(遷御) 때와 마찬가지로 많은 영혼의 옥쇄를 여러 명이 둘러멘 것일까) 함께 제사를 지내기 위해 궁을 향해 나아가고 있었을 때에 흔들렸다는 이야기를 했던 기억이 있다.

세계의 진정한 종교는
신령(神靈)을 믿는다는 공통점

　다소 관련 있을지 모르는 삽화(挿話)를 넣어 두자.
　제61회 천궁이 끝날 때까지는 너무 무리였지만, 헤이세이 7년 (1995년)에 신직(神職) 연수의 여행으로 이탈리아에 갔다. 바티칸에서 교황을 예방하는 일정이 짜여져 있었고, 정확하게 그날(분명히 수요일이었던 것으로 기억하지만)이 공식적으로 신자의 단체를 만나는 날로, 수천 명은 될 거라고 생각되는 큰 방에서 신도(神道) 그룹(신궁에서 나 혼자, 신사 본청 총장, 여러 신사 궁사 등 20명 정도였을까)은 제일 앞줄에 정해졌고, 교황은 각국의 그룹에 각각의 언어로 짧은 법화(法話)를 했다.
　이 요한 바오로 교황은 소련 지배 하의 폴란드에서, 종교 탄압을 받아 도로공사 같은 일로 생계를 유지하면서, 산속의 눈에 띄지 않는 곳에서 가톨릭 활동을 견실하게 지속한 분이고, 신자들로부터는 대체로 사랑과 존경을 받고 있는 것으로 알고 있었다. 회장의 분위기도 열띤 것을 느낄 수가 있었다.
　그리고 신도(神道)분들 잘 오셨다고, 대표는 단상으로 올라오라고 말을 했기 때문에, 내가 올라가 잠시 이야기했다. 교황은 「세계의 진정한(authentic, 진짜) 종교는 공통적으로 신령(神靈, Spirit)을 믿고 봉사한다. 모두 힘을 합쳐 사람들을 위해 노력하지 않으면 안 된다」고 말한다.
　나는 「맞습니다」라 하고 신도(神道)에 대하여 간략하게 설명했

합스부르크 제국의 황위 계승자인 오토 대공(大公, 오토 폰 합스부르크)과의 종교에 관한 대화. 신도(神道)의 생각에 깊은 공감을 보여주었다.

다. 교황이 하나님을 성령이라고 말씀하신 부분에는 깊은 생각을 하게 했다.

현재(現在)를 옳고 밝게 살아
도착할 황천에 간다

자주 받는 천궁에 관한 질문 중에, 천궁은 20년마다 거행되지만, 수많은 의복 신보(神寶)를 모두 새로 장만하고 신전도 아직 쓸 수 있는데 다시 세운다. 그것은 아까운 것이 아닌가하는 생각이 든다.

천궁은「하루의 시작에 새롭게. 불제(祓除, 신에게 빌어서 재앙과 죄, 부정 따위를 떨쳐버림)를 하고 목욕재계(禊, 죄, 부정 따위를 강물로 씻어버림)를 해서 항상 몸과 마음을 깨끗하게 유지한다.

다시 태어나 이 현재(나카이마中今라고 한다)를 옳고 밝게 살아, 도
착할 황천으로 간다」라는 신도의 개념에서 온 것으로, 그 상징으로
20년마다 신전과 의복 신보를 새로 교체하는 것이다.

의복 신보는 예전에는 소각하거나 묻기도 하였지만, 현재는 신
궁 경영 박물관인 치고관(徵古館) 등으로 납품된다. 또한 신전에 남
은 재료는 전국의 신사 중 지진이나 쓰나미로 파괴된 오미야(お宮,
신사 건물)나 수리에 필요한 오미야에게 주고 있다. 용마루 기둥
중 굵은 기둥은 우지 다리(宇治橋)의 도리이(鳥居), 그 20년 후 구와
나(桑名, 미에 현三重県 북부에 있는 도시)의 옛 나루터 도리이로 보
내진다. 그런 이유로 이들은 결코 쓸데없이 파기되는 것은 아니다.

천궁 후에는, 봉사자, 관계자 일동이 노래(와카)를 바치는(詠進)
습관이 있어서, 일반인에게도 와카(献詠)를 모집해 심사위원이 입
선작을 선택해 내궁의 카구라전(神樂殿)에서 레이젠 류(冷泉流) 피
강(披講, 詩歌모임에서 작품을 낭독함) 식이 거행된다. 신사봉사자,
관계자의 와카는 『栄久』라는 가집(歌集)에 정리되어 있다. 부끄럽
지만 나의 와카(詠進歌)를 적어 두자.

御遷御の　神事仕へ　みあらかに
ただにひれ伏す　やすらぎませと
천어의 제사에 봉사하고 신궁에 단지 절을 올려
오오미카미께 편안해지는 것을 바라네

또한 정천궁(正遷宮, 본전의 개축, 수선이 완료되고 신체神体를
임시 궁에서 본전에 옮기는 일)의 다음 해의 참배 길에 시설을 만들

어 전국으로부터의 봉납 행사가 거행된다. 내가 작사와 작곡을 한 「황천(黃泉)의 춤」과, 이케다 제주(池田祭主)가 작사하고 내가 작곡을 한 「유적(幽寂)의 춤」이라는 두 곡의 아악을 궁내청 전 수석 악장인 분노 히데아키(豊英秋) 씨의 춤으로 12음회(一二音會, 아악의 음계는 한 옥타브 사이에 열두 소리가 존재한다)라는 아악 단체의 연주로 봉납했다.

「황천의 춤」에서는 신궁의 4명의 여(女)무용수가, 또 「유적의 춤」에서는 악부의 오오쿠보 나가오(大窪 永夫) 씨가 춤을 담당했다.

또한, 북부 독일의 오케스트라의 연주를 후원 봉납한 단체가 있어서 드보르자크의 「신세계 교향곡」 등을 연주했는데, 나도 첼로로 함께 연주했던 것도 하나의 추억이다.

한편, 헤이세이 25년(2013년)의 제62회 천궁에서 실무용원(供奉員)으로 봉사했지만, 그 이듬해 봉납 행사 때는, 증조부 아사히코 친왕(朝彦親王)의 「水清くいまもながれて(맑은 물이 지금도 흘러서)」라는 전술(前述)의 와카(御歌)와, 옛날 신궁의 네기였고 유명한 하이진(俳人, 하이쿠 시인)이기도 했던 아라키다 모리타케(荒木田 守武)가 읊은 「가미지야마(神路山, 내궁 남쪽의 산들을 가미지야마라고 부르고 오래전부터 신궁의 신전 용재를 벌목하는 산으로 신성시되어 왔다)」라는 단가(短歌)에 내가 곡을 붙여, 분노 전 악장(豊 元樂長)의 작무(作舞) 12음회(音會)의 연주, 코쿠가쿠인(国学院) 대학 여학생 4명의 춤으로 봉납했다.

　　こしかたも　またゆくすえも　かみぢやま
　　みねのまつかぜ　みねのまつかぜ

산을 넘어가면 가미지야마(神路山)

거기에 신음(神音)을 전하는 봉우리에서 송풍(松風)이 부네

자연 속에
가미 사마(神樣)가 계신다

그런데, 신도에 대해 충분하지 않을지도 모르지만, 내 나름의 생각을 요약해 적어 보자.

일본의 산과들 들판의 녹음을 여러분은 아름답다고 생각한 적이 없나. 내가 전에 런던에 주재하고 3년 반 만에 돌아 왔을 때, 당시 하네다(羽田) 공항은 유럽 지역의 공항보다 뭔가 초라하고 풀이 자라고 있는 공항이었다. 공항을 나가면 전재(戰災)에서 아직 복구되지 않은 거리니까 당연히 유럽의 거리 풍경에 비하면 뭔가 어쩐지 지저분하게 느껴졌다. 그러나 잠시 후 교외로 나가면, 왠지 무사시노(武蔵野)의 녹음은 아름다운 것이라고 생각했던 것이다.

유럽의 스위스와 오스트리아의 산이나 독일의 슈바르츠발트(검은 숲)는 깨끗하지만, 일본의 산야 녹음은 그것들에 비해 어딘가 차분하게 나에게는 느껴진다. 침엽수가 많거나 수종에 의해 좌우될 수 있지만, 일본의 식림(植林)을 보면 자연의 녹음이 정말 아름답다는 생각이 든다. 일본의 온대성 기후 속에서 성장한 것, 또한 일본의 강우량은 유럽의 2.5배 이상라는 데이터가 있는데, 이러한 것들이 그 원인인 것일까. 하지만, 요즘의 강우량은 좀 많아 재해 원인이 되고 있는 것 같지만.

일본 민족이 야요이 시대(弥生時代, BC.3C-AD.3C)가 되어 농경

생활을 시작하고 집단생활을 하게 되어,「이런 자연 속에 가미 사마가 계신다. 산에도 바다에도 강에도 그리고 사람을 포함한 생물에도 신령이 계신다. 사람이 죽으면 영혼은 자연 속에 가미 사마로 진정(鎭定)된다」고 생각했다.

마을 뒷산에서 나무를 잘라 작은 장소(시로, 나와시로苗代, 못자리의 시로)를 조성하고, 해가 바뀔 때나 마을 사람의 결혼 등의 축하와 조문 때, 작은 오두막을 짓고, 모두 모여 가미 사마의 강림(降臨)을 바라고 강신降神의 의식, 끝나면 승신昇神의 의식으로 제사를 벌였다.

이 장소가 야시로이며, 추후 여유가 생기면 이 야시로에 미야(宮)를 짓고 사사건건 제사를 벌였다. 이 가미 야시로는 마을 생활의 중심이며, 뒷산, 수호신을 모신 숲을 소중히 했다.

야요이 시대의 유적에서 볼 수 있는 종교 시설의 흔적은 이 추억으로 생각된다. 이것은 신도(神道)의 원래 기원이며, 일본 민족은 대부분 그 성립의 초기부터 이렇게 하여 신도와 가깝게 지냈다고 생각된다.

신도(神道)를 단순한 애니미즘이라고 깔보는 것은 짧은 생각

사람을 포함한 생물도 신성(神性)을 인정하고, 우리가 죽으면 자연 속에 진정(鎭定)된다고 적었지만, 음식과 생물을 공양하는 것도 이러한 사상에서 나왔다고 하겠다. 조상을 소중히 하고 성묘를 빠뜨리지 않는 것이나, 사람을 모신 미야(宮, 궁)를 소중히 하는 것 등도 모두 이러한 사상에서 나와 있는 셈이다.

상대(上代, 6-8세기)의 야마토(일본)에서는, 유력 가문의 다툼 속에서 천황가(天皇家)가 벗어나 왕조를 만들고, 왕조 교체설은 있었으나, 연면(連綿)히 이어져 와서 그 선조로 하는 아마테라스 오오미카미가 이세(伊勢)의 신궁에 모셔지게 되었다.

이세의 신궁은 지금도 많은 사람들이 참배를 하지만, 에도 시대(1603~1867)에는 인구 비율로 하면, 지금보다 훨씬 더 많은 사람들이 참배했다고 한다. 오이세상(お伊勢さん, 이세신궁의 애칭)은 평생에 한번 정도는 참배하고 싶다는 것이 많은 사람의 소원이고, 몇 년에 한 번 오카게 참배(천궁의 다음 해를 오카게도시お陰年라고 해 그 해의 참배를 가리킴)라는 돌발적(突發的)인 대규모 집단 참배 현상이 일어났다.

이것은 아마테라스 오오미카미가 천황가(天皇家)의 조상이기 때문에 참배했다는 것이 아니라, 신궁이 뭔가 일본 민족 전체의 마음 기둥이라고 여겨지는 감각으로 이뤄진 것이라고 나는 생각한다. 그렇지 않으면 조금 이해하기가 어렵고, 또한 그렇게 이해하는 편이 오히려 고마운 것이기도 하다.

신궁을 비롯한 미야(宮)에서의 천황의 제사는 끊이지 않고 해왔다. 아키히토(明仁) 천황(재위, 1989~2019)도 전통의 제사를 소중히 해온 것은 대단히 고마운 일이지만, 신도(神道)라는 것은 마을의 축제가 기원인 일본 민족 고유의 종교이며, 신궁(神宮)과 궁정(宮廷)의 제사 그 기원은「자연 속에 가미 사마를 느낀다」는 근본적 감각에서 발생하는 것이라고 말하지 않으면 안 되겠지. 일본인의 마음 기둥이라고 이해하면, 교통수단도 충분하지 않는 에도 시대에도 많은 참배자가 오는 이유를 납득할 수가 있겠다.

신도를 단순한 애니미즘으로 깔보는 생각, 다른 종교의 일부에서도 보이는 이러한 생각은 천견(淺見)이라고 말할 수밖에 없다.

신궁에는 다양한 외국인들이 참배하지만, 물론 기독교와 이슬람교 등 일신교(一神敎)를 신앙하는 사람도 많다. 그런 사람들 중에는 일반적으로 말하면, 다신교(多神敎)는 애니미즘으로 한 단계 아래라고 생각하는 사람도 많다.

하지만, 유럽도 옛 게르만의 종교는 다신교이다. 교황이 말한 것처럼, 「세계의 진정한 종교는 신령(神靈, Spirit)을 믿고 봉사하는 점에서 공통」이라고 생각하는 것이 중요하다고 본다.

신령(Spirit)이 하나인지 많은지는 종교가 성립된 환경과 크게 관련이 있을 것이다. 예를 들면 아무것도 없는 사막에서 태양이 떠오르거나 지거나하는 장소라면, 위대한 신(神)이 하나 있는 것처럼 보일지도 모른다. 일본과 같은 산자수명(山紫水明, 산수의 경치가 썩 아름다움)의 땅이라면, 신(神)이 아주 많이 있어도 이상하게 생각하지 않을지도 모른다. 그러나 나타나는 방법이 다를 뿐, 즉 신령은 하나이든 수많은 것이든 세계에 보편적으로 존재한다는 점에서는 변하지 않는 것은 아닐까.

그렇게 설명하면 「아, 그렇군요」라고 고개를 끄덕여주는 외국인이 많은 것 같다.

何事のおはしますをば知らねども
무엇이 있다는 것은 몰라도

何事の おはしますをば 知らねども

かたじけなさに 涙こぼるる

무엇이 있다는 것은 몰라도

고마움에 눈물이 흐르네

사이교 법사(西行法師, 1118~1190)가 이세의 신궁에서 읊은 노래로 전해지지만, 이 노래는 신령(神靈)을 어떻게 느낄 것인가를 잘 전하고 있다.

예를 들어, 수령(樹齡)이 수백 년 되는 큰 전나무의 가지 끝이 약간 술렁술렁한 느낌 혹은 정전(正殿) 위에 뭔가 있는 것 같은 기운. 요컨대 그것은 기(気)의 문제고 이유를 말하기 어렵지만, 신궁의 신관들도 대체로 그런 느낌을 갖는 것 같다.

앞서 언급한 나를 놀라게 한 사건. 이와키(岩城) 군이 느낀 것. 신의(神儀)의 흔들림이나 궁사(宮司)가 느낀 갑작스러운 중압감 등. 그들 모두가 신기하다고 하면 신기하다. 이상한 말을 하지 말라고 하는 사람도 있을지 모르지만, 그러나 역시 무언가를 느끼게 한다.

신도(神道)뿐만 아니라 종교의 기원이라는 것은, 이름도 아무것도 붙지 않은 그런 신령을 모시고 있었을 것이다. 방금 전에도 적었듯이 일본 신도의 경우 야시로(社)라는 것을 만들어, 거기서 가미의 강신(降神) 의식을 하고, 승신(昇神) 의식을 했다. 우주 속에서, 큰 나무 속에서, 혹은 강 속에 계신 신령을 불러서 모신 것이 기원이다. 처음에는 이름이 붙은 가미 사마(神様)가 아니었겠지만, 결국 점점 이름이 붙어서 따라간다. 일본의 고대인은 그 신령에게, 예를 들어 아마테라스 오오미카미라는 이름을 지정하여 이세의 땅으로 모셔지게 되었다.

그것은 기독교에서도 똑같고, 성경 속에 다양한 기적의 이야기가 적혀 있다. 과학적으로 그 기적을 분석하고자 하는 사람도 있을지 모르지만, 그것이 별로 의미가 있는 것은아닐 것이다. 그것도 그 당시의 사람들이 그렇게 느끼고 생각한 것이었으니, 그러므로 근본은 공통이 아닐까.

신도(神道)의 경우는 조금 전에도 말했듯이, 사후(死後)가 어떻게 될지 등은 특히 생각하지 않고, 현재의 삶을 청렴결백하고 밝고 바르게 지낸다면, 신령과 같은 동료가 되고 반드시 좋은 세상이 기다리고 있다고 생각한다. 기독교라면, 최후의 심판 후에 하나님의 나라에 들어갈 생각을 하는지도 모른다. 표현은 달라도 그것으로 좋은 것이다.

그런 신령의 감각을 「심원(深遠)」이라고도 할 수 있다. 예를 들어 불교에서는 「심원」을 철학의 기반으로 말하고자 하는 부분이 있는 반면, 신도(神道)는 「심원」의 느낌을 소중히 하는 부분이 있을지도 모른다. 하지만 그 차이도 신령에 이르는 방법 때문일 것이다.

외국 분들에게 이러한 신령의 이야기를 하고, 신궁의 훌륭한 나무를 보고 뭔가를 느끼지 않는가라고 물으면, 많은 사람들이 감격하고 심원한 것을 느끼는 것 같아 보인다. 느낀다는 것은 단순한 일이지만, 그것은 매우 중요하다고 생각한다.

국가 신도의 자의적(恣意的)인 생각에 분노를 느낀다

신도(神道)의 긴 역사에서 처음 일어난 큰 움직임이 국가 신도(國家神道)라고 하는 것이다.

일본은 긴 쇄국(鎖國)의 꿈속에서 깨어나 주위를 둘러보니, 구미(欧米) 자본주의 국가가 세계의 지배를 다투고 있고, 아시아 국가들은 대부분 식민지가 되어 있다는 사실에 아연 실색했다. 그리고 일본이 독립을 유지하고, 이러한 자본주의 국가에 어깨를 나란히 하기 위해서는, 부국강병(富国強兵)에 매진할 수밖에 없다고 생각했다.

서양 국가 간의 싸움은 끊임 없이 계속되었지만, 전쟁 때, 예를 들어 독일도 프랑스도 모두 출정병사(出征兵士)는 교회에 가서 전승을 기원한다. 하나님도 곤란하게 생각하겠지만, 그럼 일본은 어떻게 할 것인가, 역시 중심사상 등의 뭔가를 지키지 않으면 안 될 것이다. 그것은 역시 신도(神道) 밖에 없다는 것이다. 헌법에서 종교의 자유를 규정한 이상, 특수화하는 신도는 종교가 아니라고 하고, 신도를 일대(一大) 정치조직으로 내무성(內務省)에 신사국(神社局)을 만들고, 신사에 관폐사, 신폐사(官幣社・国幣社, 국가가 경영하는 신사를 가리킨다) 이하의 서열을 만들었다. 이것은 국가 신도라고 일컬어지고 있다.

신찰 부적(神札符籍)의 수여나 기원기도(祈願祈禱)를 하고, 노리토(祝詞)를 올려 제사를 지내는 것이 소위 종교가 아니고 무엇이겠는가. 마을의 수호신이 있는 숲속 야시로(社)에서 가미 사마(神樣)를 모시고 제사를 올리는 것과 원시 불교와 원시 기독교와 어디가 다르다는 것인가.

나는 신도를 종교가 아니라, 단순한 의례(儀禮)라는 이 자의적

(恣意的)인 생각, 또 신도를 이용하여 전쟁에 이르는 국가주의의 정신적 지주로 한 것에 깊은 분노를 느낀다.

전후 GHQ는 신도 지령(神道指令)을 내려 신도를 억압했지만, 이것은 오해에 근거한 것이다. 어쩔 수 없었지만 유감스러운 일이다.

공존하고 함께 일해야 하는 신도와 불교

신도를 이렇게 이용하는 반면, 메이지(明治) 정부는 당연한 듯이 불교를 박해했다. 즉 폐불훼석(廢佛毁釋, 불교사원의 불상, 경문 두루마리를 파기하고, 승려나 여승 등의 출가자와 사원이 받은 특권을 폐지하는 것), 신사 내의 불교 색 전폐, 신사와 함께 활동했던, 신궁지(神宮寺)라고 하는 사원의 파각(破却), 불상과 불구(佛具)의 파괴가 그것이다. 이것은 불교 미술의 큰 손해라는 뜻도 있고, 절대적인 만행이라고 말해야 한다.

신도는 일본의 마을마다 옛날부터 행해지고 있었는데, 6세기에 불교가 일본에 들어와서 처음에는 다툼도 있었지만, 오랫동안 협력 관계를 유지해왔다.

신도에는 옛날부터 인간은 사후 조령(祖靈, 선조의 신령)을 거쳐 가미(神)가 된다는 신앙이 있다. 불교는 원래 조상 숭배 사상은 없었지만, 신도(神道) 신앙의 영향을 받아 인간이 도를 깨달아 호토케(仏, 부처)가 된다는 교리를 기반으로, 죽은 자는 호토케(조상신)가 된다는 교리에 대체되어, 죽은 자를 호토케로 공양하는 의식이 발달했다.

신도 기원인 조상 숭배와 불교 기원인 성불(成佛) 사상이 절충하여 신사의 축제에 승려가 참가하기도 하고, 불상에 영향을 받아 본래 없었던 신상(神像)이 만들어지기도 하고, 신궁지(神宮寺, 이세의 신궁에도 이스즈 강변의 숲속에 신궁지 자취의 비석이 있다), 신도와 불교는 에도 시대 말까지는 서로 영향을 주고받고 공존하고 함께 활동해 온 것이다.

신도는, 불교의 일체중생실유불성(一切衆生悉有仏性, 모든 살아있는 생물은 불성 즉, 호토케가 될 가능성을 가지고 있다)이라는 교리에 융합하기 쉬웠다고 말할 수도 있을 것이다.

지금까지 신사(神社)와 사원(寺院)들은 거의 동수(同數)로 약 8만 정도 있다. 그리고 이 둘은 각 마을마다 하나씩 있고, 시치고산(七五三, 7세, 5세, 3세 어린이의 성장을 축하하는 관습)이나 결혼이나 장례식과 묘지키기(墓守) 등의 역할을 분담해, 사이좋게 지내온 셈이다. 앞으로도 서로 이해를 증진시켜, 사람들을 위해서 함께 동행해 나갔으면 한다.

종교가 어우러져
자연 보호에 노력 하자

나는 신궁에서의 봉사, 신사계(神社界)에서의 다양한 행사 참여 외에, 여러 종교의 공동 활동이라는 의미의 두 가지 활동을 경험했다.

그 하나는, 천궁이 끝난 무렵 헤이세이 8년(1996년)이나 9년

네팔에서 열린 ARC(종교와 환경 보호 동맹) 대회에서 영국의 에딘버러 공(公)과 함께.

(1997년) 쯤에 영국의 큰 도시은행(都市銀行, 대도시에 본점을 두고 있으며, 광역 전개하고 있는 은행) 중 하나인, 바클레이스(Barclays) 은행의 일본 사무소장을 하고 있던 내 친구가 초대해주어서 어느 오찬의 모임에 갔다. 이 모임은 ARC(Alliance of Religious and Conservation, 종교와 환경 보호 동맹)라는 모임이 주최한 것으로, 이 친구가 이 모임의 일본 사무국장을 하고 있다.

이 모임은 영국의 에든버러 공(프린스 필립. 영국 엘리자베스 2세 여왕의 남편)의 권고에 따라 헤이세이 7년(1995년)에 세계자연보호기금(WWF) 일본 이사장은 앞의 도쿠가와 쓰네나리德川恒孝 씨 등의 후원 하에, 기독교, 불교, 이슬람교 등 종교 관계자에 의해 설립된 단체로, 여러 종교가 어우러져 자연 보호에 노력한다는 것이었다.

그런데 식사 장소에 가니, 내 자리는 에든버러 공 옆에 준비되어 있었으며, 이 모임이 끝날 때까지 싫든 좋든 그의 상대를 하게 되었다.

그가 당신은 무엇을 하고 있는 사람인지 물어서, 신궁의 대궁사를 하고 있다고 대답하니까, 무엇을 하는 곳인가라고 묻는다. 그래서 신궁의 신도(神道)의 입장, 신도의 설명, 신도가 마을 수호신의 숲, 즉 자연 속에서 태어난 것, 신도에서는 신들이 산천초목(山川草木)이나 인간을 포함한 모든 생명체 안에 존재한다고 생각해 자연을 소중히 하는 것 등등을 설명했다.

그러자,「아 그래요. 내가 여왕과 함께 간 적이 있습니다. 아주 좋은 곳이었습니다. 신도(神道)는 그러한 종교인가요. 그렇다면 우리의 활동 자체가 그런 것이 아닌가요. 왜 멤버가 되지 않았나요?」라고 한다.「기꺼이 생각해 보겠습니다. 필요한 설명서를 보내주세요」라고 말하니, 바로 보낸다고 했다. 말 그대로 곧 신궁사청(神宮司廳)의 내 앞으로 방대한 서류가 도착했다. 일독(一讀) 후, 이것은 한 신궁이 아닌 신궁 본청(本廳)이 처리해야 할 문제라고 생각해서, 신사 본청 오카무라 총장(岡村総長) 쪽에 알려주었다.

그리고 잠시 후, 신사 본청 주도하에, 신도(神道)도 이 ARC에 가입하게 되었다.

나는 헤이세이 13년(2001년)에 신사의 대궁사를 퇴임하고, 신사 본청의 통리(統理)라는 직위에 앉았는데, 그 직전인 헤이세이 12년에 네팔에서 열린 ARC 대회에 참가했다. 에든버러 공도 참가해서, 오래간만인데 잘 지내고 있는지 묻는 것부터 시작해서 여러 가지 이야기를 나눴다. WWF(세계자연보호기금)의 당시 일본 소장도 참여하고 있었다.

그 후, 헤이세이 19년(2007년)에는 스웨덴의 고틀란드 섬에서, 또한 헤이세이 25년(2013년)에는 이세(伊勢)에서 대회가 열려서 나도 참가했다. 스웨덴의 대회 때는 오래간만에 덴마크의 코펜하겐을 방문해서 지인들과도 재회했다.

이 각각의 대회에서, ARC 소속 종교가 일체가 되어 자연보호 활동에 대한 평가와, 신도(神道)의 역사적인 자연과의 공생 활동에 대해서 연설을 했다. 세계를 바라본 자연 파괴 현상과, 그것에 더불어 자원의 무분별한 남용이 큰 원인이 된 기상 이변 등에 대해서는 전술한 바와 같다.

밀레니엄 세계 평화 정상 회의에서의 연설

여러 종교의 공동 활동의 또 다른 하나는, 자연 보호 이외에도 세계 평화 구축을 모색하는 것인데, 2000년 밀레니엄 해에 유엔 사무총장인 코피 아난(Kofi Atta Annan) 씨의 제창으로, 세계 30개 주요 종교 단체의 대표를 뉴욕의 유엔 회의장에 모아, 연설과 토론을 하는 회의였다. 평화 서미트 미팅이라고 이름이 붙여졌다.

실제로 몇 개의 종교단체가 모였는지는 확실하지 않지만, 기독교의 구・신교 각파, 대승 불교 상좌부(上座部)의 각파, 이슬람교, 힌두교, 유교, 도교, 자이나교, 아프리카와 네이티브 아메리칸의 종교인 등등, 일본에서는 불교의 텐다이(天台) 좌주(座主)인 와타나베 에신(渡邊惠進) 씨, 신도(神道)에서는 내가 참석했다.

유엔 총회장은 3천 명 정도 들어가는데, 만석이었고 서있는 사람도 많아서, 몇 명이 들어왔는지는 알 수가 없었다. 대표가 차례로 연설을 하기로 되어 있었기 때문에, 나의 딸 (철학 전공)과 함께 이러쿵저러쿵 말하며, 영어 작문을 생각했지만, 나중에서야 「가능하면 7분 정도로 해 달라」라고 해서 직전에 대폭적으로 생략해서, 신속한 말로 그럭저럭 하고 단상에서 내려왔다.

그런데, 다른 대표들은 연설이 길어져서 간사가 앞에 가서 벨을 울려도 조금도 아랑곳하지 않은 사람도 많았다. 예정으로는 연설 후, 7시경부터 칵테일파티를 할 예정이었지만, 좀처럼 연설이 끝나지 않아서, 확실하게 9시경이 되었다(갑자기 뛰어든 참가자도 있었다). 결국 칵테일파티는 취소되었다.

몇 명인가의 종교인이 와서, 신도(神道)가 그런 것이었다는 것을 잘 알았고, 앞으로 함께 잘 해보자라고 하는 격려를 받았다. 참고로 일본역(日本譯)을 첨부해서 함께 넣어 둔다.

신도(神道)에 따른 제언(提言)

유엔 밀레니엄 평화 정상 회의에서

2000년 8월 신궁(神宮) 대궁사(大宮司)

의장님 및 여기에 모이신 여러분.
이번에는 세계의 평화를 달성하는 길을 함께 모색하기 위하여, 전 세계(全世界)에서 종교 및 정신적 지도자들이 한자리에 모였습니다. 이「종교와 정신적 지도자들의 밀레니엄 세계 평화 서밋」의 실현을 위하여, 지도

력을 발휘해 엄청난 노력을 하신 코피 아난 유엔 사무총장 각하와 직원들에게 무엇보다 먼저 진심으로 경의를 표명하고 싶습니다.

먼저, 신도(神道)에 대하여 설명하겠습니다.

우리 일본은, 아시아 대륙의 북동부에 위치하며, 그 국토는 약 7천에 달하는 섬으로 구성되어, 바다·산·평야가 있고, 또한 지형의 변화도 풍부합니다. 기후는 온대성이고, 1년 내내 비교적 온화하다고 말할 수 있고, 국토 총면적의 약 70 %가 삼림으로 덮여있는 녹음이 풍부한 곳입니다. 이러한 지리적 기후적 조건이, 우리 조상의 가미(神)에 대한 관념의 형성에 적지 않은 영향을 주었다고 생각합니다.

통치기구가 형성되어서 역사의 기록을 시작하기 훨씬 이전에, 먼 옛날의 시대부터 우리 들의 조상은 자연을 소중히 받들고 두려워하고 갈망해왔습니다. 「가미(神)는 자연 속에 있습니다」라고 감지하고 있었습니다. 숲과 나무, 야생 동물, 산과 바다, 급류가 흘러내리는 가파른 강 등, 자연의 모든 것이 우리 조상들을 둘러싸고, 살아있는 것들에 대한 한없는 은혜를 가져다주고 있는 것을 보고, 이들을 「보편적으로 신령적인 것의 표현」으로 파악하고 있었습니다. 아주 머나먼 기억부터 우리 조상들은 우리의 삶 자체를 가능하게 해주는 뭔가 사람의 지혜를 넘어 무언가에 대한 깊은 감사와 함께 살아 왔습니다.

이런 의미에서 「신도」(神道:가미의 길이라는 의미)는 우리 조상의 마음속에서 자연스럽게 태어난 것이었습니다. 거기에는 무수한 가미들이 계시고, 자연과 조상들, 그리고 이웃 사람들과 조화해 살아가는 것의 훌륭함을 가르쳐주는 것이었습니다. 그리고 신도가 가장 중요하게 생각하는 이상은 「정직」과 「영혼의 청순함」입니다.

벼농사를 중심으로 한 농경사회에서는 인간들끼리의 협력은 물론이고, 산과 강, 태양과 비, 동물과 식물 등, 자연의 모든 요소가 서로 관계하고, 서로 각각의 역할을 하면서 서로 협력하는 형태를 취하지 않으면 성립되지 않습니다. 사람들은 마을의 신성한 장소에 가미 사마를 모셔 시간이 있을 때마다 모여 공동체의 일들을 이야기했습니다. 가미는 항상 그들의 일부이며, 그들의 바로 곁에 있었습니다.

오늘의 일본인은 조상이 가지고 있던 정신성을 잊고, 물질 중심적인 생활에 탐닉하고 있습니다. 이것은 큰 문제가 아닐 수 없습니다.

이번 밀레니엄 정상 회의가 특히 의미가 있는 이유는, 「유엔의 장소에서 열리는 각국 대표자에 의한 현실적인 정치적 협상과 노력과 함께, 세계 종교 지도자들에 의한 정신적인 노력이 병존하는 것이야말로, 진정한 세계 평화가 달성된다」고 생각하기 때문입니다. 이 두 가지 활동은 마치 수레의 양 바퀴 같은 것이라고 말할 수 있을 것입니다.

세계 평화를 실현하기 위해서는, 세계의 사람들과 나라들이 서로를 소중히 생각하는 마음을 가질 수 있을지 여부가 핵심입니다. 이것은 서로의 역사와 철학을 배워 보는 것과 연결된다고 생각 합니다만, 이것은 그 나라와 사람들이 긴 역사 속에서 무엇을 느끼고 어떤 생각으로 지내 왔는지, 그 사람들 사이에서 오랫동안 이어져 온 것, 그 사람들 속에 흐르고 있는 정신적인 것, 말하자면 각각의 나라와 사람들의 집단적인 고유의 마음과 감수성을 생각하고, 이것을 그대로 느끼려고 시도해 보려고 하는 것 이외는 없습니다. 이것이 매우 중요하다고 나는 생각합니다.

종교적 가치관이 다른 국가사이에서는, 서로의 신뢰를 깊게 쌓기 위해서는 문화 교류를 적극적으로 하고, 참을성 있는 대화를 계속 하지 않으면 안 됩니다.

그리고 인류는 어떠한 전쟁도 거부하지 않으면 안 됩니다. 하물며 종교의 다름으로 인한 전쟁 등은 언어도단(言語道斷)입니다. 종교는 결코 전쟁을 시작하려고하는 자들에게 악용되어서는 안 됩니다. 평화를 추구해, 어디까지나 협의를 계속 진행하려고 하는 일이야말로, 종교인들이 열심히 끊임없이, 가능한 성실하게 노력해야 할 것으로 생각합니다.

본 서미트에서는, 각 종교가 가진 예지(叡智)를 결집해서 세계 평화 달성을 위한 구체적인 방안이 모색되기를 간절히 바랍니다.

우리는 오늘날에 있어서도 빈곤과 기아가 원인으로, 많은 사람들이 죽어가고 있는 지역이 있다는 것을 잊어서는 안 됩니다. 세계가 이 지역에 원조를 늘리는 것이 매우 긴요한 요건인 것은 새삼 말씀 드릴 필요도 없습니다.

동시에 우리들은 현재, 물질적인 부를 무제한으로 추구하고 있기 때문에, 얼마나 심각한 환경 파괴를 초래하고 있

세계 30 주요 종교의 대표자들이 모여 진행된 2000년 유엔 '밀레니엄 세계 평화 서밋'에 참석, 뉴욕의 유엔총회 회의장에서 연설.

는지를 자각하지 않으면 안 됩니다. 옛날부터 「足る を 知る(만족함을 알아라)」라는 말이 있는데, 이것은 「당신에게 진정으로 필요한 것 이외는 그 기준을 넘어 갈망하고 추구하지 말라」는 의미입니다. 우리는 정신적인 풍요로움을 추구하는 방향으로 사고방식을 바꾸지 않으면 안 된다고 생각합니다.

최근, 지구 온난화나 오존층 파괴, 자원 고갈과 대량 폐기 등이 큰 국제 문제가 되고 있으며, 한정된 자원을 소중히 하면서, 자연 환경에 미치는 인간 활동의 악영향을 될 수 있는한 억제하는 경제 사회를 어떻게 구축할지가 커다란 과제로 되어 있습니다.

이러한 환경 문제의 대책에 대해서는, 국가나 기업 등의 노력도 시작되는 것 같이 보이지만, 이 문제에 대한 위기의식을 한층 강화하고, 개개인이 구체적으로 행동하고 실천해 나가지 않으면 안 되는 것입니다.

우리들의 이세의 신궁에서는, 신전을 세부(細部)에 이르기까지 똑같이

다시 지어 가미 사마(神樣)께 옮김을 바라는 「천궁(遷宮)」이라는 행사를 20년에 한 번 실시하고 있습니다. 이 행사는 7세기에 시작된 것입니다. 이것은 신도의 「항상 존재하는 것과 동시에 항상 다시 태어나고 새 생명을 얻는다」라는 믿음을 상징하는 것입니다.

이 천궁을 하는 것으로, 몇 세기에 걸친 정교한 장인의 기술이 상속됩니다. 또한 천궁을 위해서는 전나무 등 많은 목재가 필요하므로 장래를 내다보고 신궁의 산림에 매년 나무를 심어 아름다운 숲을 키우고 있습니다.

이 산에서 흘러나오는 풍부한 물은 참배객의 심신을 정화해, 신궁의 소속된 논(神田)의 벼를 재배하고, 밭(御園)에서 야채를 재배하고, 바다에 흘러 들어가서는 해조류와 물고기를 키우고 있습니다. 이들은 감사하는 마음으로 가미 사마의 식사로 바쳐집니다.

이러한 자연의 순환 시스템, 그 근저에 흐르고 있는 생각을 다시 한 번 느껴서, 재구성 해보는 것도, 우리 사회가 직면한 문제를 생각할 때, 중요한 힌트를 주는 것이 아닐까 생각합니다.

신도에서는, 인간을 포함한 모든 자연에 가미가 머문다고 생각하고, 서로의 관계도 부모와 자식과 형제자매처럼 파악하고 있습니다. 그리고 이러한 많은 신들을 차별없이 조화의 빛으로 감싸주시는 것이 이세 신궁의 제신(祭神)인 아마테라스 오오미카미입니다.

세계에는 다양한 생각이나 종교가 있습니다만, 신도는 이들을 이해하고 존중하려고 노력하고 있습니다. 세계 여러 종교가 물질적 존재로서의 우리의 존재를 넘어 진정한 정신성을 추구한다면, 그리고 우리가 보다 더 높은 존재가 되는 것을 영혼의 깊은 곳에서의 이상(理想)이라고 한다면, 함께 손을 잡고 항구(恒久)적인 평화 달성을 위해 힘을 다할 수 있다고 어디까지나 믿습니다.

친애하는 나의 동료 여러분,

여하튼 이번 정상 회의를 계기로 인류가 사상과 신앙과 종교의 차이를 넘

유엔 '밀레니엄 평화 서미트'에서의 한 장면. 왼쪽에서 3번째가 코피 아난 유엔사무총장.

어, 서로 존경하고 서로 관용의 마음을 가지고 포용할 수 있도록, 우리가 가진 모든 힘을 쏟아 노력해 나가지 않겠습니까? 이것이 달성되었을 때야말로 확실히 세계 평화가 도래할 때입니다.

그 다음날, 대표자 수십 명이 아난 씨를 둘러싸고 이야기를 하고, 또 함께하자, 이런 모임도 때때로 갖자는 등 서로 의견을 교환했다. 좀처럼 실현에는 이르지 않지만, 의미 있는 모임이었다. 내 기억에 강하게 새겨져 있다.

**퇴임의
감상(感傷)과 축복**

헤이세이 13년(2001년) 신궁을 퇴임하기 직전에, 전술한 미국에서 활약한 야마가타(山縣) 씨가 미국인 친구를 데리고 신궁에 참배하러 왔다. 카구라전(神樂殿)의 응접실에서 만났는데, 야마가타 씨가 나를 「이 분은 신궁 대궁사다. 나의 오랜 친구다. 머지않아 은퇴한다고 한다」고 이 미국인에게 소개를 했더니, 그 늙은 미국인은 「아, 그런가요? 축하합니다」라며 싱글벙글 양손으로 악수를 청해 왔다. 나는 순간 깜짝 놀라 「땡큐」라고 응했지만, 구미(歐米)와 일본 문화의 차이라고 생각했다.

내가 신궁을 그만 둔 것은, 이미 11년이 지나 72세가 되어 아직도 건강하지만 이제 후배에게 길을 양보하는 편이 낫다고 생각하고, 스스로 결정한 것이었다. 이전 회사를 그만둘 때도 그랬지만 약간의 감상(感傷)을 가지고 있었다.

일본에서도 점점 변해 왔는지는 모르지만, 회사가 자신의 삶이었고 일반 가족적인 존재였고, 종신 고용이 일반적이었기 때문에 그만둔다는 것은 큰일이었다. 회사 생활의 추억에 빠지는 일종의 정신적 움직임이 있는 것이 보통이겠지만, 구미에서는 직장 생활은 사는 양식을 얻기 위한 방편이고, 돈을 모아 빨리 그만두고 싶다는 것이 일반적일 것이다.

해운회사에 근무할 때 대리점의 영국 직원이 그만둔다고 해서, 한 잔 마시려고 술집 등에 초대하고, 앞으로 어떻게 할 것인지 물으니까, 겨우 돈을 모아 컨트리하우스를 구입했다, 이제는 정원 가꾸기를 즐길 거야 등등으로 기뻐하고 있었다. 이 야마가타 씨의 미국인 친구도 내가 그만둔다는 것을, 그것은 참 잘했다, 축하하는 마음의 표현으로 악수를 요구해 온 것으로, 나도 영국에서 지낸 옛날의 기억을 생각했다.

신궁 대궁사를 11년간 봉사하고, 헤이세이 13년(2001년)에 은퇴하고 신사 본청 통리가 되어 10년 근무하고 헤이세이 23년(2011년)에 은퇴했다.

신사 본청이라는 위압감을 주는 이름을 듣고, 감독관청 같은 곳인지 질문을 받는 경우가 자주 있었는데, 거기는 전국에 8만 정도 있는 신사의 공통된 문제를 다루는 조직이다. 정부에게 대표로 불평을 말하거나, 단체 보험을 취급하거나, 각 현(縣)에 있는 신사 청(神社廳)에서 지방 신사의 요구를 수집하여 올리기도 하고, 여러 가지 문제를 해결하기도 한다.

히가시후시미 지고우(東伏見 慈洽) 님을 둘러싼 모임에서. 왼쪽에서 오오다니 죠우준(大谷暢順) 님, 히가시후시미 지히로(東伏見 慈洽) 님, 나, 히가시후시미 토시요시(東伏見 睿俶) 님.

싫은 것은
모두가 나누는 마음을

이제야 겨우 현재 헤이세이 27년, 2015년에 당도했다. 현재는 신궁과 신사 본청에서는 고문, 로타리클럽에서는 패스트 거버너(Past Governor, 과거의 거버너)로서, 전술한 평화 센터의 펠로들을 돌봐 호스트 지역의 코디네이터의 일을 돕고 있다. 그동안 이전에 가스미 회관 (霞会館, 화족 회관의 후신) 이사장을 16년간 맡았는데, 그 회관 내에는 다양한 클럽 활동이 있다. 예를 들면, 아악이나 실내악, 합창 등에 관여하고 있으며, 다른 다양한 교제가 있는 가운데 가끔은 골프, 그리고 틈을 보아 작곡과 독서, 음악 듣기 등등으로 시간이 없는 것을 핑계 삼는 나날이다. 일본의 현황, 미래에 대해서도 생각하는 것은 많이 있다.

그 중 두 가지만 적어 두자.

하나는 원전 문제. 4년 전 동일본 대지진 때의 원전 사고 이후, 일본 전국의 54개(현재는 멜트스루, 격납 용기까지 녹아 핵연료가 낙하하는 현상 단계인 4기를 제외했다)의 원전은 작동하지 않고 있지만, 현 정권은 재가동을 검토하고 있는 것 같다. 나는 일반 시민들과 같은 일원이지만, 상식적으로 생각해도 다음과 같은 이야기를 할 수는 없을까?

일본이 세계 유수의 지진 열도라는 것은 누구도 부정할 수 없다. 당연히 단층이 깔려 있다. 언제 지진이 일어날지 모르는 곳, 바로 위에 만들어져 있는 원전도 있는 것 같다. 충분한 조사 후, 만들어진 것으로 되어 있지만 과연 그런가. 어쨌든 위험한 것은 명백할 것이다. 자연 에너지, 재생가능 에너지로 전환하는 것이 바람직한 것은 누구도 부인할 수 없을 것이다.

원전은 가장 저렴하고, 재생 가능 에너지로 만든 전기는 비싸다는 설이 있지만, 원전이 일단 사고를 당하면 많은 재앙들을 일으키고 건강을 해칠 뿐만 아니라, 땅과 바다가 방사능에 오염되어 장기간 사용할 수 없게 된다. 사용 후 핵연료의 처리 등등에 소요되는 막대한 비용을 생각하면 가장 비싼 것이 아닌가. 재생 가능 에너지 쪽이 지금 비싸다고 해도, 일본의 기술력으로 극복할 수 있는 것이 아닐까. 독일 등의 국가에서는 재생 가능 에너지의 사용이 일본보다 훨씬 많은 것 같은데, 그 기계의 기술에는 일본의 기술이 많이 사용되고 있다고 들었다.

또 한 가지 생각하게 되는 것은, 원전 사고의 처리에 다른 현(縣)의 협력을 왠지 얻을 수 없는 것처럼 보이는 것이다. 미군기지 문제에도 생각이 미친다. 작은 오키나와에 많은 미군기지가 집중되어 있는 것, 기지 활동의 목적상 지리적 이점이 좋은지는 모르겠지만, 본토의 서부 지역에 좀 더 퍼져도 좋을 것 같은 생각이 든다.

누구나 싫은 것, 쾌적한 생활에 부정적인 문제에 관하여는 거부하고 싶어지는 것은 당연하지만, 싫은 것도 일본으로서는 받아들이지 않을 수 없는 것이다. 모두가 나누는 마음이 중요한 것 아닌가.

전술한 교육 문제나 유아 교육은 성인의 공동 책임이라는 생각, 또한 시드니에서의 인근 사람들이 어려운 것은 함께 돕는다는 생각과 비슷한 일이 아닌가. 다양한 문제를 안고 있으면서도 훨씬 여유롭고 행복하게 된 오늘인데, 오히려 강력 범죄가 늘고 있는 것은 어떻게 된 것인가? 원전에서도 원전 예정지에 거액이 투입되고, 소외 지역에 궁(宮) 같은 공민관(公民館)이 건립되지만, 사람이 드문드문 밖에 오지 않는다 라든가, 거금(巨金)을 들이는 이유도 생각하게 하는 것도 있는데, 이런 돈이라면 생활이 곤란한 모자가정(母子家庭), 비정규직 노동자, 외로운 노인들 등의 문제 해결에 돌릴 수 없을까. 뭔가 모순을 느낀다.

또 하나의 생각

다른 하나는, 구(舊) 황족 문제이다. 최근에 구 황족을 다시 황적(皇籍)으로 돌아오게 해야 한다는 의견도 있는 것 같지만, 나는 그것에 대해「무엇을 이제 와서」라는 것이 솔직한 본심이다.

전후 쇼와 22년(1947년)에 GHQ의 명령이라고 해도, 황실 회의라는 일단 절차를 거쳐 국민의 총의로서 신적 강하(臣籍降下)해 일본 국민 모두와 같아졌지만, 재산세를 물고, 부재 지주(不在地主)의 땅도 빼앗겨, 즉시 모든 하인들을 대량 해고시켜 아파트 거주도 못하고, 죽순 생활(竹の子生活, 가지고 있는 가구와 의류 등을 그때그때 팔아 생활비를 충당하는 생활)을 강요당했다.

나의 대(代)에 이르러 신세를 진 분들의 조언도 받고, 궁내청(宮內廳)의 서릉부장(書陵部長, 황실 관계의 문서나 자료 등의 관리 및 편수 또는 능묘를 관리함)을 퇴관한 우에 히데오(植英男) 씨의 도움도 받았고, 남아있는 매제들(나는 8형제)을 결혼시키고, 일단 경제적으로도 안정을 유지한 상태가 되었다. 그동안 물론 한 푼의 금전적 지원을 누구로부터도 받지 않았다.

이것을 이제 와서, 황적(皇籍)에 복귀해서 국민의 소중한 세금을 쓰기에는 거부반응이 있다. 모처럼 직장생활을 포함한 70년에 가까운 생활에서 명실상부한 일반시민으로 구축한 물심양면(物心兩面)의 축적(蓄積)을 소중히 하고 싶다.

그러나 황실문제는 좀처럼 복잡하고, 그 존폐를 포함한 존재방식과 다양한 요소를 감안하여, 최종적으로는 국민의 총의에 의한 것이기 때문에 나 개인이 이러쿵저러쿵 말할 수 있는 것은 아니다.

요컨대 일본을 위해 어떻게 하는 것이 좋은 것인가의 문제가 남았다.

강물 망망(茫茫)

자, 이제 대단원이 아닐까. 내 86년의 생애를 기억하고 있는대로 적어왔지만, 생각해 보면 이것으로서 좋았던 것일까. 그때 이렇게 했더라면 좋았을 것이라고 생각되는 것은 얼마든지 많다. 하지만 후회는 후회일뿐, 더 이상 어쩔 수 없다.

앞으로 몇 년의 여생을 가미사마(神樣)가 주실 것인가. 이제는 후회 없도록 즐김은 적당히 하고, 뭔가 세상의 도움이 되는 것을 하고 싶지만, 어떻게 하면 될 것인가. 결국 아무것도 못하고 헛된 일생이 되지 않을지.

할아버지 쿠니요시 왕(邦彦王)이 메이지 41년(1908년)에 유럽체류 때 흘린 소감에「소탈한 여행이 좋다. 훌륭한 왕의 여행은 재미가 없고 고생이 많다」고 하였다.

또한 증조부 아사히코 친왕(朝彦親王)은 미모스소 강(御裳裾川)을 바라보고, 하수구징(河水久澄, 강물이 오래 맑다.)이라고 노래했지만, 나는 마음을 가라앉혀 이 맑은 흐름에 마주할 수 있을까.

내가 할 수 있는 것은 그저 이 강물을 멍하니 바라볼 뿐. 바야흐로 강물이 망망(茫茫)하다. 아아.

(끝)

소년 황족이 본 전쟁

초 판 1쇄 발행일 · 2024년 04월 25일

지은이 | 쿠니 쿠니아키
번 역 | 박선술 · 세야마 미도리
엮은이 | 이동건
감 수 | 정구종

펴낸이 | 노정자
펴낸곳 | 도서출판 고요아침
편 집 | 김남규

출판등록 | 2002년 8월 1일 제 1-3094호
주   소 | 03678 서울시 서대문구 증가로 29길 12-27, 102호
전   화 | 02-302-3194~5
팩   스 | 02-302-3198
E-mail | goyoachim@hanmail.net

ISBN 979-11-6724-180-1(03830)

*책 가격은 뒤표지에 표시되어 있습니다.
*지은이와 협의에 의해 인지는 생략합니다.
*잘못된 책은 교환해 드립니다.

ⓒ 쿠니 쿠니아키, 2024